Vinos Chilenos
Para el siglo XXI

ANTÁRTICA

Fotografía sobrecubierta: Nicolás Piwonka

Fotografía tapadura: Miguel Etchepare

Vinos Chilenos para el Siglo XXI • Bilingual Edition
Copyright ©2001 Libros Antártica S.A.
Inscripción N° 122.411
I.S.B.N. 956-234-080-5

Libros Antártica S.A.
San Francisco 116, Santiago, teléfono (56 2) 639 3476, fax (56 2) 633 4475
info@antarticachile.cl / www.antarticachile.cl

"Autorizada su circulación en cuanto a los mapas y citas que contiene esta obra, referentes o relacionadas con los límites internacionales y fronteras del territorio nacional, por resolución N°1510 del 13 de agosto de 2001 de la Dirección Nacional de Fronteras y Límites del Estado.
La edición y circulación de mapas, cartas geográficas u otros impresos y documentos que se refieran o relacionen con los límites y fronteras de Chile, no comprometen, en modo alguno, al Estado de Chile, de acuerdo con el Art. 2° (letra g) del DFL. N°83 de 1979 del Ministerio de Relaciones Exteriores".

Derechos Reservados. Ninguna parte de esta publicación podrá ser reproducida, almacenada o transmitida en cualquier forma o medio, electrónico, mecánico o fotocopia, sin la previa autorización de la Editorial.

Editor / *Publisher*
Hernán Maino Aguirre

Directora Editorial / *Publishing Director*
Isabel Margarita Aguirre

Producción General / *General Production*
María Alejandra Dulcić

Asesor General / *General Advisor*
Rodrigo Alvarado

Escritores / *Writers*
Capítulo 3 y 4: Rodrigo Alvarado, ingeniero agrónomo enólogo de Universidad Católica de Chile, cronista del vino y Gerente General de Chilevid.
Capítulo 3 y 4: Philippo Pszczólkowski, ingeniero agrónomo enólogo y profesor de Universidad Católica de Chile.
Capítulo 5: Alejandro Hernández, ingeniero agrónomo enólogo y profesor emérito de Universidad Católica de Chile.
Capítulo 6: Álvaro Espinoza, ingeniero agrónomo enólogo de Universidad Católica de Chile y asesor técnico de diversas viñas.
Capítulo 6: Juan Carlos Faúndez, ingeniero agrónomo enólogo de Universidad de Concepción y asesor técnico de diversas viñas.
Capítulo 7: Vesna Rojic, ingeniero agrónomo de Universidad Católica de Chile y asesora técnica de diversas viñas.
Capítulo 8: Federico Leighton, médico cirujano docente de Universidad Católica de Chile y especialista en nutrición.
Capítulo 8: Inés Urquiaga, médico cirujano docente de Universidad Católica de Chile y especialista en nutrición.
Capítulo 9: Margarita Maino, agente de turismo con más de 30 años de experiencia en el rubro.
Capítulo 10: Paola Doberti, periodista especializada en vino y gastronomía.

Fotógrafos Principales / *Main Photographers*
Vinos / Wines: Miguel Etchepare
Valles / Valleys: Nicolás Piwonka
José Antonio Maino

Producción Fotográfica / *Stylists*
Tomás Rivas
Luz María Larraín
Paula Hurtado

Edición de Textos / *Editors*
Antonia Viu
Daniela Pesce

Investigación / *Research*
Pilar Hurtado
Macarena Valdivia

Traducción / *Translation*
Linda Craddock
Samy Atala

Ilustraciones / *Ilustrations*
Daniela Rivera

Diseño / *Design*
María Isabel Cruz
María Victoria Cruz

Preprensa e Impresión / *Prepress and Printing*
Quebecor World Chile S.A.

CONTENIDOS · CONTENTS

Prólogo / *Prologue* *8*
Vinos de Chile / *Wines from Chile*
Douglas Murray

Capítulo 1 / *Chapter 1* *12*
Las Viñas y sus mejores Vinos / *The Wineries and their best Wines*
Viñas chilenas seleccionadas y sus mejores vinos.
A selection of Chilean wineries and their best wines.

Viña Almaviva	*14*
Viña Aquitania	*16*
Viña Bisquertt	*18*
Viña Calina	*22*
Viña Carmen	*28*
Viña Carpe Diem	*32*
Viña Casa Lapostolle	*34*
Viña Concha y Toro	*38*
Viña Cousiño Macul	*42*
Viña De Martino	*48*
Viña Errázuriz	*50*
Viña Francisco de Aguirre	*54*
Viña Gillmore	*58*
Viña Los Vascos	*60*
Viña Montes	*64*
Viña Morandé	*70*
Viña Portal del Alto	*74*
Viña San Pedro	*76*
Viña Santa Helena	*80*
Viña Santa Inés	*82*
Viña Santa Rita	*84*
Viña Seña	*88*
Viña Undurraga	*90*
Viña Veramonte	*94*
Viña Viu Manent	*98*

Capítulo 2 / *Chapter 2* *104*
Cómo nos Ven / *How Others See us*
Qué piensan de Chile prestigiosos empresarios vitivinícolas extranjeros.
What prestigious foreign wine makers think of Chile.

Capítulo 3 / *Chapter 3* *114*
Tierra del Vino / *The Land of Wine*
Una visión de los valles; su clima, zonificación, superficie de viñedos y principales viñas.
A view of the valleys; their climate, appellation of origin, area under vine and main wineries.

Valle del Limarí	*126*
Valle del Aconcagua	*128*
Valle de Casablanca	*132*
Valle del Maipo	*136*
Valle del Cachapoal	*140*
Valle de Colchagua	*142*
Valle de Curicó	*146*
Valle del Maule	*150*
Valle del Itata y del Bío Bío	*154*

CONTENTS · CONTENIDOS

Capítulo 4 / *Chapter 4* ... *158*
Uva Madre del Vino / *The Grape: Mother of the Wine*
Las cepas con que se obtienen los vinos finos en Chile.
The grape varieties used in Chile for making fine wines.

Cabernet Sauvignon	*164*
Pinot Noir	*165*
Carménère	*166*
Merlot	*167*
Cot o Malbec	*168*
Syrah	*169*
Sauvignon Blanc	*170*
Chardonnay	*171*
Semillón	*172*
Gewürztraminer	*173*

Capítulo 5 / *Chapter 5* ... *174*
Fruto de la Vid y la Mano del Hombre / *Fruit of the Vine and the Hand of Man*
Cómo se vinifican y elaboran los vinos finos.
How fine wines are made: the total process.

Capítulo 6 / *Chapter 6* ... *186*
En Busca de lo Natural / *In Search for the Natural*
Vinos orgánicos.
Organic wines.

Capítulo 7 / *Chapter 7* ... *190*
El Arte de Comer y Beber / *The Art of Wining and Dining*
Cómo lograr la armonía entre vinos y comidas.
How to harmonize food and wines.

Capítulo 8 / *Chapter 8* ... *200*
Vino: Medicina para el Alma y el Cuerpo / *Wine: Medicine for the Body and Soul*
Hacia una vida más sana y duradera a través del consumo moderado de vino.
Drinking wine in moderation: the way to a longer and healthier life.

Capítulo 9 / *Chapter 9* ... *206*
Rutas del Vino / *Wine Routes*
¿De dónde provienen los vinos chilenos? Una guía para descubrirlos.
Where do Chilean wines comes from? How to find out.

Valle del Maipo	*209*
Valle de Colchagua	*216*
Valle de Curicó	*220*
Valle del Maule	*222*
Tours por los valles / *Tours through the valleys*	*226*

Capítulo 10 / *Chapter 10* ... *228*
Autores del Vino / *Wine Authors*
Los profesionales detrás de los vinos finos chilenos.
Professionals behind Chilean fine wines.

PRÓLOGO

Cuando el Editor de este impresionante libro sobre vinos chilenos me pidió escribir unas palabras de introducción no pensé que fuese en serio, pero insistió, aduciendo que era un libro diferente y deseaba un enfoque moderno. Por eso aquí me tienen, presentando esta maravillosa obra sin sentirme merecedor de tamaño honor. Desde el inicio este proyecto fue especial: su Editor se ha desvivido por lograr un libro que ofrece enfoques novedosos y diferentes, que sin ser un texto de estudio, entrega un panorama amplio del tema. Es un libro en que aun los más expertos de nuestro sector encontrarán información interesante y actualizada. El resultado de este dedicado trabajo editorial es una obra con textos novedosos, fotografías y mapas espectaculares; un real y magnífico aporte a la cultura y conocimiento de nuestros vinos chilenos.

Ahora bien; ¿Por qué era necesaria esta nueva mirada? Recorrer los últimos 14 años de logros, en la increíble mejoría de calidad de los vinos chilenos, es comparable a subirse a una montaña rusa: un estado de excitación y un desafío constantes, producto del titánico esfuerzo realizado por nuestras viñas, en especial por aquellas que nos hemos lanzado en una genuina y acelerada carrera por trascender los límites de excelencia en la calidad, abriendo caminos y conquistando sofisticados mercados, que antes se percibían como inalcanzables.

A mediados de los '80 Chile pasó de ser "fuerte exportador" para Sudamérica (cerca del 90% de las exportaciones iban a ese mercado) a abrir el mercado norteamericano, con Estados Unidos como destino principal. A principios de los '90 conquistó Europa, convirtiéndola en nuestro comprador Nº1. Luego siguió Asia, mercado que actualmente es liderado por Japón.

El vertiginoso crecimiento de nuestras exportaciones, de US$ 51 millones en 1990 a US$ 573 millones en el año 2000, parece producto de un hiper-programado plan de marketing, sorprendiendo incluso a otros países vitivinícolas que han expresado su admiración por lo efectivo de nuestros esfuerzos. Estos elogios nos parecen un gran reconocimiento, pero la verdad es que Chile ha logrado maravillas sobre la base de mucho "corazón" y muy poca inversión promocional y planeación de mercado.

Nuestro buen desempeño es resultado de fuertes inversiones realizadas por todas las Viñas chilenas, incorporando a la industria vitivinícola la más avanzada tecnología. También cabe agradecer el apoyo de asociaciones como Viñas de Chile y Chilevid; a Prochile (agencia estatal que incentiva y promueve las exportaciones), por el apoyo genérico que realizó durante los años '80 y '90; a nuestros "wine writers", que tanto han hecho por la difusión de nuestros vinos y al sector gastronómico, que dio lugar en sus cartas a vinos de calidad superior.

Este nuevo siglo llega en una etapa delicada de nuestro desarrollo como productores de vinos finos. El aumento de las plantaciones que ha ocurrido, tanto en Chile como en otros países, está creando condiciones de competencia que ya no se pueden afrontar con nuestra estrategia de puro "corazón".

De 14 viñas tradicionales en 1980, hemos superado las 100 viñas exportadoras en el año 2000, sin que todavía el mundo entienda nuestro sistema de Denominaciones de Origen, ni que se reconozca claramente la marca "Chile". Considerando la carencia de libros y de difusión sobre los vinos chilenos, no debiera sorprendernos que la aparición de nuestros primeros vinos "ultra premium" (o "Superchileans"), haya impresionado a la mayoría de los "wine writers" de nivel internacional. Si ellos conocen escasamente nuestra evolución y progresos, es obvio que les resulte difícil comprender y aceptar que Chile pase, casi sin transición, de proveedor de vinos de supermercado –en que la principal consideración es la relación precio-calidad– a niveles de calidad superlativos, con precios totalmente desacostumbrados para un vino chileno.

El nuevo entorno competitivo hace necesario que recuperemos la cohesión y cooperación de los comienzos para consolidar la marca "Vino de Chile". Debemos dar más importancia a aquellos esfuerzos de difusión que contribuyan al mejor entendimiento de nuestros vinos alrededor del mundo. Sólo llegaremos a tener las credenciales necesarias cuando exista la difusión que explique cómo hemos llegado a producir vinos de calidad superlativa, y cuando haya transcurrido el tiempo de madurez requerido (10 a 15 años) para evaluar la evolución de nuestros "super vinos". No tengo dudas que entonces nos llegará nuestra debida consagración.

El resultado de esta cohesión traerá incluso mayores perspectivas a Chile como exportador de vinos finos, ya que continuamos teniendo el mismo entusiasmo y seguridad en la potencial calidad de nuestros vinos, gracias a la confianza de haber rozado "El Olimpo" con algunos de ellos. La llegada de tantos inversionistas extranjeros de renombre, las alianzas y *joint-ventures* demuestran que nuestros colegas foráneos ven con claridad que el futuro del vino chileno es brillante. Qué mejor prueba que la presencia de tantos nombres de primera línea mundial operando felizmente hoy en Chile.

Personalmente he tenido la enorme suerte de vivir esta etapa única en la historia de nuestra industria y el orgullo de haber contribuido a ella durante más de 20 años. Cómo no sentirse orgulloso de haber trabajado codo a codo con familias de larga trayectoria en el vino chileno como los Guilisasti, Larraín, Undurraga, Chadwick, Cousiño y tantas otras, habiendo compartido el vértigo de estos años.

No hay país en el mundo que pueda resistirse al llamado de vinos de calidad excepcional en cada nivel de precios, y eso Chile lo tendrá siempre. Seamos pues optimistas, que daremos los pasos necesarios para poder trabajar como una sinfonía irresistible. Este libro es un gran aporte en esa dirección.

Douglas Murray, septiembre 2001.

PROLOGUE

When the Publisher of this impressive book on Chilean wines first asked me to write a few words by way of introduction, I thought he was joking, but he insisted, saying that this was a different kind of book and he wanted a modern approach. So here I am, presenting this marvellous work without feeling at all worthy of such an honor. This book was different from the very beginning: its Publisher has gone out of his way to achieve a book with an original approach, which -without being a text book- gives a comprehensive overview of the subject. It is a book in which even those who know this field the best will find relevant and up to date information. The result of this dedicated publishing effort is a work with original texts, spectacular photographs and maps; a really magnificent contribution to the culture and knowledge of our Chilean wines.

Now, why is this contribution necessary? Travelling through the past 14 years of achievements, with the incredible improvement that took place in the quality of Chilean wines, is comparable to boarding a roller coaster: a state of excitement and constant challenge, due to the titanic effort put in by our wineries, especially by those of us who have launched forth on a genuine, high-speed race beyond the limits of quality excellence, opening up ways and conquering sophisticated markets which used to be seen as unattainable.

In the mid-1980s, Chile changed from being the "strong exporter" to South America (with almost 90% of the exports going to that market) to opening up the North American market, with the United States as the main country of destination. At the beginning of the 1990s, we entered Europe with tremendous force, transforming that continent into our Nº 1 market, and subsequently Asia, where the market is currently led by Japan.

The dramatic growth of our exports, from US$ 51 million in 1990 to US$ 573 million in the year 2000, would seem to be the result of a hyper-programmed marketing plan, surprising even other wine-producing countries, which have expressed their admiration for our effective performance. These praises seem like a great accolade, but in fact Chile has achieved wonders on the basis of a great deal of "heart" and very little advertising investment and market planning.

Our good performance is the result of heavy investment by all Chilean wineries, which has brought state-of-the-art technology into the wine-making industry. It is also appropriate to express appreciation for the support of the Trade Associations, Viñas de Chile and Chilevid; Prochile (a government agency which encourages and promotes exports), for the generic support that it provided during the 1980s and 90s; to our wine writers, who have done so much to make our wines better-known, and to the restaurants, which made space on their menus for higher-quality wines.

This new century has found us at a delicate stage in our development as fine wine producers. The expansion of our vineyards, and those of rival countries, are creating competitive conditions which can no longer be faced with our strategy of "heart" alone.

Starting from 14 traditional wineries in 1980, by the year 2000 we had over 100 exporting wineries, without anyone in the world yet understanding our system of Appellations of Origin, or the brand "Chile" being clearly recognized. Consdering the lack of books and information about Chilean wines, we should not be surprised to find that the appearance of our first "ultra premium" wines (or "Superchileans"), should have confused the majority of international wine writers. If they know next-to-nothing about our development and progress, it will obviously be difficult for them to understand and accept that Chile has moved, almost without a transition, from providing supermarket wines —where the main consideration is value for money— to levels of superlative quality, at prices totally unexpected for a Chilean wine.

The new competitive environment makes it essential for us to recapture the cohesion and co-operation shown at the beginning, in order to consolidate the "Wine from Chile" brand. We should give more importance to those informative efforts which contribute to a better understanding of our wines around the world. We shall only gain the credentials we need when there is sufficient knowledge available to explain the market how we have managed to produce superlative quality wines, and when the requisite maturing time will be over (10 to 15 years), so that the evolution of our "super wines" can be evaluated. I have no doubt that we shall then receive the acclaim that our wines deserve.

The effort of cohesion will bring an even brighter future to Chile as fine wines exporters, because we continue to be just as enthusiastic and convinced of the potential quality of our wines, thanks to the confidence of having touched the "Olympus" with some of them. The arrival of so many renowned foreign investors, alliances and joint ventures is a clear demonstration of the fact that our foreign colleagues are fully aware that Chilean wine has a brilliant future. There is no better proof than the presence of so many top rank wine-producers from all over the world, happily operating in Chile.

Personally, I have had the fortune of undergoing this unique stage in the history of our industry and the pride of contributing to it for over 20 years. How could one not feel proud to have had the privilege of working alongside families with a long tradition in Chilean wine, such as the Guilisasti, Larraín, Undurraga, Chadwick and Cousiño families and so many more, and experiencing with them the frantic pace of these years?

There is no country in the world capable of resisting the appeal of exceptional quality wines at every price level, something that Chile will always have, so let us be optimistic that we will take the necessary steps to enable us to work in an irresistible symphony. This book is a great contribution in that direction.

Douglas Murray, September 2001.

LAS VIÑAS Y SUS MEJORES VINOS
THE WINERIES AND THEIR BEST WINES

ALMAVIVA

Almaviva es el nombre de la viña y del vino producido por el *joint-venture* entre Baron Philippe de Rothschild y Viña Concha y Toro. A su vez, corresponde al personaje del Conde de Almaviva en "Las Bodas de Fígaro", obra escrita por Pierre de Beaumarchais y convertida en una de las óperas más populares de todos los tiempos por Mozart.

Este nombre clásico en la etiqueta, con la caligrafía original del propio Beaumarchais, se suma a la presencia de elementos culturales prehispánicos para simbolizar la fecunda unión de dos culturas, la europea y la americana, que desde hace siglos, y en todos los ámbitos, ha ido creando sucesivas síntesis que le confieren su identidad y rostro propios. Esta nueva síntesis entre la tradición francesa y la tierra chilena se traduce en un vino excepcional que recoge lo mejor de ambas, un vino "Primer Orden" que realmente marca la diferencia.

Con estas características tan singulares, Almaviva es el único vino no Bordeaux incorporado al sistema de ventas a cargo de los *Negociants* franceses, como los grandes Châteaux de ese país, que gozan merecidamente de la fama de ser los mejores del mundo. La producción de Almaviva es necesariamente limitada, para asegurar permanentemente la calidad excepcional que tiene este vino. Así, Almaviva se incorpora por derecho propio a la máxima elite mundial de los vinos, en lo que es un verdadero salto cualitativo para la producción chilena.

Almaviva is the name of both the vineyard and the wine produced by the joint venture between Baron Philippe de Rothschild and Viña Concha y Toro. It is also the name of Count Almaviva, a character in "The Marriage of Figaro", a play written by Pierre de Beaumarchais and turned by Mozart into one of the most popular operas of all time.

This classical name on the label, in the original handwriting of Beaumarchais himself, appears among various pre-Hispanic cultural elements to symbolize the fertile union of two cultures, the European and the American, which has been creating its own succession of mixtures in all spheres of activity over the centuries, producing an identity and image of its own. This new mix of French tradition and Chilean soil translates into an exceptional wine which unites the best of both: a "First Order" wine where the difference really shows.

Due to these very special characteristics, Almaviva is the only non-Bordeaux wine included in the system of sales run by the French "Negociants", as the great Châteaux of that country, which have the well-deserved reputation of being the best in the world. The production of Almaviva is necessarily limited, so as to ensure that the exceptional quality of this wine is permanently maintained. Thus Almaviva joins the world's topmost wine elite on its own merits, a genuine quantum leap for Chilean production.

"Grand Chai", con capacidad para 500 barricas.
"Grand Chai", with 500 barrel capacity.

El viñedo y la bodega de Almaviva se ubican en el *terroir* de Puente Alto, valle del Maipo, en 40 hectáreas que se han destinado exclusivamente a la producción de este vino. Este viñedo está en producción desde hace más de 20 años y es único en sus características; con suelos pedregosos, inviernos fríos y lluviosos y veranos que alternan días calurosos con noches frescas, es reconocido como uno de los *terroirs* que cumple con las mejores características para el óptimo desarrollo de la cepa Cabernet Sauvignon en Chile.

Especial mención merece la bodega, un proyecto arquitectónico inédito en Chile, que incorpora perfectamente el paisaje del valle Central chileno y el *know-how* francés en el arte de hacer vino.

Todos estos son los principales elementos para la producción de un vino realmente excepcional, equiparable a los reconocidos *Grand Cru Classé* de Francia. Como aquéllos, Almaviva es una mezcla de variedades bordolesas, con un Cabernet Sauvignon dominante acompañado por Carménère y Cabernet Franc, en una "arquitectura" poderosa y singular.

The Almaviva vineyard and winery are located in the terroir of Puente Alto in the Maipo Valley, on 40 hectares devoted exclusively to the production of this wine. This vineyard has been in production for over 20 years and its characteristics are unique; with stony soil, cold, wet winters and summers that alternate between hot days and cool nights, it is recognized as one of the terroirs that best meets the requirements for the optimum development of Cabernet Sauvignon grapes in Chile.

The winery deserves special mention: it is an architectural achievement without precedent in Chile, merging to perfection the landscape of the Chile's Central Valley and French know-how in the art of wine-making.

These are all the main elements needed to produce a truly exceptional wine, comparable to France's famous "Grand Cru Classé" wines. Like them, Almaviva is a blend of Bordeaux varieties, with a dominant Cabernet Sauvignon accompanied by Carménère and Cabernet Franc, in a powerful and original "architecture".

Almaviva 1999
Vino de profundo color rojo rubí. Su bouquet es de gran expresión aromática, con notas que recuerdan frutas rojas, chocolate y notas de casis que se casan armónicamente con la vainilla de las barricas francesas. En boca sobresalen los taninos maduros y finos que le entregan al vino gran concentración, pero con un equilibrio y fineza únicos. La complejidad de los sabores y aromas continúa en la boca para terminar con un final muy amable y de gran persistencia.

Almaviva 1999
A wine with a deep, ruby-red color. Its bouquet is aromatically very expressive, with notes reminiscent of red fruits, chocolate and a touch of blackcurrant that blend harmoniously with the vanilla from the French barrels. The fine, ripe tannins predominate in the mouth, giving the wine great concentration, but with a unique balance and delicacy. The complexity of the flavors and aromas continue in the mouth, ending with a very pleasant, highly persistent finish.

VIÑA AQUITANIA

En 1984 dos conocidos profesionales del vino de Burdeos, los ingenieros agrónomos enólogos Bruno Prats y Paul Pontallier, se reunieron para realizar un proyecto vitivinícola en Chile. Convencidos de que era posible producir aquí un vino de alta calidad, le propusieron a su amigo chileno Felipe de Solminihac I., también ingeniero agrónomo enólogo, participar en el proyecto y juntos buscar el mejor *terroir* posible.

En 1990 escogieron 18 hectáreas en el valle del Maipo, sector de la quebrada de Macul, en el pie de monte de la cordillera de los Andes, con hermosa vista al valle de Santiago. El *terroir* elegido se caracteriza por un suelo pobre que permite a las raíces crecer en la profundidad adecuada. Además es una zona climática de buena exposición solar, con oscilación térmica importante sin alcanzar extremos. La ausencia de lluvias en la época de madurez y cosecha de la uva, junto a la disponibilidad de riego durante el período de crecimiento, hacen de éste el lugar ideal.

Una vez definido el *terroir*, se plantó la viña con cepas seleccionadas y se construyó la bodega de vinos, terminada en abril de 1993. La bodega, de estilo chileno, es el eje central de la propiedad. Ha sido provista con equipos sencillos y modernos, que permiten vinificar uvas y producir vinos de gran calidad a través de métodos artesanales.

In 1984, two well-known wine professionals from Bordeaux, enologists and agronomists Bruno Prats and Paul Pontallier, got together to carry out a grape-growing and wine-making project in Chile. They were convinced that it was possible to produce high quality wine here, so they made a proposal to their Chilean friend Felipe de Solminihac I., also an agronomist specialized in enology, to participate in the project and to look together for the best possible terroir.

In 1990 they chose 18 hectares in the Maipo Valley, in the area of Quebrada de Macul, in the foothills of the Andes range, with a beautiful view of the Santiago Valley. The terroir they chose is characterized by poor soil that allows the roots to grow to an adequate depth. It is also a climatic area with good exposure to the sun and considerable thermal variation but without extreme values. The absence of rain during the ripening and harvesting of the grapes, together with the availability of irrigation during the growth period, make this an ideal location.

Once the terroir had been defined, selected grape varieties were planted and the winery was built. This was finished in April 1993. The winery, central axis of the Estate, was built in Chilean style. It has been provided with simple, modern equipment that makes it possible to process grapes and produce high quality wines using traditional methods.

Vista desde el mirador de la bodega hacia la cordillera de los Andes.
View from the winery towards the Andes Mountains.

Domaine Paul Bruno 1998

El vino Domaine Paul Bruno es un vino de *terroir*. Se identifica plenamente con las condiciones de suelo y clima del pie de monte de la cordillera de los Andes, en el corazón del valle del Maipo. Lo anterior y un delicado trabajo del viñedo hacen de este Cabernet Sauvignon, con mezcla de Merlot y Carménère, un vino de intenso color rojo brillante. De aroma rico en frutas rojas maduras, casis, mora, cerezas negras y murtilla, su sabor revela aún más la noción de *terroir*. La fruta, junto a notas de mentol y chocolate desarrolladas durante el envejecimiento en barrica de encina francesa, le da elegancia, fineza y distinción. Los taninos densos y suaves le aportan el frescor necesario al equilibrio de un gran vino que se puede conservar por muchos años, 10 a 15, pues ganará en bouquet y delicadeza.

Domaine Paul Bruno is a terroir wine. It is fully identified with the soil conditions and climate of the foothills of the Andes range, in the heart of the Maipo Valley. That and the sensitive management of the vineyard, give this Cabernet Sauvignon, blended with Merlot and Carménère, an intense bright red color. With an aroma rich in ripe red fruits, cassis, blackberry, black cherries and myrtle berries, its flavor reveals the concept of terroir even more. The fruits, together with notes of menthol and chocolate developed during its aging in French oak barrels, give it elegance, refinement and distinction. The dense, smooth tannins provide the freshness required for balance in a great wine which may be kept for many years, 10 or 15, gaining in bouquet and delicacy.

BISQUERTT

Desde hace más de 100 años la familia Bisquertt ha estado involucrada en el negocio de la agricultura en el corazón del valle de Colchagua, el más importante de la región vitivinícola de Rapel. Luego de varias generaciones dedicadas a esta tarea, en 1965 Osvaldo Bisquertt comienza a cultivar cepas nobles en sus tierras. Más tarde, en 1980, la familia Bisquertt funda la viña que lleva su nombre con un claro objetivo: la producción de vinos finos.

En los años siguientes Viña Bisquertt selecciona cuidadosamente las mejores vides disponibles en Chile y las planta en los terrenos de la familia en el valle de Colchagua. Ahí se desarrollan en todo su potencial gracias a las óptimas condiciones climáticas de la zona. El valle sigue el curso del río Tinguiririca desde los Andes hasta el océano Pacífico. El terreno al lado sur del río es la zona de los mejores viñedos de Colchagua. Sus suelos aluviales y el buen drenaje son ideales para el cultivo de cepas nobles. El microclima del valle está fuertemente influenciado por la proximidad al océano Pacífico: las noches son tibias y libres de heladas y los días son soleados y secos. Clima y suelos forman aquí la pareja ideal para la producción de los mejores vinos.

A principios de la década de 1990 la Viña comenzó a embotellar y

For more than 100 years the Bisquertt family has been involved in the agriculture business in the heart of the Colchagua Valley, the most important area in the Rapel wine growing region. After several generations devoted to that activity, in 1965 Osvaldo Bisquertt started cultivating noble grape varieties on his estate. Some time later, 20 years ago now, the Bisquertt family established the vineyard that bears its name with a well-defined objective: the production of fine wines.

Over the following years Viña Bisquertt made a careful selection of the vines available in Chile and planted them on the land owned by the family in the Colchagua Valley. There the vines can develop their full potential due to the optimum climatic conditions of the area. The valley follows the course of the Tinguiririca river from the Andes to the Pacific Ocean. The land south of the river is the area with the best vineyards in Colchagua. Its alluvial soils and good drainage are ideal for growing noble varieties. The microclimate of the valley is strongly influenced by the proximity of the Pacific Ocean: the nights are warm and frost-free and the days are sunny and dry. Here the weather and the soil form an ideal combination for the production of the best wines.

At the beginning of the 1990s the vineyard started bottling and

Osvaldo Bisquertt Reveco y su hijo Felipe Bisquertt Urrutia.
Osvaldo Bisquertt Reveco and his son, Felipe Bisquertt Urrutia.

vender vinos bajo su propia marca. Al mismo tiempo, incrementó sus plantaciones hasta llegar hoy a un total cercano a las 1.000 hectáreas de Cabernet Sauvignon, Merlot, Malbec, Syrah, Chardonnay y Sauvignon Blanc.

La histórica bodega de la Viña, en Lihuemo, fue restaurada y modernizada, y hoy tiene una capacidad de vinificación de 15 millones de litros elaborados con uvas de su propia producción. Cada botella de vinos Bisquertt es un reflejo de la pasión familiar por la vitivinicultura; no en vano son conocidos como "La Joya". Estos vinos han recibido premios tan importantes como el Mejor Vino Producido en Chile durante 1999 por su Château La Joya Cabernet Sauvignon 1996, y la Medalla de Oro en el Concours Mondial de Bruxelles, Bélgica 2000, por su Château La Joya Carménère Cuvée Premium 1998. Éstas y otras distinciones han hecho a Château La Joya ganador de más de 150 premios internacionales.

Hoy Viña Bisquertt exporta sus productos a diversos mercados en Estados Unidos, Asia, Europa y Sudamérica, llevando a todos ellos un vino que se ha caracterizado desde sus inicios por su calidad de excelencia.

selling wine under its own brand-name. At the same time it increased its plantations until reaching today a total of nearly 1,000 hectares of Cabernet Sauvignon, Merlot, Malbec, Syrah, Chardonnay and Sauvignon Blanc.

The vineyard's historic cellar in Lihuemo was restored and modernized, and it now has a wine-making capacity of over 15 million liters using Bisquertt estate-grown grapes. Every bottle of Bisquertt wine is a reflection of the family's passion for wine-making; it is not by chance that they are known as "La Joya" ("The Jewel"). These wines have received important awards such as the Best Wine Produced in Chile during 1999, for its Château La Joya Cabernet Sauvignon 1996, and the Gold Medal at the Concours Mondial de Bruxelles, Belgium 2000, for its Château La Joya Carménère Cuvée Premium 1998. With these and other honors, Château La Joya has won more than 150 international awards.

Currently, Viña Bisquertt exports its wines to various different markets in United States, Asia, Europe and South America, positioning in all of them wines that have been characterized from the very beginning by their outstanding quality.

CUVÉE PREMIUM
Carménère 1998
Vino de un intenso color rubí morado, con lágrimas gruesas y coloreadas. Su bouquet es complejo y recuerda a frutos negros y rojos como guindas silvestres, cerezas y ciruelas con notas de vainilla, clavo de olor, chocolate y café. En boca es redondo y equilibrado, con taninos maduros y dulces. Ideal para acompañar quesos, pastas y carnes.

CUVÉE PREMIUM
Carménère 1998
A wine of an intense purplish ruby color, with thick, colored "tears". Its bouquet is complex and suggests black and red fruits such as wild cherries, cherries and plums, with notes of vanilla, cloves, chocolate and coffee. On the palate it is well rounded and balanced, with ripe, sweet tannins. It goes very well with cheeses, pasta and meats.

GRAN RESERVA
Cabernet Sauvignon 1998
Vino de color rubí intenso con tonalidades malva. Su bouquet es complejo y en él se distinguen frutas maduras y *berries*, con fondo de chocolate y vainilla. En boca tiene gran estructura y larga persistencia. Taninos dulces que se complementan bien con la madera.
Merlot 1998
Vino de color rubí con tintes violáceos. Su bouquet es complejo y en él sobresalen notas de guinda, con fondo de vainilla aportado por su tiempo de maduración en barricas de encina francesa, y suaves notas de mentol y especias.

Cabernet Sauvignon 1998
A wine of an intense ruby color with mauve overtones. In its complex bouquet one can distinguish ripe fruits and berries, against a background of chocolate and vanilla. On the palate it shows great structure and a persistant finish. Sweet tannins are well complemented by the wood.
Merlot 1998
A wine of a ruby color with violet tints. It has a complex bouquet with a predominance of cherry notes against a background of vanilla, contributed by its aging in French oak barrels, together with soft notes of menthol and spices.

GRAN RESERVA
Chardonnay 2000
Vino de color amarillo verdoso con aroma de frutas tropicales y fondo de mantequilla y vainilla. En boca su acidez es equilibrada y persistente, y su estructura es agradable y fina. Es un vino ideal para servirlo como aperitivo o para acompañar ensaladas ligeras, quesos semi mantecosos, mariscos y pescados.

A wine of a greenish yellow color, with an aroma of tropical fruits and a butter and vanilla underlayer. In the mouth its acidity is balanced and persistent, and its structure pleasant and delicate. This wine is ideal for serving as an aperitif or with light salads, semifat cheeses, seafood and fish.

RESERVA
Cabernet Sauvignon 1999
Vino de intenso color rubí brillante con tintes violáceos. En su bouquet se aprecian notas de frutas rojas con marcadas características de fresas y *berries*, con suave fondo de madera. En boca su acidez es equilibrada, los taninos son dulces y con delicados toques de vainilla.
Merlot 1999
Vino de intenso color guinda negra brillante, con fondos violeta. En su bouquet se distinguen frutas rojas con características mentoladas. En boca es bien estructurado y armónico, con taninos dulces y redondos y delicados toques de vainilla.

Cabernet Sauvignon 1999

A wine of an intense bright ruby color with tints of violet. In its bouquet one can distinguish red fruit, with well marked strawberry and berry features and a soft woody background. On the palate its acidity is balanced and the tannins are sweet, with delicate touches of vanilla.

Merlot 1999

A wine of an intense bright black cherry color with a violet background. In its bouquet one can distinguish red fruits with evidences of menthol. It is well structured and harmonious on the palate, with sweet, round tannins and delicate vanilla touches.

RESERVA
Chardonnay 2000
Vino de color amarillo verdoso, con aroma a plátanos maduros y frutas tropicales. Es redondo y de acidez agradable, dejando en la boca una suave sensación de frutosidad.
Sauvignon Blanc 2000
Vino de color amarillo verdoso elaborado con uvas provenientes del valle de Colchagua, con un intenso aroma frutal en el que predominan caracteres cítricos y de frutas tropicales. En boca es estructurado y persistente.

Chardonnay 2000

A wine of a greenish yellow color, with an aroma of ripe bananas and tropical fruits. It is well rounded and has a pleasant acidity, leaving a soft fruity feeling on the palate.

Sauvignon Blanc 2000

A wine of a greenish yellow color made with grapes from the Colchagua Valley. It has an intense fruity aroma with a predominance of citrus and tropical fruits. In the mouth it is structured and persistent.

Bisquertt

ESTATE BOTTLED
BY BISQUERTT FAMILY VINEYARDS

C A L I N A

Jess Jackson, fundador de Viña Calina, es un convencido de que las frías costas del Pacífico son un elemento clave en la calidad de los viñedos californianos. El hecho de que algunas regiones de Sudamérica presentaran condiciones geográficas y climáticas similares a las de California capturó su atención de inmediato, y lo llevó a establecer viñas en Chile y Argentina. Según Jackson, Chile en particular podría verse como un equivalente austral de California: con una cadena montañosa costera y un valle central interrumpido por ríos y valles más pequeños, se ubica en la misma latitud y presenta un clima y una costa muy semejantes. Lo asombroso

Jess Jackson, founder of Viña Calina, was convinced that the cold coasts of the Pacific were a key element in the quality of Californian vineyards. The fact that some regions of South America presented similar geographic and climatic conditions immediately called his attention, and determined him to establish vineyards in Chile and Argentina. According to Jackson, Chile could be seen as the southern equivalent of California: a coastal mountain range and a central valley interrupted by smaller valleys and rivers, it is located at the same latitude and presents a climate and coast very much alike. These similarities made him claim: "Chile is California upside-down!"

de estas similitudes lo han hecho exclamar: "¡Chile es California patas arriba!".

Es por eso que, apenas descubrió las potencialidades vitivinícolas de Chile, Jackson se dedicó a recorrer el país -desde los cálidos faldeos de la cordillera de los Andes al este de Santiago hasta las húmedas laderas de los cerros al sur del río Itata y las orillas del río Maule, cerca de Talca- buscando las mejores condiciones para el desarrollo de las parras. En las zonas que Jackson eligió, los viñedos se benefician con la influencia fría del océano Pacífico y las corrientes andinas; ello establece diferencias entre una zona y otra, marcando los sabores que han hecho famoso al vino chileno.

Una vez identificadas las regiones más apropiadas para el cultivo de las mejores uvas, Jackson se avocó a la tarea de adquirir propiedades, plantar viñas y construir bodegas. Corría 1993 y el empresario logró diferenciarse de otros viñateros norteamericanos que compraban vino a granel para suplir el déficit que enfrentaba California en esos años. Nace así Viña Calina, con el objetivo de capturar todo el potencial de calidad de las uvas chilenas, y unirlo a la experiencia y habilidad californiana para la vinificación. Dos años después, en 1995, Viña Calina debuta en el mercado chileno con su Chardonnay 1994 y su Cabernet Sauvignon 1993, que ya ese mismo año sorprendería a todos con una Medalla de Oro en el concurso de vinos ExpoGourmand.

That is why, as soon as he discovered the wine-growing potential of Chile, Jackson set himself to travel up and down the country -from the warm foothills of the Andes range east of Santiago to the wet slopes of the hills south of the Itata river and the banks of the Maule river, near Talca- in search of the best conditions for the development of the vines. In the areas chosen by Jess Jackson, the vineyards benefit from the cold influence of the Pacific Ocean and the Andean currents; this influence creates differences between one area and another, and is responsible for the flavors that have made Chilean wine famous.

Once identified the most appropriate regions for growing the best grapes, Jackson committed himself to buying lands, planting vineyards and building wineries. It was 1993, and he succeeded in differentiating himself from other North American wine producers who were buying bulk wine in order to supplement the wine deficit California had those years. That was the origin of Viña Calina, whose main objective was to capture the potential quality of Chilean grapes and combine it with Californian wine -making experience and skills. Two years later, in 1995, Viña Calina made its debut in the Chilean market with its Chardonnay 1994 and its Cabernet Sauvignon 1993, the latter of whom surprisingly won a Gold Medal at the ExpoGourmand wine competition.

La bodega de Calina se encuentra en el viñedo El Maitén, en las afueras de Talca en el valle del Maule. Cuenta con una capacidad de vinificación actual de 2,5 millones de litros.
The winery of Calina is located in El Maitén vineyard in the outskirts of Talca in the Maule Valley. It has an actual wine-making capacity of 2.5 million liters.

Sala de barricas con control de temperatura y humedad ambiente, con capacidad para 6.000 barriles.
Cask-room with temperature and humidity control, with 6.000 barrels capacity.

Desde entonces, Calina ha pasado por sucesivas transformaciones hasta alcanzar sus actuales estándares de calidad. Hoy cuenta con más de 160 hectáreas de viñedos y viveros en el valle del Maule, en las áreas de Cauquenes y Parral. Las cepas allí cultivadas son Carménère, Cabernet Sauvignon, Merlot y Chardonnay. En un cuidadoso proceso, el vino se obtiene de la conjunción de las mejores uvas -cosechadas a mano-, modernas maquinarias e innovadoras técnicas.

Los vinos de Calina capturan toda la riqueza de carácter y sabor del *terroir* chileno, al elaborarse con uvas procedentes de sus viñedos en pie de monte y con la de los proveedores que utilizan su programa de cultivo de la vid para reducir la producción en favor de la calidad y el sabor. Esto otorga al

Since then Calina has gone through successive transformations until it reached its present standards of quality. Currently it has more than 160 hectares of vineyards and nurseries in the areas of Cauquenes and Parral. The stocks grown there are Carménère, Cabernet Sauvignon, Merlot and Chardonnay. Through a careful process, wine is obtained by bringing together the best hand-picked grapes, modern machinery and innovative techniques.

Viña Calina wines capture all the rich character and flavor of the Chilean terroir because they are made with grapes from its own vineyards at the mountains foothills, and those of its suppliers who use its vine cultivation program in order to maximize quality and flavor thus reducing their production to favor quality and flavour. This gives the wine maker a wide spectrum of varietal

Calina cuenta con equipos de última tecnología, entre ellos un destilador electrónico para medir el grado alcohólico y un espectrofotómetro de absorción atómica para el control de polifenoles, ácido málico y otros componentes del vino. Aquí una laboratorista mide la acidez volátil del vino en su fase de maduración en barricas.

Calina has state-of-the-art technology, with equipment that includes an electric distiller to meassure alcoholic strength, and an atomic absorption spectrophotometer to control poliphenols, malic acid and other wine components. Here a laboratorist meassures wine volatile acidity in its maturing phase in barrels.

enólogo un amplio espectro de aromas y sabores varietales capaces de competir con los de los mejores vinos del mundo.

La viticultura artesanal requiere que la fruta cosechada de cada viñedo sea fermentada, vinificada y envejecida por separado para optimizar la calidad de las mezclas. En las bodegas, Andrés Sánchez Westhoft, enólogo de Calina, trabaja solamente con los mejores tanques de acero inoxidable para la fermentación y barricas de roble francés y americano para el envejecimiento, además de líneas de embotellamiento esterilizadas y técnicas de encorchado apropiadas.

Actualmente la empresa ha acelerado su marcha y se dirige hacia la producción de vino fino en Argentina, así como ya lo ha hecho en Chile. Mientras en el otro lado de los Andes ha lanzado sus vinos Tapiz, en nuestro país ha creado los vinos Viña Calina y Calina, estableciendo bodegas en ambos territorios.

Las cuidadosas prácticas de cultivo y las técnicas de vinificación seguras son un esfuerzo de Calina para capturar la verdadera expresión de Chile. Sus vinos, con intensa y poderosa fruta y rica textura, son un claro ejemplo de este increíble potencial.

aromas and flavors, capable of competing with those of the best wines in the world.

Traditional wine-making requires the fruit harvested from each vineyard to be fermented, made into wine and aged separately to optimize the quality of the blends. In the winery, Andrés Sánchez Westhoft, Calina's enologist, works only with the best stainless steel tanks for fermentation and with French or American oak barrels for aging, together with sterile bottling lines and appropriate corking techniques.

The company has now increased its pace toward the production of fine wine in Argentina, as they have done already in Chile. While on the other side of the Andes it has launched its Tapiz wines, here it has created the Viña Calina and Calina wines, setting up wineries in both countries.

Careful cultivation practices and safe wine-making techniques represent an effort to capture the true expression of Chile. Its wines, with intense, powerful fruit and rich texture, are a clear example of this incredible potential.

CALINA RESERVA
Cabernet Sauvignon 2000
Vino de un color rojo violáceo profundo, elaborado con uvas del valle de Colchagua. En su bouquet la fruta muestra sofisticación y elegancia, mezclando notas de cerezas negras y vainilla. En boca se siente el sabor vívido de las frutas rojas. Sus taninos son muy maduros y suaves, típicos de los Cabernet chilenos.

CALINA RESERVA
Cabernet Sauvignon 2000
A wine with a deep violet red color, made with grapes from the Colchagua Valley. In its bouquet the fruit shows sophistication and elegance, combining notes of black cherry and vanilla. The vivid flavor of red fruits is felt in the mouth. Its tannins are very ripe and soft, which is typical of Chilean Cabernets.

CALINA RESERVA

Chardonnay 2000

Vino elaborado con uvas de los valles de Casablanca y Limarí, de un color amarillo dorado. Sus aromas son un delicado balance de cítricos y minerales del Limarí, junto con las notas tropicales de Casablanca. Fermenta en barricas de roble francés y americano, lo que le otorga notas suaves de vainilla y mantequilla. En boca es bien estructurado, con la acidez ideal que permite que afloren los intensos sabores tropicales. El final es largo y cremoso.

A wine made with grapes from the Casablanca and Limarí valleys, with a golden yellow color. Its aromas are a delicate balance of citrus fruits and mineral aromas from the Limarí, together with tropical notes from Casablanca. It is fermented in French and American oak barrels, giving it soft notes of vanilla and butter. In the mouth it is well structured, with just the right acidity to allow the intense tropical flavors to surface. The finish is long and creamy.

CALINA RESERVA

Carménère 2000

Vino de un intenso color rojo oscuro elaborado con uvas 100% Carménère procedentes del valle del Maule. En su bouquet se aprecian notas de ciruelas, *berries* maduros y especias. En boca destaca el exuberante sabor de cerezas mezclado con tonos de roble y vainilla.

A wine with an intense, dark red color made with 100% Carménère grapes from the Maule Valley. Its bouquet has notes of plums, ripe berries and spices. In the mouth, the exuberant flavor of cherries stands out, mingled with tones of oak and vanilla.

CALINA RESERVA
Merlot 2000

Vino elaborado con uvas procedentes del valle del Maule y otros viñedos costeros. Presenta un color rubí profundo e intenso bouquet, en el que se distinguen ciruelas y moras que se combinan con el roble y un leve fondo de menta. Buen cuerpo y taninos suaves dan paso a un final largo.

A wine made with grapes from the Maule Valley and other coastal vineyards. It has a deep ruby color and an intense bouquet in which one can distinguish plums and blackberries combined with oak and a slight minty underlayer. Good body and soft tannins open the way for a long finish.

CALINA RESERVA
Cabernet Sauvignon - Carménère 2000

Vino de un color rojo profundo, elaborado con uvas del valle del Maule. En su complejo bouquet se aprecian notas de cerezas maduras y casis, con un toque de especias. En boca, los taninos del Cabernet se fusionan con los del Carménère, produciendo una elegante combinación.

A wine with a deep red color, made with grapes from the Maule Valley. In its complex bouquet one can detect notes of ripe cherries and cassis with a touch of spices. In the mouth the tannins of the Cabernet blend with those of the Carménère, producing an elegant combination.

CARMEN

Fundada en 1850 por Christian Lanz -quien quiso darle el nombre de su esposa-, Carmen es la marca chilena de vino más antigua y una de las más reconocidas por su tradición de calidad e innovación.

Después de un siglo dedicada a abastecer sólo al mercado nacional, a principios de la década de los '90 la Viña aceptó el reto de cruzar las fronteras para probar su calidad de igual a igual con los mejores vinos del mundo. Para ello construyó una moderna bodega dedicada exclusivamente a producir vinos finos, ubicada a los pies de la cordillera de los Andes, en el área de Buin, valle del Maipo. La bodega presenta condiciones ideales de temperatura y desnivel del suelo que permiten aprovechar la gravedad en todo lo relacionado con el flujo de uvas y mostos durante el proceso de vinificación.

También en el valle del Maipo, la Viña posee una parcela de 45 hectáreas con diferentes variedades de cepas cultivadas en forma orgánica, debidamente certificadas internacionalmente, y que han dado vida al proyecto "Nativa". Cada año aumenta la superficie plantada con métodos que respetan el medio ambiente, una de las preocupaciones centrales de Viña Carmen.

La tecnología de punta juega un papel fundamental en todo el proceso de vinificación de vinos finos. A todo el apoyo de la tecnología hay que agregar el mejor equipo de expertos.

Founded in 1850 by Christian Lanz, who named the vineyard after his wife, Carmen is the oldest brand of Chilean wine and one of the most highly distinguished because of its tradition for quality and innovation.

After a century in which it supplied only the local market, at the beginning of the 1990s the vineyard accepted the challenge of going beyond the Chilean border to try out its quality on an equal footing with the best wines of the world. For that purpose it built a modern winery devoted exclusively to the production of fines wines. Located in the foothills of the Andes, in the Buin area of the Maipo Valley, the winery has ideal temperature conditions and the ground slopes, which makes it possible to use gravity for the flow of grapes and musts during the winemaking process.

The vineyard also has a 45-hectare lot in the Maipo Valley where different grape varietals are cultivated organically, with proper international certification. These have given birth to the "Nativa" project. The area in which methods that respect the environment are used, is increasing every year, since this is one of Viña Carmen's foremost concerns.

In the whole winemaking process for fine wines the best team of experts are supported

Alpacas usadas para el control de malezas en los viñedos orgánicos.
Alpacas used for weed control in the organic vineyards.

Enólogos y otros especialistas vigilan paso a paso la elaboración de los vinos, tratando de extraer todo el sol y todo el sabor concentrado en las vides.

La Viña tiene una capacidad de bodega de 9 millones de litros. En un proceso cuidadosamente programado y controlado, los mostos fermentan y maduran en alguna de las más de 5.000 barricas de roble francés y americano. Allí continúan reposando hasta alcanzar el tiempo de envejecimiento adecuado para cada variedad.

La capacidad actual de producción de la Viña alcanza casi a las 500 mil cajas anuales de diferentes variedades, entre otras Grande Vidure (sinónimo de Carménère) y Petite Sirah, estrenadas en forma pionera en el mercado nacional.

Los reconocimientos internacionales coronan el exitoso trabajo de Viña Carmen, cuyas exportaciones cubren cerca de 45 países alrededor del mundo. Destaca especialmente el haber sido premiada como "Winery of the Year" durante los últimos 5 años, incluyendo 2001, por la prestigiosa revista americana *Wine & Spirits*.

by state-of-the-art technology. Enologists and other specialists supervise every step in the winemaking process, trying to extract the sunlight and flavor kept in the vines.

The vineyard has a storage capacity of 9 million liters. In a carefully programed and controlled process, the musts ferment and mature in one of the 5,000 French and American oak barrels. There they continue to rest until they achieve the aging time appropriate to each variety.

The current production capacity of the vineyard is close to 500 thousand cases per year of the different varieties, among them Grande Vidure (a synonym for Carménère) and Petite Sirah, which were introduced for the first time in the local market.

The successful work of Viña Carmen, whose exports now cover some 45 countries around the world, has received international acclaim. Particular mention should be made of the fact that it has been awarded the title "Winery of the Year" for the past five years, including 2001, by the prestigious North American magazine, Wine & Spirits.

GOLD RESERVE
Cabernet Sauvignon 1997
Este vino es el más fino de la línea Carmen Specialties y se produce sólo cuando se dan las mejores condiciones para obtener un producto de calidad superior. Hasta ahora, Gold Reserve cuenta con cosechas de los años '93, '95, '97 y '99. Es de un color rubí profundo, con intenso y complejo bouquet a frutas rojas, *berries* y fresas, con notas de tabaco. En el paladar muestra taninos redondos y maduros, cuerpo lleno, estructura hermosa y complejidad con un final largo. Envejecido por 17 meses en barricas de roble francés, ya embotellado descansó 12 meses en la bodega. Su potencial de guarda es de entre 8 y 10 años.

GOLD RESERVE
Cabernet Sauvignon 1997
This is the finest wine of Carmen Specialities product line and it is produced only under the best conditions for obtaining a product of the highest quality. Until now, Gold Reserve has been produced in the vintages of the years '93, '95, '97 and '99. It has a deep ruby color, with an intense, complex bouquet of red fruits, berries and strawberries, with tobacco notes. On the palate it reveals round, ripe tannins, a full body, a beautiful structure and complexity with a long finish. After aging for 17 months in French oak barrels, it is left to rest in the bottle for 12 months in the cellar. Its keeping potential is between 8 and 10 years.

WINE MAKER'S RESERVE
Red 1997

Vino de un intenso color rojo con bouquet a frutas rojas maduras, *berries*, casis, tabaco y notas de especias. Wine Maker's Red combina un 50% de Cabernet Sauvignon, 20% de Carménère, 20% de Petite Sirah y un 10% de Merlot. Ésta es una armoniosa mezcla de distintos tipos de uva que juntos logran una buena estructura. Es un vino complejo, de buen balance, taninos maduros y un final persistente. Ideal para tomarlo junto con un filet mignon, pato asado, chuletas de cordero, pastas y quesos como el gruyère. Se puede guardar entre 7 y 9 años.

A wine with an intense ruby color and a bouquet of ripe red fruit, berries, cassis, tobacco and spicy notes. Wine Maker's is a blend of 50% Cabernet Sauvignon, 20% Grande Vidure, 20% Petite Sirah and 10% Merlot. This is a harmonious mixture of different types of grapes which together achieve a good structure. It is a complex wine with a good balance, ripe tannins and a persistent finish. Ideal with filet mignon, roast duck, lamb chops, pasta and cheeses such as gruyère. It can be kept for 7 to 9 years.

RESERVE
Cabernet Sauvignon 1998

Es un vino de color rojo profundo, gran cuerpo e intenso bouquet de frutas rojas y carácter ahumado. En el paladar muestra buena estructura y un final persistente. Acompaña muy bien chuletas de cordero, ratatouille, pastas y quesos. Se puede guardar hasta 7 años.

Grande Vidure - Cabernet 1998

Vino que combina un 60% de Grande Vidure -variedad prácticamente desaparecida en Europa, también llamada Carménère- y un 40% de Cabernet Sauvignon. Muestra intenso bouquet a frutas rojas, *berries*, tabaco y un toque a especias. Se sugiere para acompañar cordero, goulash o comidas orientales. Tiene un potencial de guarda de entre 5 y 7 años.

Cabernet Sauvignon 1998

A wine with a deep red color, great body, an intense bouquet of red fruit and smokiness. On the palate it reveals good structure and a persistent finish. It goes very well with lamb chops, ratatouille, pasta and cheeses. It can be kept for up to 7 years.

Grande Vidure - Cabernet 1998

This wine is a blend of 60% Grande Vidure -also called Carménère, a variety that has practically disappeared in Europe- and 40% Cabernet Sauvignon. It has an intense bouquet of red fruit, berries and tobacco, and a touch of spices. It goes well with lamb, goulash and oriental dishes. It has a keeping potential of 5 to 7 years.

Chardonnay 2000

Su color es amarillo verdoso, con intensos aromas a piña, melón y cítricos. En el paladar muestra aromas y sabores frescos y frutosos. Se recomienda servirlo con sopas, mariscos -ostras especialmente-, pollo asado o pavo, o como aperitivo. Se recomienda consumirlo joven.

Merlot 1998

Vino de intenso color rojo rubí, que combina un fascinante bouquet de *berries* y ciruelas. Su textura es aterciopelada pero firme, con sabores a guinda y chocolate. Acompaña muy bien venado, aves de caza, carnes asadas o comidas condimentadas con pimienta. Puede guardarse hasta por 3 años.

Chardonnay 2000

It has a greenish yellow color, with an intense aroma of pineapple, melon and citrus fruits. On the palate it reveals fresh, fruity aromas and flavors. It may well be served with soups, seafood -especially oysters-, roasted chicken or turkey, or as an aperitif. It is best to drink it young.

Merlot 1998

A wine with an intense ruby color which combines a fascinating bouquet of berries and plums. Its texture is velvety but firm, with cherry and chocolate flavours. It goes very well with venison, game birds, roasted meats and food seasoned with pepper. It can be kept for up to 3 years.

NATIVA

Cabernet Sauvignon 1998

Esta línea de vinos es producida en los viñedos orgánicos ubicados en el valle del Maipo. El manejo orgánico implica la ausencia de fertilizantes artificiales y pesticidas, y el uso de levaduras provenientes de la misma uva para la fermentación. Nativa Cabernet Sauvignon es un vino con intenso bouquet frutal a *berries*, notas de tabaco y mentol. Tiene taninos maduros y redondeados y una buena persistencia gracias al envejecido de 12 meses en barricas de roble. Su potencial de guarda va de 5 a 7 años.

This line of wines is produced in the organic vineyards situated in the Maipo Valley. Organic handling involves the absence of artificial fertilizers and pesticides, and the use of yeast from the grapes themselves for fermentation. Nativa Cabernet Sauvignon is a wine with an intense fruity bouquet of berries, with notes of tobacco and menthol. It has ripe, round tannins and good persistence due to its 12-month aging in oak barrels. Its keeping potential is of 5 to 7 years.

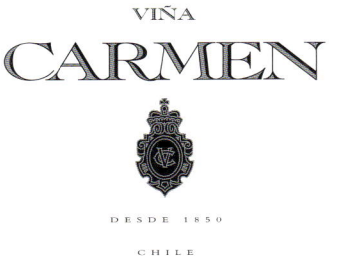

VIÑA
CARMEN

DESDE 1850

CHILE

CARPE DIEM

Disfruta el momento, disfruta el día. Este es el significado de la expresión latina *Carpe Diem*, y es el que mejor expresa el espíritu de los vinos Vinsur.

Vinsur es una de las viñas dedicada a los vinos finos más austral de Chile y del mundo. Su filosofía se resume en la frase "el buen vino nace en la viña". Y de ahí el especial cuidado que tiene con las parras y las uvas.

Sus viñedos se ubican en los valles del Maule y del Itata. En este último se producen los vinos Carpe Diem, originados en 120 hectáreas plantadas en colinas con el novedoso sistema en "lira". Este sistema, recomendado por enólogos franceses, permite una mayor y más uniforme exposición al sol. Los viñedos están expuestos a inviernos lluviosos y veranos secos, con grandes diferencias de temperatura, lo que incide en la producción de vinos con un alto contenido de antioxidantes naturales, además de un intenso color rubí y taninos dulces en el caso de los tintos y un gran aroma y frutosidad en el caso de los blancos.

Las fermentaciones controladas utilizan la más moderna tecnología y permiten alcanzar vinos de excepcional calidad. Éstos reposarán en barricas de encina francesa y luego en botellas, en las que partirán a distintos rincones del mundo.

Vinsur es producto de la asociación entre Fundación Chile y empresarios viticultores de larga tradición, uniendo así la más moderna tecnología con la experiencia y el conocimiento acabado de la mejor forma de hacer vinos finos.

Seize the moment, seize the day! This is the meaning of the Latin expression Carpe Diem, which best conveys the spirit of Vinsur wines.

Vinsur is one of the southernmost wineries in Chile and the rest of the world devoted to making of fine wines. Its philosophy is summed up by the motto "good wine is born in the vineyard". And that is what lies behind the extra care taken with both the vines and the grapes.

Its vineyards are located in the Maule and Itata valleys. Carpe Diem wines are produced in the latter, from 120 hectares planted on hillsides using the ingenious "lyre" system recommended by French enologists, which allows greater and more even exposure to the sun. The vineyards are exposed to rainy winters and dry summers with wide differences in temperature, giving the wines a high natural antioxidant content, plus an intense ruby color and sweet tannins in the red wines, and great aroma and fruity character in the whites. Controlled fermentations use the most recent technology to produce wines of exceptional quality. These are allowed to mature in French oak barrels and then in bottles, which are shipped to different parts of the world.

Vinsur is the product of an association between Fundación Chile and vine-growers with a long tradition, thus bringing together state-of-the-art technology and thorough knowledge and experience of fine wine-making methods.

GRAN RESERVA
Cabernet Sauvignon 1998
Vino de un intenso color rojo rubí con tonos violáceos y gran limpidez. Se elabora con uvas cuidadosamente seleccionadas provenientes del valle del Itata. Extraordinariamente rico en taninos y bien estructurado. Fermenta en estanques de acero inoxidable y es envejecido durante 18 meses en barricas de encina francesa. Su bouquet es complejo y frutoso; en él se distinguen moras silvestres, un leve dejo a eucalipto y mentol, vainilla, especias, confituras y toffee. En boca tiene gran cuerpo, es suave, persistente y redondo. Una verdadera delicia para los amantes del vino.

This wine has an intense ruby color with violet overtones and extreme clarity. It is made with carefully selected grapes from the Itata Valley and is well-structured and remarkably rich in tannins. It ferments in stainless steel vats and is aged for 18 months in French oak barrels before bottling. Its bouquet is complex and fruity, composed of wild blackberries, a slight touch of eucalyptus and menthol, vanilla, spices, candied fruit and toffee. In the mouth it has great body; it is soft, persistent and round. Truly a delight for wine lovers.

RESERVA
Syrah 1999
Envejecido en barricas de encina francesa, posee una complejidad notable, gran expresión varietal y un intenso y brillante color. En su sabor hay aromáticas grosellas con suave matiz de bayas silvestres, elegantes notas de caramelo de mantequilla y taninos firmes, suaves y redondos, como resultado de una muy buena integración con la encina.
Carménère 2000
Este vino fue producido con uvas cosechadas a mano, 100% Carménère, provenientes de clones franceses seleccionados. Extraordinariamente concentrado, ofrece espléndidas bayas maduras, miel y una intensa pimienta negra. De gran cuerpo, suaves taninos y maravilloso final.

Syrah 1999
Aged in French oak barrels, this wine is remarkably complex, with great varietal expression and an intense bright color. In its flavor there are aromatic currants with a gentle hint of wild berries, elegant touches of butterscotch and firm, smooth, round tannins resulting from excellent integration with the oak.
Carménère 2000
The 100% Carménère grapes for this wine were hand-picked from selected French clone vines. Remarkably concentrated, it offers splendid ripe berries, honey and strong black pepper. It is full-bodied, with polished tannins and a wonderful finish.

CASA LAPOSTOLLE

Seis generaciones de líderes e innovadores de la industria del vino, con una tradición que se remonta a 1827, respaldan a Casa Lapostolle, la Viña que la familia Marnier Lapostolle instaló en Chile.

La historia se inicia en Francia, cuando el patriarca de la familia, Jean-Baptiste Lapostolle, instaló una destilería para producir licores finos en las afueras de París. Junto a su hijo Eugène levantó una prestigiosa industria y, luego de años de exitosa producción, este último decidió concretar su sueño de extender las operaciones de la familia, trasladándose a Charente, en la zona de Cognac.

Al poco tiempo Eugène cultivó sus propias variedades de cepas para producir cognac. Unos años más tarde sería su yerno, Alexandre Marnier, quien crearía uno de los licores más afamados en nuestros días, el famoso Grand Marnier, exótica mezcla de excepcionales cognacs y esencia de naranja.

La adquisición en 1919 del Castillo de Sancerre, en el valle del Loira, marcó el inicio de la expansión de los productos Grand Marnier. A la cabeza de los negocios hoy está Jacques Marnier Lapostolle, presidente de la compañía, quien representa la quinta generación de la familia que dirige la empresa.

Casa Lapostolle es la aventura más nueva y el sueño hecho realidad de Alexandra Marnier Lapostolle, hija de Jacques: producir una variedad de vinos de excelencia en el "nuevo mundo".

Six generations of leaders and innovators in the wine industry, with a tradition that goes back to 1827, make up the background of Casa Lapostolle, the vineyard established in Chile by the Marnier Lapostolle family.

Its history begins in France, when the patriarch of the family, Jean-Baptiste Lapostolle, started a distillery in the outskirts of Paris to produce fine liqueurs. Together with his son Eugène, he built up a prestigious industry, and after years of successful production, Eugène decided to materialize his dream of extending the family operations, and moved to Charente, in the Cognac area.

Very soon Eugène was growing his own rootstock varieties for producing cognac. Some years later it was his son-in-law, Alexandre Marnier, the one who created one of the most famous liqueurs of our time, the famous Grand Marnier, an exotic mixture of exceptional cognacs and orange essence.

The purchase of the Sancerre Castle, in the Loire Valley, in 1919 marked the beginning of the expansion of the Grand Marnier products. Today, the business is headed by Jacques Marnier Lapostolle, Chairman of the Board, who represents the fifth generation of the family to manage the company.

Casa Lapostolle is the latest adventure and dream-come-true of Alexandra Marnier Lapostolle, Jacques' daughter: produce a variety of excellent wines in the "New World".

Years of searching and researching in the world's leading wine-producing regions brought Alexandra to Chile, where she decided

Años de búsqueda e investigación en las zonas líderes en la producción de vino trajeron a Alexandra a Chile, donde decidió hacer una millonaria inversión en una viña modelo, en sociedad con una familia chilena; los Rabat. El sueño se convirtió en realidad en 1994 con Casa Lapostolle, proyecto para el que contrató al renombrado enólogo francés y consultor internacional Michel Rolland.

El lugar elegido para instalar la Viña fue el valle de Rapel, en la zona de Colchagua, donde la combinación de suelos de arena y arcilla es perfecta para la producción de todas las variedades de cepas plantadas, como Sauvignon Blanc, Syrah, Merlot, Cabernet Sauvignon y Carménère.

Algunas de estas cepas se plantaron por primera vez en estos terrenos hace más de cien años, por ello fue una verdadera revelación para Alexandra descubrir que un buen número de las parras más antiguas aún estaba en producción en los viñedos que rodean a Casa Lapostolle. Y como estos vástagos se trajeron antes que el brote de filoxera atacara las raíces de sus parientes en Europa, las vides en Chile son más robustas y saludables, manteniendo, al mismo tiempo, el gran linaje de sus ancestros.

Como dice Rolland, "hacer vino en Chile es fantástico, ya que el clima es capaz de producir uvas que pueden alcanzar una perfecta madurez, permaneciendo saludables durante toda la temporada de producción".

El sueño de Alexandra, producir un vino de la más alta calidad para todo el mundo, está hoy asentado en los valles de Rapel y Casablanca y se llama Casa Lapostolle. Sus vinos se exportan a Europa, Asia, Norteamérica, Sudamérica y Australia, y son reconocidos en todo el mundo por sus altos estándares de calidad, los que se mantienen de una cosecha a otra.

En el año 2001, la bodega principal cuenta con más de 4.100 barricas.
In the year 2001, the main winery has more than 4,100 barrels.

to make a huge investment in a model vineyard, in partnership with a Chilean family; the Rabats. The dream became a reality in 1994 with Casa Lapostolle, for which she enlisted the services of the renowned French enologist and international consultant, Michel Rolland.

The location chosen for the vineyard was the Rapel Valley, in the Colchagua area, where the combination of sandy and clay soils is perfect for producing all the grape varieties that were planted, such as Sauvignon Blanc, Syrah, Merlot, Cabernet Sauvignon and Carménère.

Some of these cépages were first planted on this land more than a hundred years ago, and it was a real revelation to Alexandra to discover that many of the oldest vines were still producing in the vineyards around Casa Lapostolle. And since these varietals had been brought to Chile before the outbreak of Phylloxera that attacked the roots of their European relatives, the Chilean vines are hardier and healthier, while retaining the great lineage of their ancestors.

As Rolland remarks, "making wine in Chile is fantastic, because the climate is capable of producing grapes that can reach perfect ripeness and remain healthy throughout the whole production season".

Alexandra's dream of producing wine of the highest quality for the whole world is now firmly settled in the Rapel and Casablanca valleys, and it has a name: Casa Lapostolle. Its wines are exported to Europe, Asia, North America, South America and Australia, and are well-known throughout the world for their high quality standards, which remain consistent, vintage after vintage.

Viñedos en Apalta, valle de Colchagua.
Vineyards in Apalta, Colchagua Valley.

Clos Apalta

Mezcla de cepas Merlot, Carménère y Carbernet Sauvignon, éste es un vino negro con notas púrpura. Su color es intenso y al verlo se aprecia su densidad. En su bouquet se identifican frutas rojas, moras, guindas negras y notas frescas a frambuesa. La madera de roble deja trazas de vainilla y balsámicos en la nariz. En la boca la primera impresión es densidad y volumen. Paso a paso, pero con buena presencia, aparece la textura de los taninos. Luego, todas las notas confluyen para entregar sabores a madera y sedas. El final es largo y aterciopelado.

A blend of Merlot, Carménère and Cabernet Sauvignon varieties, this is a black wine with purple notes. Its color is intense and its density can be sensed at a glance. In its bouquet one can identify red fruits, blackberries, black cherries, and fresh raspberry notes. The oak wood leaves traces of vanilla and balsam in the nose. In the mouth, the first impression is one of density and volume. The tannin texture appears step by step, but with good presence. Then all the notes flow together to deliver flavors of wood and silk. The finish is long and velvety.

Tanao

Vino de intenso color rojo rubí, con atractivo bouquet de frutas rojas mezcladas con chocolate y notas especiadas. Tanao es un *assemblage* de Cabernet Sauvignon y Merlot, procedente de uvas plantadas en 1992 en las terrazas del río Cachapoal. Su fuerte estructura tánica anuncia un gran potencial de guarda. Es un vino que integra agradablemente el roble y tiene un elegante final.

A wine with an intense ruby color and an attractive bouquet of red fruits mixed with chocolate and spicy notes. Tanao is an "assemblage" of Cabernet Sauvignon and Merlot, from vines planted in 1992 on the terraces of the Cachapoal river. Its strong tannin structure points to a great aging potential. It is a wine that integrates the oak pleasantly and has an elegant finish.

Cuvée Alexandre Cabernet Sauvignon

Vino de intenso color rojo rubí, producido con uvas de viñedos de más de 60 años. Su bouquet es intenso y complejo: moras, casis y ciruelas mezclados con cedro. En la boca este vino de buen cuerpo combina elegancia y fuerza con notas de especias, la dulzura de la fruta y toques de café. Ideal para acompañar carnes a la parrilla y quesos maduros. Se puede guardar hasta por 15 años.

Cuvée Alexandre Chardonnay

De color amarillo dorado brillante, es complejo y elegante, con dejos de frutas tropicales, piñas y espárragos. Denso, rico y cremoso en la boca, tiene un final agradable y persistente. Acompaña muy bien ensaladas con quesos y fruta, aves y mariscos. Se puede guardar hasta por 10 años.

Cuvée Alexandre Cabernet Sauvignon

A wine with an intense ruby color, produced with grapes from vineyards over 60 years old. Its bouquet is intense and complex: blackberries, cassis and plums mixed with cedar. In the mouth this wine has a good body which combines elegance and strength with spicy notes, the sweetness of fruit and touches of coffee. It goes ideally with barbecued meats and mature cheeses. It can be kept for up to 15 years.

Cuvée Alexandre Chardonnay

With a bright golden yellow color, this wine is complex and elegant, with touches of tropical fruits, pinapples and asparagus. Dense, rich and creamy in the mouth, it has a pleasant and persistent finish. It goes very well with salads, cheeses and fruit, poultry and seafood. It can be kept for up to 10 years.

Cuvée Alexandre Merlot

De un denso y atractivo color púrpura, este Merlot proviene de parras de 50 años del valle de Rapel. En su bouquet se distinguen cerezas y arándanos mezclados con chocolate negro. En la boca es rico, con una buena integración del roble, taninos suaves y un final muy largo. Se recomienda disfrutarlo acompañando carnes rojas, cordero y quesos maduros. Se puede guardar hasta por 15 años.

With a dense and attractive purple color, this Merlot comes from 50-year-old vines in the Rapel Valley. In its bouquet one may distinguish cherries and cranberries mixed with black chocolate. In the mouth it is rich, with a good integration of oak, soft tannin and a very long finish. Enjoy it with red meats, lamb and ripe cheeses. It can be kept for up to 15 years.

CONCHA Y TORO

En 1883 don Melchor de Concha y Toro y su esposa, doña Emiliana Subercaseaux, trajeron a Chile las más nobles cepas viníferas de la región de Burdeos y las plantaron en el valle del Maipo, una zona protegida por la cordillera de los Andes y el océano Pacífico, que presentaba condiciones ideales para el cultivo de la vid. Ahí también don Melchor construyó su casa, conocida hoy como la Casona de Pirque, con lo que dio vida a Viña Concha y Toro.

A los pocos años, preocupado de mantener sus reservas más finas a salvo de los intrusos, don Melchor esparció entre sus trabajadores el rumor de que el diablo rondaba en la bodega donde él guardaba sus mejores vinos. Sin saberlo, dio nombre a uno de los vinos más célebres de Chile: Casillero del Diablo.

En la primera mitad del siglo XX se produjeron hitos como la transformación de esta empresa familiar en una sociedad anónima abierta y el comienzo de las exportaciones. Desde los años '50 se inició en Concha y Toro un profundo proceso de modernización, liderado por don Eduardo Guilisasti Tagle, quien con sencillez, esfuerzo y gran carisma entre sus empleados, orientó a Concha y Toro hacia la conquista de mercados externos mediante la oferta de vinos de calidad.

Fue así que en los años '80 la Viña aceleró su modernización al incorporar avanzada tecnología en cada etapa de producción, además de introducir el uso de barricas de roble francés para guarda, es-

Casona de Pirque, valle del Maipo.
"Casona de Pirque", Maipo Valley.

In 1883 don Melchor de Concha y Toro and his wife, Emiliana Subercaseaux, brought to Chile the most noble vine-stocks from the Bordeaux region and planted them in the Maipo Valley, an area protected by the Andes and by the Pacific Ocean, with ideal conditions for growing grapevines. That is also where don Melchor built his house, known nowadays as the "Casona de Pirque", thus bringing Viña Concha y Toro to life.

Later, concerned to keep his finest reserves safe from intruders, don Melchor spread word among his workers that the devil haunted the cellar in which he kept his best wines. Without realizing it, he gave a name to one of the most famous wines in Chile: Casillero del Diablo (Cellar of the Devil).

The first half of the 20th century saw major milestones such as the transformation of the family business into a public limited company, and the first exports. In the 1950s Concha y Toro underwent a process of modernization led by Eduardo Guilisasti Tagle, whose easy manner, hard work and great charisma among his employees helped Concha y Toro look towards foreign markets, by offering high-quality wines.

The modernization process was speeded up in the 1980s with the introduction of advanced technology at every stage of production and the use for the first time of French oak barrels for aging, an effort

fuerzo que permitió a Concha y Toro elaborar vinos finos de reconocido prestigio a nivel mundial, como Don Melchor.

Esto consolidó la presencia internacional de Concha y Toro. En 1994 se convirtió en la primera viña en transar sus acciones en la Bolsa de Nueva York, operación que financió un plan de expansión que incluyó renovación tecnológica, el desarrollo de nuevas líneas de vinos y la compra de terrenos, permitiendo además la fundación de Viña Cono Sur en Chile y de Bodega Trivento en Argentina. En 1997 Concha y Toro formó una alianza estratégica con la viña francesa Baron Philippe de Rothschild para la producción de Almaviva, inaugurando en Chile la elaboración de un vino de primer orden, equivalente a un *Grand Cru Classé* francés.

En la actualidad, Concha y Toro es el principal productor de vinos de Latinoamérica y una de las marcas vitivinícolas más importantes a nivel mundial, con presencia en 87 países. Con 4.000 hectáreas de viñedos y un amplio *portfolio* de vinos premium, Concha y Toro mantiene la dedicación heredada de sus grandes visionarios, don Melchor de Concha y Toro y don Eduardo Guilisasti Tagle, para la elaboración de vinos de calidad.

that enabled Concha y Toro to produce fine wines such as Don Melchor, which enjoy world-wide prestige.

This policy consolidated the international presence of Concha y Toro. In 1994 it became the first winery in the world to trade its shares on the New York Stock Exchange. The funds thus raised financed an expansion plan that included investment in technology, the development of new wines and the purchase of land. It also made it possible to set up the Cono Sur winery in Chile and Bodega Trivento in Argentina. In 1997, Concha y Toro made a strategic alliance with the French Château Baron Philippe de Rothschild to produce Almaviva, a top class wine equivalent to a French Grand Cru Classé, to be produced in Chile for the first time.

Today, Concha y Toro is the largest wine-producer in Latin America and is one of the strongest wine brands in the world, sold in 87 countries. With 4,000 hectares of vineyards and an extensive portfolio of premium wines, Concha y Toro mantains its commitment to making high quality wines, an inheritance from its great visionaries, don Melchor de Concha y Toro and Eduardo Guilisasti Tagle.

DON MELCHOR
Cabernet Sauvignon 1998

Cabernet Sauvignon de color rojo rubí profundo, elaborado con uvas provenientes de los antiguos viñedos de Puente Alto en el valle del Maipo. El suelo pobre y permeable de Puente Alto permite la producción de un vino muy expresivo y concentrado. Sus aromas de chocolate, ciruelas maduras y notas de mentol se perciben en la primera impresión del vino, luego lo envuelven las notas de casis, *berries* y vainilla, lo que le otorga gran complejidad. La armonía y fineza en la boca refleja la madurez de los taninos lograda en los viñedos, otorgándole además concentración y persistencia final.

DON MELCHOR
Cabernet Sauvignon 1998

A deep ruby-colored Cabernet Sauvignon, made with grapes from the old Puente Alto vineyard in the Maipo Valley. The poor, permeable soil of Puente Alto makes it possible to produce a very expressive and concentrated wine. The first impression of the wine reveals aromas of chocolate and ripe plums with touches of menthol, but these are later enveloped in notes of cassis, berries and vanilla, adding up to great complexity. The harmony and finesse on the palate reflect the maturity of the tannins achieved in the vineyard and also give it concentration and a persistent finish.

TERRUNYO
Carménère 1999

Carménère de color rojo profundo y brillante, elaborado con uvas provenientes de los cuarteles seleccionados en los antiguos viñedos de Peumo en el valle de Rapel. Vino envejecido en barricas de encina francesa durante 19 meses. En su bouquet se aprecian intensas notas de *berries*, chocolate, caja de puros y minerales. En boca es elegante, poderoso y persistente. De gran cuerpo y bien estructurado. Ideal para acompañar carnes rojas, quesos añejos, pastas y conejos silvestres.

A Carménère with a deep, bright red color made with grapes from selected lots of land in the prime vineyards of Peumo in the Rapel Valley. A wine that has been aged in French oak barrels for 19 months. Its bouquet displays intense notes of berries, chocolate, cigar box and minerals. It is elegant, powerful and persistent in the mouth, with great body and fine structure. Ideal with red meats, ripe cheeses, pasta and wild rabbits.

MARQUES DE CASA CONCHA
Merlot 1999

Vino de color violeta profundo, elaborado con uvas provenientes de los tradicionales viñedos de Peumo en el valle de Rapel. Vino de producción limitada envejecido en barricas de encina francesa durante 14 meses. Su intenso aroma y delicado sabor a ciruelas y cerezas evocan el *terroir* de Peumo. La madera agrega generosas notas de chocolate y vainilla. En boca es aterciopelado y de gran cuerpo; sus taninos maduros le entregan suavidad y equilibrio. Se recomienda para acompañar carnes blancas, pastas y quesos.

A wine with a deep violet color made with grapes from the traditional Peumo vineyards in the Rapel Valley. Its production is limited and it was aged in French oak barrels for 14 months. Its intense aroma and delicate flavor of plums and cherries call to mind the terroir of Peumo. The wood adds generous notes of chocolate and vanilla. In the mouth it is velvety and has great body; its ripe tannins give it smoothness and balance. It is recommended with white meat, pasta and cheeses.

TRIO
Chardonnay 1999

Chardonnay de color amarillo pálido, elaborado con uvas provenientes del valle de Casablanca. Su aroma es elegante, fino y con notas minerales. En boca es complejo, de larga persistencia y con notas tropicales. Trio refleja una perfecta integración entre clima, suelo y enólogo, permitiendo obtener lo mejor de los viñedos de Casablanca, dando origen a un vino único y generoso. Es ideal como aperitivo y también para acompañar salmón ahumado frío y productos del mar sazonados con finas hierbas.

A Chardonnay, pale yellow in color, made with grapes from the Casablanca Valley. Its aroma is elegant, fine and with mineral notes. In the mouth it is complex, very persistent and with tropical notes. Trio reflects a perfect integration between the climate, the soil and the enologist, making it possible to obtain the best from the Casablanca vineyards and creating a wine that is unique and generous. It is ideal as an aperitif and also with cold smoked salmon and seafood seasoned with fine herbs.

CASILLERO DEL DIABLO
Cabernet Sauvignon 2000

Es un vino de color rojo oscuro y profundo, elaborado con uvas provenientes del valle del Maipo. Un 60% de este vino ha sido guardado en barricas de roble americano. En su bouquet se distinguen notas de guindas rojas y ciruelas negras, con un toque de roble tostado. Su sabor es concentrado y elegante, con notas de chocolate y *berries*. En boca su textura es suave y bien estructurada. Ideal para acompañar pastas, quesos y carnes rojas.

This is a wine with a dark, deep red color, made with grapes from the Maipo Valley. Around 60% of this wine has been aged in American oak barrels. In its bouquet it is possible to distinguish red cherry and black plum notes, with a touch of toasted oak. Its flavor is concentrated and elegant, with hints of chocolate and berries. In the mouth its texture is smooth and well structured. It is ideal with pasta, cheeses and red meats.

COUSIÑO MACUL

Desde mediados del siglo XVI, cuando a Juan Jufré se le entregó una encomienda en reconocimiento de su ayuda durante la conquista española, se ha sabido que el valle del Maipo tiene condiciones ideales para producir vino. Estas tierras, conocidas hasta ahora como Macul, a los pies de la cordillera de los Andes, han estado ligadas con el origen de la vitivinicultura en Chile.

Tres siglos después, en 1856, la antigua hacienda de Macul fue adquirida por el visionario Matías Cousiño, quien supo vislumbrar el futuro en la producción de vinos de primera calidad. Él supo reconocer las características excepcionales del valle del Maipo y el enorme valor de esta hacienda ubicada en las afueras de Santiago, la capital del país.

Sus muchos viajes lo llevaron con frecuencia a Burdeos, donde reafirmó la idea de construir una viña al estilo europeo. Su primer objetivo fue reemplazar la uva de la variedad País (similar a la uva "Mission" de California) por las prestigiosas variedades de Burdeos. Matías Cousiño murió en 1863 sin haber terminado su proyecto, y su único hijo, Luis, secundado por su esposa Isidora Goyenechea, quedó encargado de seguir sus pasos.

El joven Luis Cousiño fue un aventajado discípulo, y mostró todo el don de gente de su padre, convirtiéndose en un miembro muy estimado de la escena social y comercial de su época. Se dio cuenta de que, para emular el vino de los castillos de Burdeos, tendría que recurrir a los servicios de expertos enólogos y arquitectos franceses para que lo asesoraran en el

The Maipo Valley has proved to posses the ideal conditions for the production of fine wines since as far back as the mid 1500s, the period when Juan Jufré was rewarded with lands in this valley in recognition of his help in the Spanish conquest. These lands, located in the area still known as Macul, at the foot of the Andes mountains, are associated with the origins of winemaking in Chile.

Three centuries later, in 1856, Matías Cousiño, a visionary industrialist who saw the future in the production of premium quality wines, bought the old Macul Estate. He recognized the exceptional conditions of the Maipo Valley and the tremendous value of this estate that was situated just on the outskirts of the capital city of Santiago.

His many travels took him often to Bordeaux, where he consolidated the idea of building a European style winery. His first objective was to replace the existing "País" grape variety (similar to the Mission grape of California) with the prestigious varieties of Bordeaux. While in the midst of remaking the Macul Estate, in 1863 Matías Cousiño died, leaving his only son, Luis, accompanied by his wife, Isidora Goyenechea, to follow in his footsteps.

Bodega construida en el siglo XIX.
Cellar built in the 19th century.

diseño y construcción de la bodega ideal para sus futuros vinos premium. Actualmente los visitantes pueden ver cómo ese prodigio de la tecnología del siglo XIX permite mantener con su sistema de ventilación pasiva una temperatura uniforme de 13º a 14ºC durante todo el año, ideal para la maduración de sus vinos tintos.

Para concretar la visión de su padre, don Luis viajó a Europa en 1860, justamente antes de la devastación por la filoxera, y trajo a la viña de Macul cepas Cabernet Sauvignon de Paulliac, Semillón y Sauvignon de Martillac, y Pinot Noir y Chardonnay de Borgoña. También incorporó la cepa Riesling Rheingau original.

Mientras viajaba por Perú, y antes de poder realizar su sueño, Luis Cousiño murió a la temprana edad de 38 años. Su viuda, Isidora Goyenechea de Cousiño, con su gran mentalidad empresarial, se hizo cargo de todos los negocios de su marido y consolidó las actividades vitivinícolas de Cousiño Macul. En 1885 contrató al conocido enólogo francés Pierre Godefroy Durand para que tratara de adaptar científicamente las nuevas cepas a las condiciones de suelo y clima de Macul. Poste-

It would appear that the young Luis was an excellent pupil; showing every bit the savoir-faire of his father before him, he became a highly esteemed member of both the social and business scene in Chile. He realized that to emulate a Bordeaux château wine, he would need to call on the expertise of a French wine maker, as well as a French architect to advise on the design and construction of the ideal cellar for his future premium wines. Visitors of today are witness to how this nineteenth century marvel, with its so called passive ventilation system, maintains a year-round temperature of 56ºF, ideally suited to mature its red wines.

In order to carry out his father's vision, he traveled to Europe in 1860, just prior to the phylloxera devastation, and brought back to the Macul Estate Cabernet Sauvignon vines from Pauillac, Sémillon and Sauvignon Blanc from Martillac, and Pinot Noir and Chardonnay from Burgundy. He also incorporated the original Rheingau Riesling stock.

While traveling through Peru and before he could realize his dream, Luis Cousiño died at the early age of 38. His wife, Isidora Goyenechea de Cousiño and her entreprenurial spirit, took the helm of all her husbands' business ventures and consolidated the winemaking activities at Cousiño Macul. In 1885 she hired renowned French oenologist Pierre Godefroy Durand to

Viñedos de Cousiño Macul a los pies de la cordillera de los Andes.
Cousiño Macul vineyards at the foot of the Andes Range.

Bodega subterránea, construida en 1870 con el sistema cal y canto.
The cellar, built in 1870 using the "cal y canto" system.

riormente su hijo, Raúl Durand, se quedaría en Chile para continuar la labor de su padre en la Viña.

Actualmente, las variedades tintas que se encuentran en las 280 hectáreas de la Viña son Cabernet Sauvignon y Merlot de las cepas originales prefiloxera. Los vinos blancos provienen de cepas Chardonnay, Sauvignon Blanc y Riesling. Es importante hacer notar que desde la introducción de las cepas europeas, las vides utilizadas por Cousiño Macul han provenido de sus propios viveros, dando lugar a clones únicos en el valle del Maipo y en otros valles vitivinícolas de Chile.

La actual familia Cousiño, al igual que todos sus antecesores, sólo utiliza uvas de sus propios viñedos para fabricar su vino. Esta práctica le da al vinicultor la oportunidad de producir vinos sumamente consistentes a lo largo de los años. La adaptación durante largos años de antiguas vides a las mismas condiciones de suelo y clima, favorecen la producción de vinos tintos que se pueden beber jóvenes o envejecidos 20 o más años sin perder su bien balanceada estructura. En resumen, vinos clásicos de primera calidad para acompañar las comidas.

La zona del valle del Maipo ofrece condiciones óptimas para el cultivo de cepas europeas como Cabernet Sauvignon, Merlot, Chardonnay, Sauvignon y Riesling. El suelo es calcáreo y pedregoso en las regiones más altas, y fértil en las bajas. El clima de este valle es particularmente apropiado para la producción de uva vinífera. La temporada de crecimiento es larga, con días cálidos y asoleados con un mínimo de nubes, lo que garantiza que las uvas serán ricas en azúcar. La diferencia de temperatura con las frescas noches es esencial para un color profundo y pleno en las uvas tintas, a la vez que contribuye a lograr buenos aromas y buena acidez en las blancas. Además, el riesgo de lluvia durante la época de crecimiento y la cosecha es casi nulo.

scientifically adapt the new vines to the Macul soil and climate. Pierre's son, Raúl Durand, followed suit at the Macul Estate to continue his father's work.

The red varieties you find today on the Estate's 280 hectares are Cabernet Sauvignon and Merlot from those original pre-phylloxera cuttings. The white wines are made from the Chardonnay, Sauvignon Blanc and Riesling vines. It is important to note that ever since the introduction of the European stock, the Cousiño family has never purchased other vines, but rather reproduced and selected the best vines from its estate nursery, thereby preserving and creating a vineyard with clones unique to the Maipo as well as to other wine producing valleys in Chile.

The current generation of Cousiños, like every generation before them, continues to make their wines only with the grapes that come from their own vineyards. This practice gives the winemaker the opportunity to make wines that are tremendously consistent in style year in and year out. The adaptation over many years of old vines to the same soil and consistent climatic conditions, conspire in favor of red wines that can be drunk either young or cellared for 20 years and more without losing their well balanced structure. In summary, premium quality classical food wines.

In the Maipo Valley there are optimal conditions for growing the classical European varieties such as Cabernet Sauvignon, Merlot, Chardonnay, Sauvignon and Riesling. The soil is calcareous and stony in the higher areas and fertile in the lower parts. The weather in this valley is especially suited for the production of grapes for vinification. The growing season is long, with warm, sunny days with minimal cloud coverage, which ensures that grapes will achieve a good level of sugar. The difference in temperature with the cool evenings is essential to obtain a deep and full color in red grapes, while contributing to good acidity and aromas in the

Cava privada de la familia Cousiño con cosechas que datan desde 1927.
The Cousiño family's private cellar with vintages dating since 1927.

Viña Cousiño Macul emplazada en el corazón del valle del Maipo.
The Cousiño Macul winery located at the heart of the Maipo Valley.

Cousiño Macul es actualmente la viña chilena más antigua que sigue en manos de la familia que la fundó originalmente, y hoy es administrada por Arturo Cousiño y sus hermanos Carlos y Emilio (sexta generación). Él sigue cumpliendo los deseos y el espíritu que inspiraron a Matías Cousiño para producir cantidades limitadas de vinos clásicos para las comidas de primera calidad. Con una producción anual de algo más que 250.000 cajas, los vinos de Cousiño Macul se encuentran en más de 50 países en forma de un producto que ha sabido conjugar la más moderna tecnología de vinificación con una centenaria tradición de calidad.

Sería justo decir que la familia Cousiño ha contribuido a sentar la pauta para la producción de vinos de primera calidad en Chile. Por ello no es de extrañar que el prestigioso conocedor y escritor británico Hugh Johnson se haya referido a Cousiño Macul como "The first growth of Chile".

white varieties. In addition, the risk of rain during the growing season and into the harvest is practically nil.

Cousiño Macul is today the oldest Chilean winery still in the hands of the original founding family, managed by Arturo Cousiño and his brothers Carlos and Emilio (sixth generation). Like his predecessors, Arturo defends the original mandate and spirit, which inspired Matías Cousiño to produce limited quantities of premium quality, classical food wines. With a yearly production of slightly more than 250,000 cases, you can find Cousiño Macul wines in over to 50 countries with a product exemplifying the most modern vinification technology and a centenarian tradition of quality.

It would be fair to say that the Cousiño family played a leading role in setting the standard for the production of premium quality wines in Chile. It is not surprising therefore that the well-known British wine writer, Hugh Johnson, has referred to Cousiño Macul as "The first growth of Chile".

Finis Terrae

Este vino es una mezcla de las mejores cepas Cabernet Sauvignon y Merlot producidas por Cousiño Macul. Las primeras provienen de las parras más antiguas de la Viña, algunas de las cuales datan de 1932, mientras que las Merlot tienen alrededor de 20 años. Es un vino de cuerpo mediano de gran elegancia, en que la suavidad del Merlot armoniza con la fuerza del Cabernet Sauvignon. Se envejece en barricas nuevas de roble francés durante 18 meses y luego en la botella por otros 18 meses antes de ser distribuido. Al igual que sus contrapartes europeas, éste es un vino con un enorme potencial de envejecimiento.

This wine is made from a blend of the finest Cabernet Sauvignon and Merlot produced by Cousiño Macul. The Cabernet Sauvignon grapes come from the oldest vines on the Estate, some of which date back as far as 1932, while the Merlot grapes are from vines that are about twenty years old. It is a medium bodied wine of great elegance where the silkiness of the Merlot harmonizes with the strength of the Cabernet Sauvignon grape. It is aged in mostly new French oak casks for eighteen months and later left in the bottle for another eighteen months before it is released. Like its classical European counterparts, this is a wine that has tremendous aging potential.

Antiguas Reservas Cabernet Sauvignon

Este vino es 100% Cabernet Sauvignon y proviene de parras de 30 a 45 años de edad que rinden alrededor de 60 hectolitros por hectárea. Esta marca ha sido el emblema de la familia desde su primera cosecha en 1927. Es de color rojo ladrillo con tonalidades rubí y presenta un bouquet intenso, con una leve fragancia a humo, pasas y ciruelas secas. Tiene un cuerpo medio, suave, redondo y armonioso. Se deja madurar en barricas de roble americano durante 12 meses y luego se deja reposar en la botella durante otros 12 meses antes de sacarlo al mercado.

This wine is 100% Cabernet Sauvignon and comes from 30 to 45-year-old vines that yield about 60 hectoliters per hectare. This has been the flagship label of the family, dating back to its first vintage in 1927. A muscular wine with a brick red color and shades of ruby; it displays an intense bouquet, with a hint of smoke, raisins and prune fragrance. It has a dry, mellow, rounded, harmonious body. This wine is aged in American oak barriques for 12 months and later left to rest in the bottle for another 12 months before it is released to the market.

Antiguas Reservas Chardonnay

Este vino es 100% Chardonnay que se hace fermentar en pequeñas barricas de roble americano en las que el vino evoluciona en contacto con sus sedimentos finos, adquiriendo carácter, complejidad y balance a través de una fermentación maloláctica completa. Al cabo de 12 meses se mezcla y se embotella con su vino hermano, que se ha conservado en estanques de acero inoxidable. Este *coupage* resulta en un Chardonnay interesante con una sutil sensación a madera, la mitad del cual ha sufrido una fermentación maloláctica, lo que produce una impresión mantecosa en el paladar. También se pueden detectar aromas de miel y nueces tostadas en la nariz. Este vino tiene un balance delicado, lo que lo convierte en una excelente elección para la langosta y otros mariscos.

This wine is 100% Chardonnay and has been fermented in American oak barriques. There, the wine evolves while in contact with its fine lees, acquiring character, complexity, and balance and going through full malolactic fermentation. After 12 months, it is blended and bottled with its sister wine, which has been kept in stainless steel tanks. This coupage results in an interesting Chardonnay with a subtle sense of wood, half of which has undergone malolactic fermentation, thereby creating a buttery sensation in the palate. You will also find honey and toasted nuts in the nose. This wine is delicately balanced, making it a wonderful choice for lobster and other sea foods.

Merlot Reserva

Las uvas usadas para este Merlot provienen de viñas de alrededor de 20 años de edad. El vino se envejece en barricas de roble americano durante 12 meses y luego en la botella durante otro período similar. Posee un rico carácter frutoso, con aromas de tabaco maduro y fragante, bastante típicos de los vinos Cousiño Macul. En la boca se siente elegante, rico en taninos maduros y sabores intensos de *berries* y casis. Es ideal para acompañar pastas, carnes blancas como pavo, cordero y cerdo, así como quesos fuertes como Camembert.

This wine is 100% Merlot and uses grapes from vines that are about twenty years old. This wine is matured in American oak for 12 months and then left in the bottle for a similar period. It has a rich fruit character, with ripe and fragrant tobacco scents, quite typical of Cousiño Macul wines. In the mouth, this wine feels elegant, big in mature tannins and intense layers of berries and cassis. It is an ideal companion for pasta, white meats such as turkey, lamb and pork, as well as strong cheeses like Camembert.

COUSIÑO-MACUL
· DESDE 1856 ·

EL ORIGEN DEL PRESTIGIO DEL VINO CHILENO

DE MARTINO

Fundada en 1934 por don Pietro De Martino Pascualone, De Martino es una viña familiar en todo el sentido de la palabra. Tres generaciones han manejado Viña De Martino, hoy liderados por Giorgio De Martino y seguido por sus hijos Pietro, Marco y Remo. Cada detalle es supervisado personalmente por miembros de la familia, lo que demuestra el alto grado de compromiso con la producción de los mejores vinos. Su limitada producción está enfocada a las uvas de mayor calidad para lograr vinos premium, y poder ofrecer una completa variedad de vinos en tres líneas: Reserva de Familia, Prima-Reserva y Varietal.

De Martino tiene un viñedo de 300 hectáreas ubicado en el corazón del valle del Maipo, en el área de Isla de Maipo. Los suelos son franco-arenosos, tienen excelente drenaje y fertilidad media. Las lluvias se concentran en el período invernal, lo cual determina un verano seco, con una amplitud térmica elevada, sin nubosidad y con gran luminosidad.

De Martino trabaja el concepto de *terroir* para lograr los altos estándares de calidad que exigen sus vinos. Esto lo certifican muchos premios y reconocimientos en concursos internacionales en Europa, Estados Unidos, Canadá, Chile y también en países asiáticos. Hoy están comprometidos con el medio ambiente por lo que ya cuentan con plantaciones y vinos orgánicos.

Founded in 1934 by Pietro De Martino Pascualone, De Martino is a family winery in the fullest sense of the term. Three generations have managed Viña De Martino, currently headed by Giorgio De Martino and followed by his sons Pietro, Marco and Remo. Every detail is personally supervised by family members, proving the high level of their commitment to the production of the best wines. Its limited production is aimed at top quality grapes to produce premium wines, and the possibility of offering a full variety of wines in three lines: Reserva de Familia, Prima-Reserva and Varietal.

De Martino has a 300-hectare vineyard located in the heart of the Maipo Valley, in the Isla de Maipo area. The soil is a sandy loam with excellent drainage and average fertility. Rain falls mainly in winter, leading to dry summers with a wide thermal range, no clouds and great luminosity.

De Martino operates on the terroir principle to achieve the high quality standards required by its wines. This is attested by many awards and favorable opinions at international contests in Europe, the United States, Canada, and Chile, as well as in some Asian countries. They are currently committed to protecting the environment, and for this reason they already have organic vineyards and wines.

Tercera generación de la familia De Martino.
Third generation of the De Martino family.

RESERVA DE FAMILIA
Cabernet Sauvignon Reserva

Vino de color rojo profundo con trazas violeta. En su complejo bouquet se aprecian notas de *berries*, un toque de humo y violetas. En el paladar revela un perfecto balance entre el roble y la fruta. Su cuerpo es lleno y sus sabores intensos. Perfecto para acompañar venado, cordero y otras carnes rojas. Es un vino altamente recomendado para guarda (de 5 a 10 años).

A wine with a deep red color and traces of violet. Its complex bouquet contains notes of berries and a touch of smoke and violets. On the palate it displays a perfect balance between the oak and the fruit. Its body is full and its flavors intense. It is perfect for venison, lamb and other red meats. This wine is highly recommended for aging (between 5 and 10 years).

PRIMA
Chardonnay Reserva

Vino de color amarillo intenso con trazas verdes. Con aromas balanceados que recuerdan a plátano y pomelo. En boca es cremoso, con toques de vainilla. Ideal para acompañar langosta, pasta y aves. Se puede guardar por 2 a 3 años.

Viognier

Vino de un color amarillo pajizo con sombras verdes. Su aroma es intenso, con notas de chirimoya, damasco y hierba fresca. En boca es bien balanceado, fresco y vivaz; el final es largo y refrescante. Ideal como aperitivo o para acompañar queso de cabra, pescados y vegetales.

Chardonnay Reserva

A wine with an intense yellow color and traces of green. Its balanced aroma suggests banana and grapefruit. In the mouth it is creamy, with touches of vanilla. It goes ideally with lobster, pasta and poultry. It can be kept for 2 to 3 years.

Viognier

A straw-colored wine with shades of green. Its aroma is intense, with notes of chirimoya, apricots and fresh herbs. In the mouth it is well balanced, fresh and sprightly; its finish is long and refreshing. It is ideal as an aperitif or with goat's cheese, fish and vegetables.

ERRAZURIZ

En 1870 Maximiano Errázuriz, miembro de una familia de origen vasco, fundó Viña Errázuriz. Don Maximiano eligió en forma visionaria el valle del Aconcagua, al norte de Santiago, para plantar sus viñas, reconociendo desde entonces el potencial de estas tierras para la producción de vinos de calidad.

Con cepajes traídos especialmente de Francia y siempre fiel a su creencia en la interrelación entre suelo, clima y cepa, don Maximiano transformó secciones del valle en viñedos del mejor nivel.

Desde su fundación en 1870, Viña Errázuriz se ha propuesto elaborar vinos finos con uvas de sus propios viñedos, bajo el concepto de *terroir,* vale decir, cada viñedo imprime características distintivas a las uvas que en él se cultivan. En consecuencia, la óptima calidad de un vino comienza en el viñedo mismo, con la selección de un terreno apropiado y las mejores variedades para él.

A partir del año 1983 don Alfonso Chadwick Errázuriz retomó el control de la viña dándole un nuevo impulso modernizador para alcanzar la vanguardia tanto en viticultura como en tecnología, con miras a lograr vinos de la más alta calidad. Continuar con esta tradición es hoy responsabilidad de Eduardo Chadwick, presidente de la viña.

Viña Errázuriz was founded in 1870 by don Maximiano Errázuriz, member of a family of Basque descend. He had the foresight to choose the Aconcagua Valley, north of Santiago, to plant his vines, recognizing even then the potential of that land for producing quality wines.

With clones brought especially from France, and always holding firmly to his belief in the interrelation between soil, climate and stock, don Maximiano transformed sections of the valley into top level vineyards.

Since its foundation in 1870, Viña Errázuriz has aimed to produce fine wines using grapes from its own vineyards based on the concept of terroir: the idea that each vineyard imprints distinctive characteristics on the grapes grown in it. Therefore, optimum quality in wine begins in the vineyard itself, with the selection of appropriate land and the grape varieties best suited to it.

From the year 1983, don Alfonso Chadwick Errázuriz regained control of the vineyard, giving it a new impulse. His goal was to modernize the company, in order to be forefront in wine production as well as in technology; the main objective was the production of wines of the highest quality. Nowadays Eduardo Chadwick, president of the vineyard, has the responsibility to continue with this tradition.

Eduardo Chadwick

Una de las preocupaciones de Eduardo Chadwick es la innovación y constante modernización de una viña de tanta historia y tradición como lo es Errázuriz. La introducción en Chile de cepas como Sangiovese y Syrah y la constante revisión de las prácticas enológicas, en un marco de manejo sustentable y armónico con la naturaleza, son parte de este proceso que él lidera.

El principal compromiso y desarrollo de Viña Errázuriz es con el valle del Aconcagua. Es en este valle donde se cultivan las variedades Sangiovese, Merlot, Cabernet Sauvignon, Cabernet Franc, Syrah y Carménère, que dan origen a los vinos del rango *"Especialidades"* y *"Max Reserva Errázuriz"*. Además posee viñedos propios; en el valle de Casablanca para elaborar vinos blancos de primera calidad y en el valle de Curicó para la elaboración de vinos blancos y tintos de gran expresión varietal.

En Aconcagua se encuentra el viñedo Don Maximiano, donde el clima sub-húmedo mediterráneo es regulado por las brisas frescas y moderadas provenientes del océano Pacífico, que penetran en lo profundo del valle gracias a su singular topografía transversal. Es en este viñedo donde se cultivan las uvas destinadas al vino "Don Maximiano Founder's Reserve", máxima expresión de calidad que nace en el valle del Aconcagua y resultado del esfuerzo constante por obtener el mejor vino chileno de este lugar.

La orientación y pasión por la calidad, presente en todas las actividades de Viña Errázuriz, la ha llevado a producir vinos de clase mundial. Éstos son reconocidos en los más de 40 países a donde se exporta más del 80% de su producción.

One of Eduardo Chadwick's main concerns is the ongoing innovation and modernization of a winery like Errázuriz, with so much history and tradition. The introduction in Chile of pioneering grape varieties such as Sangiovese and Syrah, and the constant revision of enological practices within a sustainable framework of management and in harmony with nature, are part of this process in which he is responsible.

The main commitment and development efforts of Viña Errázuriz are with the Aconcagua Valley. It is here where the Sangiovese, Merlot, Cabernet Sauvignon, Cabernet Franc, Syrah and Caménère grape varieties are grown to be made into the *"Especialidades"* and *"Max Reserva Errázuriz"* wine range. Errázuriz also has own vineyards in the Casablanca Valley, for making first quality white wines, and in the Curicó Valley, for making white and red wines with great varietal fidelity.

The Don Maximiano vineyard is located in Aconcagua, where the sub-humid Mediterranean climate is regulated by the cool, moderate breezes from the Pacific Ocean, which blow deep into the valley because of its particular transverse topography. This is the vineyard where the Cabernet Sauvignon grapes, used for making the "Don Maximiano Founder's Reserve" wine, grow. This wine is the highest expression of the quality born in the Aconcagua Valley and the result of Errazuriz's constant efforts to produce the best Chilean wine of this valley.

The orientation and passion for quality which characterize all the activities of Viña Errázuriz, have led it to producing world-class wines. This are recognized in more than 40 countries to which more than 80% of its production is exported.

Viñedo Don Maximiano, valle del Aconcagua.
Don Maximiano Estate, Aconcagua Valley.

Don Maximiano Founder's Reserve

Don Maximiano Founder's Reserve simboliza nuestra constante búsqueda por elaborar el vino tinto chileno más fino del valle del Aconcagua. Vino elaborado con uvas de la cepa Cabernet Sauvignon de un color rojo profundo. En su bouquet se aprecian notas de especias y casis, mientras que el envejecimiento en barricas de roble le otorga notas de almendras tostadas, vainilla y café. En el paladar la fruta madura se transforma en casis y cerezas negras, con bordes de café y vainilla. En boca, los taninos son especiados y el final es largo y sedoso.

Don Maximiano Founder's Reserve represents Viña Errázuriz quest to make the finest Chilean red wine from the Aconcagua Valley. A wine made with Cabernet Sauvignon grapes, with a deep red color. In its bouquet one can detect notes of spices and cassis, while aging in oak barrels gives it notes of roasted almonds, vanilla and coffee. On the palate, the ripe fruit turns into cassis and black cherries, edged with coffee and vanilla. The tannins are spicy in the mouth, and the finish is long and silky.

MAX RESERVA

Cabernet Sauvignon

Vino producido con uvas del valle de Aconcagua, de color rojo profundo. En su bouquet se distinguen notas de tierra, cuero y especias que son acentuados por aromas a cerezas y vainilla. Sus taninos maduros y especiados le otorgan longitud en el paladar, con sabores de cerezas secas, moras, *boysenberries* y tabaco.

A deep red wine, produced with grapes from the Aconcagua Valley. Its bouquet has notes of earth, leather and spices, enhanced by aromas of cherry and vanilla. Its ripe and spicy tannins make it long on the palate, with flavors of dried cherries, blackberries, boysenberries and tobacco.

MAX RESERVA
Chardonnay

Vino elaborado con uvas del valle de Casablanca, de un color amarillo dorado. Aromas de manzana verde, peras amarillas frescas y suaves notas florales. En el paladar se sienten notas de damascos secos, especias y pastel de manzana. La fermentación en barrica envuelve sutilmente el vino en vainilla y notas tostadas. La textura viscosa, como de mantequilla, tiene un toque de acidez, lo que entrega un final suave y elegante.

A wine produced with grapes from the Casablanca Valley, with a golden yellow color. It has the aromas of green apples, fresh yellow pears and soft floral notes. Touches of dried apricots, spices and apple pie may be felt on the palate. Its fermentation in barrels gives the wine a subtle veiling of vanilla with a toasted feel. Its viscous butter-like texture has a touch of acidity, leading to a soft and elegant finish.

MAX RESERVA
Syrah

Vino de un color rubí profundo, elaborado con uvas del valle de Aconcagua. En su bouquet se aprecian notas de moras maduras, cuero y vainilla. En el paladar se siente la vainilla tostada de la barrica de roble, que se integra bien con la fruta madura -moras y ciruela- creando una densa combinación de sabores en la que ninguno predomina. Hay también notas a frutas secas y un toque de violeta. El final es rico, con fruta madura y vainilla.

A wine with a deep ruby color made with grapes from the Aconcagua Valley. Its bouquet has notes of ripe blackberries, leather and vanilla. The roasted vanilla of the oak barrel is sensed on the palate, well-integrated with the ripe fruit -blackberries and plums- creating a dense combination of flavors in which none predominates. There are also notes of dried fruits and a touch of violets. The finish is rich, with ripe fruit and vanilla.

ERRAZURIZ

FRANCISCO DE AGUIRRE

Por siglos el valle del Limarí, al sur del desierto de Atacama, fue tan seco como las montañas que lo circundan. Tal vez nadie imaginó que algún día podría convertirse en lo que es hoy, un valle fértil y cubierto de viñas que escalan las laderas.

Todo comenzó en 1549, cuando Francisco de Aguirre, fundador de la ciudad de La Serena, plantó las primeras parras en los valles semi áridos que se extendían entre la precordillera de los Andes y el océano Pacífico. La primera cosecha se realizó dos años después, en un esfuerzo pionero en la vitivinicultura chilena. La perfecta aclimatación de las vides importadas de España dio resultados sorprendentes. Así, el cultivo comenzó a expandirse por otras regiones del país, y ya para el siglo XVIII Chile se convertía en el principal exportador de vinos para otras colonias españolas.

En 1993, 450 años después de que Francisco de Aguirre plantase las primeras parras en la región, se fundó la viña que lleva su nombre. Para ello se adquirieron 100 hectáreas agrícolas en el corazón del valle del Limarí, a unos 12 km de la ciudad de Ovalle, en la región de Coquimbo, 400 km al norte de Santiago, en el borde mismo del desierto más árido del mundo y a unos 35 km del océano Pacífico.

Las parras fueron plantadas en los suaves lomajes de terreno rocoso de la zona. En verano, las temperaturas alcanzan 26º a 28ºC y muy ocasionalmente 30º a 32ºC,

For many centuries the Limarí Valley, south of the Atacama desert, was as dry as its surrounding mountains. Probably nobody ever imagined that some day it could become what it is now, a fertile valley covered with vineyards climbing up the mountainsides.

It all began in 1549, when Francisco de Aguirre, the founder of the city of La Serena, planted the first grapevines in the semi-arid valleys that lay between the foothills of the Andes and the Pacific Ocean. The first harvest took place two years later, in a pioneering effort of Chilean viticulture. The perfect acclimatization of the vines brought from Spain gave amazing results, so cultivation started spreading to other regions of the country, and by the 18th century Chile had become the main wine exporter to other Spanish colonies.

In 1993, 450 years after Francisco de Aguirre had planted the first grapevines in the region, the vineyard that bears his name was founded. A hundred hectares of farm land were purchased in the heart of the Limarí Valley, about 12 km. away from the city of Ovalle in the Coquimbo region, 400 km. north of Santiago; right on the edge of the world's most arid desert and about 35 km. from the Pacific Ocean.

Cava subterránea en una de las laderas del cerro, bajo los viñedos.
Underground cellar in one of the hillsides below the vineyards.

The grapevines were planted on the gentle, rocky slopes of the farm

con neblinas costeras por la mañana y escasas lluvias que sólo caen en el invierno (el promedio anual es de 60 a 80 mm). El resto del agua que requieren las parras viene de los tres embalses cercanos: Recoleta, Cogotí y La Paloma.

Al poco tiempo aparecieron en el mercado nacional sus primeros vinos, los que tuvieron muy buena aceptación entre el público conocedor.

Hoy las bodegas de Francisco de Aguirre tienen una capacidad de vinificación de 5 millones de litros en estanques de acero inoxidable, y 300 mil litros para crianza y guarda en barricas de roble francés y americano.

Francisco de Aguirre comenzó a exportar sus productos a fines de 1996. Los resultados han sido muy satisfactorios pues sus vinos han sido ampliamente reconocidos por su calidad. Esto se ha traducido en numerosos premios en competencias internacionales, como Gran Medalla de Oro para el Late Harvest Moscatel de Alejandría en el concurso Catad'Or 1999 en Santiago, Medalla de Oro para Tierras Altas Chardonnay 1998 en International Wine Competition 1999, Verona, Italia, y Medalla de Oro para Palo Alto Chardonnay 2000 en el International Wine Challenge 2001, Londres. Este último vino fue elegido el mejor Chardonnay del Año en el mercado británico.

Actualmente el 70 % de la producción de vinos finos de la viña se exporta a mercados tan atractivos como Inglaterra, Alemania, Bélgica, Holanda, Suiza, Francia, Austria y Estados Unidos.

land. Summer temperatures reach 79º to 82ºF, and very occasionally 86º to 90ºF, with coastal mist in the morning and there is very little rain, falling only in winter (the average over a year being only 60 to 80 mm). The rest of the water needed by the grapevines comes from three nearby reservoirs: Recoleta, Cogotí and La Paloma.

A short time later its first wines reached the local market and were very well received by connoisseurs.

At present, Francisco de Aguirre winery has a winemaking capacity of 5 millon liters in stainless steel tanks, and 300,000 liters in French and American oak barrels for maturing and aging.

Francisco de Aguirre began exporting its products at the end of 1996. Results have been very satisfactory because its wines have been widely recognized for their quality. This has led to many awards in international competitions, such as the Great Gold Medal for its Late Harvest Moscatel de Alejandría at the 1999 Catad'Or contest in Santiago; the Gold Medal for its Tierras Altas Chardonnay 1998 at the International Wine Competition 1999 in Verona, Italy; and the Gold Medal for its Palo Alto Chardonnay 2000 at the International Wine Challenge 2001 in London. The last-mentioned wine was chosen as the Chardonnay Wine of the Year in the British Market.

At present, 70 % of the vineyard's fine wine production is exported to markets as attractive as those of England, Germany, Belgium, Holland, Switzerland, France, Austria and the United States.

Los viñedos y bodega de Francisco de Aguirre transforman el árido paisaje del valle del Limarí.
Francisco de Aguirre's vineyards and winery transform the arid landscape of the Limarí Valley.

TEMPUS RESERVA ESPECIAL
Chardonnay - Viognier
Vino de color dorado claro, con aromas a miel, lima y damasco, y un toque de roble y de vainilla. En el paladar el sabor es delicado y persistente.
Cabernet Sauvignon - Merlot
Vino de profundo color rojo con un intenso bouquet en el que se distinguen tabaco, cedro, clavo de olor y vainilla. Es un vino de gran personalidad. Excelente capacidad de guarda.

Chardonnay - Viognier
A wine with a light golden color, with the aroma of honey, lime and apricot, and a hint of oak and vanilla. The flavor is delicate and persistent on the palate.
Cabernet Sauvignon - Merlot
A wine with a deep red color and an intense bouquet in which tobacco, cedar, cloves and vanilla can be distinguished. It is a wine with a great personality and an excellent aging capacity.

PALO ALTO
Merlot Reserva
Vino de un intenso color rojo. En su bouquet se aprecian notas de moras y ciruelas con un toque de pimienta negra. Su sabor es complejo, con un suave tono de vainilla y agradable persistencia. Buena capacidad de guarda.
Merlot Varietal
Vino de profundo color rojo. Tiene aromas intensos a cerezas, casis y moras. En el paladar se siente su estructura sedosa y sus persistentes sabores a frutas.

Merlot Reserva
A wine with an intense red color. In its bouquet one can detect blackberry and plum notes with a touch of black pepper. Its flavor is complex, with a smooth vanilla tone and pleasant persistence. It has a good aging capacity.
Merlot Varietal
A wine with a deep red color. It has an intense aroma of cherries, cassis and blackberries. It has a silky structure on the palate, with persistent fruity flavors.

PALO ALTO
Cabernet Franc
Vino de color rojo rubí con tintes violeta. En su bouquet se aprecian intensas notas de frutas rojas, chocolate y hierbas. En el paladar es sabroso y de cuerpo lleno, con un final largo. Excelente como vino joven, pero mantendrá su carácter varietal.
Chardonnay
Vino de tenue color oro y gran carácter varietal. En su aroma se distinguen notas a frutas tropicales y cítricas. En el paladar es fresco, levemente floral y con un dejo a maderas que realza su sabor.

Cabernet Franc
A wine with a ruby color and violet overtones. In its bouquet one can detect intense notes of red fruits, chocolate and herbs. It is tasty and full-bodied on the palate, with a long finish. Excellent as a young wine, but will retain its varietal character.
Chardonnay
A wine with a pale golden color and great varietal character. In its aroma one can distinguish tropical and citrus fruits. On the palate it is fresh and slightly floral, with a hint of wood which reinforces its flavor.

LATE HARVEST
Moscatel de Alejandría
Vino de un atractivo color amarillo dorado. Tiene un intenso aroma a rosas, néctar, naranjas, miel y duraznos secos. Su sabor es delicado, tiene gran cuerpo y un final largo. Es un vino que conserva su carácter por años.

A wine with an attractive golden yellow color. It has an intense aroma of roses, nectar, oranges, honey and dried peaches. Its flavor is delicate, and it has great body and a long finish. This is a wine that retains its character for years.

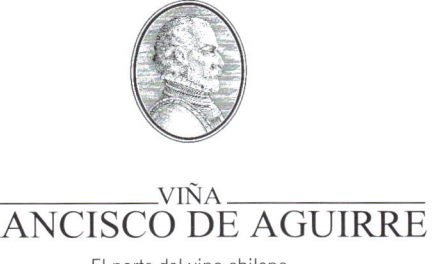

VIÑA FRANCISCO DE AGUIRRE
El norte del vino chileno

GILLMORE

En 1694 se plantaron las primeras parras al sur del Río Maule para asentar y expandir los territorios de la Corona española en esta austral colonia. Poco tiempo después, los mostos comenzaron a fermentar en grandes tinajas de greda, consagrando el centenario nombre de Viña Tabontinaja.

Cepas francesas e italianas se introdujeron a partir de 1850 y, a comienzos del siglo XX, los viñedos ya tenían vides de las cepas Cabernet Franc, Cabernet Sauvignon, Semillón y País.

Una nueva etapa en la historia de la Viña Tabontinaja se inicia en 1985, cuando la adquiere el ingeniero Francisco Gillmore Escoda, quien introduce otras variedades nobles en reemplazo de las antiguas cepas País e incorpora tecnología avanzada para la producción y control de calidad. Hoy la Viña tiene 70 hectáreas plantadas con Cabernet Franc, Merlot, Carignan, Carménère, Cabernet Sauvignon y Syrah.

El valle del Maule, en San Javier, es insuperable para la producción de vinos de excelencia, pues es fértil y con el sol adecuado. Ubicada a 20 km de esa comuna, la Viña se ha transformado en una atracción turística: en la "Casa de Huéspedes" los visitantes, además de gozar de la naturaleza, se inician en el conocimiento de la cultura vitivinícola.

La producción anual de la Viña Tabontinaja es de 120 mil botellas exclusivas de vinos gran reserva, los que han obtenido medallas en Burdeos, Londres, Holanda y en el concurso Catad'Or del Hotel Hyatt Regency de Santiago.

The first vines were planted in 1694 south of the Maule River, to settle and expand the territories of the Spanish Crown in this southern colony. Shortly after that, the musts started fermenting in large earthenware jars ("tinajas"), hallowing the ancient name of Viña Tabontinaja.

French and Italian stocks were introduced from 1850 onwards and by the beginning of the 20th century the vineyards already had vines of the Cabernet Franc, Cabernet Sauvignon, Sémillon and País grape varieties.

A new stage in the history of the Viña Tabontinaja began in 1985, when it was bought by the engineer Francisco Gillmore Escoda, who introduced other noble grape varieties to replace the old País stocks, and brought in advanced technology for production and quality control. At present, the vineyard has 70 hectares planted with Cabernet Franc, Merlot, Carignan, Carménère, Cabernet Sauvignon and Syrah.

The Maule Valley, at San Javier, cannot be excelled as land for the production of excellent wines, because it is fertile and receives just the right amount of sunshine. Located 20 km. outside the town, the winery has become a tourist attraction: in its "Guest House", visitors are initiated into a knowledge of wine-making culture, in addition to enjoying the beauties of nature.

The annual production of Viña Tabontinaja is 120 thousand bottles, consisting exclusively of ultra premium wines, which have been awarded with medals in Bordeaux, London, Holland, and in the Catad'Or wine contest at the Hyatt Regency Hotel in Santiago.

GILLMORE
Cabernet Franc 1993

Vino de color rubí, de gran cuerpo, con bouquet a fruta, chocolate, menta, eucalipto y casis. Es guardado por un año en una combinación de barricas francesas y americanas; tiene la potencia concentrada de un vino sabroso, pleno de fruta roja y especias, de sutiles tonos balsámicos. Combina perfectamente con cordero, carnes rojas, comidas fuertes y especiadas. Gillmore Estate fue el primero en producir Cabernet Franc en Chile, por lo que para coleccionistas existen solamente 2.000 ejemplares de la primera partida que se vinificó en 1993.

A ruby colored, full-bodied wine with a bouquet of fruit, chocolate, eucalyptus and cassis. It is kept for one year in a combination of French and American oak casks; and has the concentrated power of a delicious wine full of red fruits and spices, with subtle soothing tones. It blends perfectly with lamb, red meat, strong and spicy dishes. Gillmore Estate was the first to produce Cabernet Franc in Chile, so only 2.000 bottles of the first batch produced in 1993 are available to collectors.

GILLMORE
Merlot

Vino de carácter varietal, color rojo brillante, con tintes violeta y notas de hierba y tierra. Se caracteriza por un excelente equilibrio entre madera y fruta, con una suavidad y textura que lo hacen muy seductor. Ideal para acompañar pastas, pescados grasos como salmón a la mantequilla, y aves como pollo a la cazadora.

A wine with a varietal character, bright red in color, with violet tints and herbal and earthy notes. It is characterized by an excellent balance between wood and fruit, with a smoothness and texture which make it very seductive. Ideal to go with pastas, oily fish such as buttered salmon, and poultry, such as chicken cacciatore.

LOS VASCOS

Hace más de 150 años se trajeron a Cañetén, en Peralillo, valle de Colchagua, las cepas que darían origen a Los Vascos. Venían desde Francia, traídas por los primeros propietarios del lugar. Durante casi dos siglos la viña no ha dejado de producir sus sabrosos mostos, aunque sólo en la década de los '80 se constituyó la empresa que daría a conocer sus sabores por todo el mundo.

Los Vascos se encuentra en una de las zonas vitivinícolas más tradicionales de Chile, en un lugar que posee características microclimáticas muy particulares, como la brisa marina que recibe el valle en los calurosos meses de verano, dada la cercanía (40 km) del océano Pacífico. Además, la favorecen la abundante lluvia de invierno y primaveras libres de heladas.

Los suelos donde se encuentran las plantaciones son de características limo-arcillosas, lo que proporciona, junto con el clima, excelentes condiciones para producir uvas de alta calidad.

Existen 500 hectáreas de la propiedad dedicadas a la producción de uvas, conducidas íntegramente en espaldera baja tradicional. Las variedades o cepas cultivadas son Cabernet Sauvignon, Merlot y Chardonnay. Todas ellas son plantas no injertadas, originarias de Burdeos, anteriores a la aparición de filoxera en Europa. Tanto las plantaciones como la

The rootstocks that gave rise to Los Vascos were brought to Cañetén, Peralillo, in the Colchagua Valley more than 150 years ago. They came from France, brought by the first owners of the place. For almost two centuries, the vineyard has never stopped producing its delicious musts, although it was only in the 1980s that the company that would make its flavors known throughout the world, was formed.

Los Vascos is located in one of the most traditional wine-producing areas of Chile, in a place which has very special microclimatic characteristics, such as the sea breeze that reaches the valley in the hot summer months due to the proximity of the Pacific Ocean, 40 km. away. It also has the advantage of plentiful rain in winter and a frost-free spring.

The soils of the vineyard are of the silty-clay type, and together with the climate they provide excellent conditions for producing high quality grapes.

500 hectares of the land are devoted to grape production, with the vines grown entirely on low traditional espalliers. The grape varieties or stocks are Cabernet Sauvignon, Merlot and Chardonnay. All these are ungrafted plants originating in Bordeaux

Viñedos plantados en espaldera baja tradicional.
Vineyards planted on low traditional espalliers.

bodega de vinos se ubican en una sola propiedad, asegurando el autoabastecimiento total para la producción y embotellado en origen.

En 1988 Les Domaines Barons de Rothschild (Lafite), propietarios, entre otros, de Château Lafite, adquirieron Los Vascos, iniciando ese año un adecuado programa de modernización e inversiones, contribuyendo además con su *savoir faire* para obtener vinos de alta calidad.

Hoy en día, con el respaldo de los nuevos dueños y bajo su directa supervisión técnica, Los Vascos está comprometida a producir vinos finos y consistentes, cuya elegancia y excelencia están conociendo mercados tan exigentes como Estados Unidos, Alemania, Suiza, Japón y México, entre otros 25 países de todo el mundo.

before the Phylloxera outbreak in Europe. Both the vineyards and the wineries are located on the same estate, ensuring full self-supply for production and bottling at the place of origin.

In 1988, Los Vascos was bought by Les Domaines Barons de Rothschild (Lafite), owners among others of Château Lafite. That same year they began a modernization and investment program, also contributing with their savoir-faire, in order to obtain high quality wines.

With the support of the new owners and under their direct technical supervision, today Los Vascos is committed to producing fine and consistent wines whose elegance and excellence are becoming known in such demanding markets as the United States, Germany, Switzerland, Japan and Mexico, plus 25 other countries throughout the world.

Viña Los Vascos, Peralillo, valle de Colchagua.
Viña Los Vascos, Peralillo, Colchagua Valley.

Le Dix Cabernet Sauvignon 1996 y 1997

Para conmemorar sus primeros 10 años en Chile, Les Domaines Barons de Rothschild (Lafite) decidieron llamar a este vino "Le Dix" de Los Vascos. Este Cabernet Sauvignon proviene de las cosechas de los años 1996 y 1997. La de 1996 tiene intenso color rojo, suave y elegante bouquet con toques a roble francés, bien estructurado, con sabor a frutos silvestres, largo en la boca y redondo gracias a su buen balance. La cosecha de 1997 tiene un color rubí brillante, un elegante bouquet con toques a roble francés, fuertes taninos, sabor a frutos salvajes y es largo en la boca.

To celebrate their first ten years in Chile, Les Domaines Barons de Rothschild (Lafite) decided to call this wine "Le Dix" of Los Vascos. This Cabernet Sauvignon is from the harvests of 1996 and 1997. The 1996 crop has an intense red color, a soft and elegant bouquet with touches of French oak. It is well-structured, with a wild fruit flavor, long in the mouth and round, thanks to its good balance. The one of 1997 has a bright ruby color, an elegant bouquet with touches of French oak, strong tannin, a wild fruit flavor, and is long in the mouth.

Grand Reserve 1998

Vino de color rubí, con matices rojo ladrillo, desarrolla una riqueza aromática elegante con toques a roble francés. Complejo, largo en la boca, es grueso y redondo; debido a un buen equilibrio, permite que pueda beberse joven o esperar unos años de envejecimiento hasta conseguir su total evolución. Su potencial, dado por su riqueza en taninos, permite una guarda prolongada. Especial para acompañar carnes rojas y quesos, este vino debe descorcharse dos horas antes de servir y ser consumido a una temperatura entre 17° y 18°C.

A ruby colored wine with touches of brick-red, it develops an elegant aromatic richness with French oak touches. It is complex, long in the mouth, thick and round due to a good balance. It may be served young or allowed to age for a few years until it reaches its full evolution. Due to its high tannin content, it can be stored for long periods. It is especially suited to go with red meat and cheeses, should be uncorked two hours before serving, and served at 62º to 64ºF.

Cabernet Sauvignon 1999

Vino de color rubí intenso, destaca por su elegancia, con características varietales. Es equilibrado y de suaves taninos; redondo, bien estructurado y con aroma a fresas, característico de la variedad. Especial para acompañar carnes rojas, pastas y quesos, debe descorcharse una hora antes de servir y ser consumido a una temperatura entre 17° y 18°C. Posee un buen potencial de envejecimiento.

An intense ruby-colored wine, of outstanding elegance, with varietal characteristics. It is balanced, with smooth tannins, round, well-structured and with a strawberry bouquet characteristic of the variety. It is especially suited to red meats, pasta and cheeses, should be uncorked one hour before serving and served at 62º to 64ºF. It has good aging potential.

Chardonnay 2000

Sin madera, de color amarillo pálido brillante, con suave aroma a plátano y sabores a manzana. Fresco, agradable en la boca, con buen equilibrio entre alcohol y acidez. Es especial como aperitivo y para servir con ostras, carnes blancas y postres. Se debe descorchar media hora antes de servir y ser consumido a una temperatura de entre 10° y 12°C.

With no wood, and a bright, pale yellow color, with a soft aroma of banana and apple flavors. Fresh, pleasant in the mouth, with a good balance between alcohol and acidity. It is especially suited to be drunk as an aperitif and to be served with oysters, white meats and desserts. It should be uncorked half an hour before serving, and must be served at a temperature of 50º to 54ºF.

LOS VASCOS

MONTES

La aventura de Montes comenzó en 1988, cuando cuatro expertos en el arte de hacer y vender vinos se unieron para producir, en forma pionera, vinos chilenos de calidad premium. Sus primeros logros -Montes y Montes Alpha- tuvieron gran impacto en el mercado, constituyéndose desde un comienzo en ejemplos dignos de imitar por las viñas tradicionales de Chile.

Hoy, el 95% de la producción total de Montes se exporta a más de 55 países en los cinco continentes y proviene de casi 300 hectáreas de tierra, entre los valles de Curicó y Colchagua, en los fundos Micaela, Los Nogales, Santa Marta y La Finca de Apalta. Para el año 2002 estará en producción un nuevo fundo en la zona de Marchihue, que contará con 300 hectáreas de vides. Estos fundos están plantados con las cepas Cabernet Sauvignon, Merlot, Cabernet Franc, Carménère, Petit Verdot, Chardonnay, Gewürztraminer y Sauvignon Blanc, a las que se agregaron, en 1999, Syrah y Pinot Noir.

El año 2000 Montes produjo 300.000 cajas, cantidad que se mantendrá, ya que el objetivo es enfocar la producción a vinos de calidad excepcional. Esto ya se ha materializado en productos como el Late Harvest '96, que obtuvo el trofeo Vinexpo y el Montes Alpha "M" '97 que ganó Medalla de Oro en la London Wine 2000 y en la Wine & Spirits International Competition.

Una segunda bodega se construye actualmente en los viñedos del fundo La Finca, en el corazón del valle de Apalta. Esta región se considera "el Casablanca" de los vinos tintos y es el

The Montes adventure began in 1988, when four experts in the art of making and selling wine got together to pioneer the production of premium quality Chilean wines. Montes and Montes Alpha, their first achievements, had a great impact on the market, serving from the very beginning as examples to be followed by Chile's traditional wineries.

Nowadays, 95% of the total production of Montes is exported to over 55 countries in the five continents, and comes from almost 300 hectares of vineyards located between the Curicó and Colchagua valleys, on the Micaela, Los Nogales, Santa Marta and La Finca de Apalta estates. By 2002 a new estate in the Marchihue area will be in production with 300 hectares under vine. These estates are planted with Cabernet Sauvignon, Merlot, Cabernet Franc, Carménère, Petit Verdot, Chardonnay, Gewürztraminer and Sauvignon Blanc, plus Syrah and Pinot Noir, which were added in 1999.

In the year 2000 Montes produced 300,000 cases, a quantity that will be maintained, since the objective is to produce wines of exceptional quality. This has already become evident with products such as Late Harvest '96 which won the Vinexpo trophy and Montes Alpha "M" '97, which was awarded a Gold Medal at London Wine 2000 and at the Wine & Spirits International Competition.

A second winery is currently being built in the vineyards at the La Finca Estate, in the heart of the Apalta Valley. This area is considered "The Casablanca" of red wines, and is the place where pioneer Aurelio Montes produced the first ultra premium wines. That is where all

lugar donde Aurelio Montes -en forma pionera- obtuvo los primeros vinos ultra premium. Desde ahí salen las uvas que dan origen al Montes Alpha "M" y los Montes Alpha tintos, logrando así el embotellado en origen.

SUS DIRECTIVOS

Aurelio Montes, director, enólogo, y uno de los pioneros en la verdadera revolución que se vivió en las décadas de 1980 y 1990 en la producción chilena de vinos de excelencia. Ingeniero Agrónomo Enólogo de la Universidad Católica de Chile y desde 1972 Enólogo Jefe de Viña Undurraga. Fue en este período cuando conoció el sector de Apalta en el valle de Colchagua y vislumbró su potencial.

En 1978 se convierte en miembro de la "Sociedad Americana de Enólogos", y en 1984 acepta el cargo de Enólogo Jefe y Gerente de Operaciones de Viña San Pedro. Obtuvo la primera Medalla de Oro Vinexpo para un vino blanco chileno con su Sauvignon Blanc.

En 1988 funda, junto a sus socios, Discover Wine, la viña conocida ahora como Montes, dedicándose desde el comienzo a producir vinos premium. Su larga trayectoria es reconocida en 1995, cuando sus colegas lo eligieron "Mejor Enólogo del Año."

Viñedo La Finca de Apalta, valle de Colchagua.
La Finca de Apalta Estate, Colchagua Valley.

the grapes come from for making the Montes Alpha "M" and the Montes Alpha reds, thus achieving bottling at origin.

ITS DIRECTORS

Aurelio Montes, director and enologist, and one of the pioneers of the genuine revolution that transformed the production of excellent wines in Chile in the 1980s and 1990s. He is an agricultural engineer and enologist from the Universidad Católica de Chile, and became Chief Enologist for Viña Undurraga in 1972. It was at that time that he got to know the Apalta sector in Colchagua Valley and foresaw its potential.

In 1987 he became a member of the "American Society of Enologists", and in 1984 became Chief Enologist and Operations Manager of Viña San Pedro. His Sauvignon Blanc was awarded the first Vinexpo Gold Medal ever received by a Chilean white wine.

In 1988 he and his partners founded Discover Wine, the winery which is now called Montes, dedicating himself from the outset to the production of premium wines. His long career was recognized in 1995, when his colleagues chose him as the "Best Enologist of the Year."

Douglas Murray, director comercial, responsable de las exportaciones y ventas nacionales. Con más de 30 años de experiencia en la industria vitivinícola, 10 en Europa y 20 en Chile. Durante el año 2000 fue seleccionado por *Vinotheque*, la revista de vinos más prestigiosa de Japón, como una de las seis personalidades mundiales que ha producido más impacto en los japoneses amantes del vino en los últimos 20 años.

Alfredo Vidaurre, director y presidente, MBA de la Universidad de Chicago, ex decano de la Escuela de Economía de la Universidad Católica de Chile. Fue presidente de Viña San Pedro y tiene larga experiencia en la industria vitivinícola. Él es el cerebro financiero de la organización.

Pedro Grand, socio director, estudió Enología en la Universidad de Montpellier y es experto en maquinaria vitivinícola. Aportó la Viña Los Nogales a Montes y tiene bajo su responsabilidad el área agrícola.

A pesar de ser una viña chilena de tamaño mediano, la calidad de Montes ha sido reconocida y confirmada tanto por los grandes conglomerados como por los pequeños y prestigiosos distribuidores de vino a nivel internacional. Y por supuesto, por los amantes y conocedores del vino de excelencia.

Douglas Murray, the business manager, is responsible for exports and local sales. He has more than thirty years of experience in the wine industry, ten of them in Europe and twenty in Chile. In the year 2000 he was chosen by Vinotheque, the most prestigious wine magazine in Japan, as one of the six world personalities who have had the greatest impact on Japanese wine lovers in the last 20 years.

Alfredo Vidaurre, director and president, with an MBA from the University of Chicago and former Dean of the School of Economics of the Universidad Católica de Chile. He was president of Viña San Pedro and has a long experience in the wine industry. He is the financial brain of the organization.

Pedro Grand, partner and director, studied enology at the University of Montpellier and is an expert in winery equipment. His contribution to Montes was the Los Nogales vineyard and is responsible for the farming aspects.

Despite being a medium-sized vineyard, the quality of Montes has been recognized and confirmed internationally by both large corporations and small and prestigious wine distributors and, of course, by lovers and connoisseurs of excellent premium wines.

MONTES ALPHA M
Cabernet Sauvignon
Este vino tiene un matiz rojo rubí con un aroma fragante de fresas. Las frutas rojas, con tonos de pimienta negra y especias, se combinan armoniosamente cuando ha sido envejecido por más de un año en barricas de encina francesa, contribuyendo con notas sutiles de vainilla. En el paladar se balancea perfectamente, con cuerpo completo y notoriamente voluptuoso en el paladar medio, recompensando con un dejo prolongado de uvas maduras y acidez que refleja su estructura soberbia.

MONTES ALPHA M
Cabernet Sauvignon
This wine has a ruby red hue with a fragrant strawberry aroma. The red fruits, with tones of black pepper and spices, combine harmoniously after being aged for more than a year in French oak barrels, adding subtle vanilla notes. On the palate it is perfectly balanced, full-bodied and magnificently voluptuous on the mid palate, leaving a rewarding extended aftertaste of ripe grapes and acidity that reflect its superb structure.

MONTES ALPHA
Cabernet Sauvignon

Color rubí intenso con aroma a frutas rojas que evocan a casis, chocolate y a caja de puros, en balance con una bien integrada encina (de veta fina French Alliers). De gran complejidad en la boca, en el paladar medio es de cuerpo completo y balanceado, con persistencia duradera y un término notable.

Chardonnay

El vino permanece en su casco original durante un año, utilizando *batonage* mensuales que realzan los sabores mantecosos y la complejidad que subraya la unión de sabores refinados de frutas tropicales y aromas. De cuerpo completo y cremoso en el paladar medio y muy complejo, es uno de los pocos vinos blancos chilenos que mejorará con los años.

Cabernet Sauvignon

A wine with an intense ruby color and a red fruit aroma which suggests cassis, chocolate and cigar box, balanced with a well integrated French oak (Alliers fine vein). Of high complexity in the mouth, on the mid palate it has a full and well-balanced body, with long-lasting persistence and a notable finish.

Chardonnay

This wine remains in its original cask for a year, using monthly batonage to heighten the buttery flavors and the complexity that underscores the combination of refined flavors and aromas of tropical fruits. With a full, creamy body on the mid palate, and great complexity, it is one of the few Chilean white wines that will improve over the years.

MONTES ALPHA
Syrah

Vino de color rubí intenso, tiene un gran aroma con notas de cuero y tabaco floral. De cuerpo completo y gusto fuerte, con taninos dulces y maduros. Recompensa con un dejo muy largo y satisfactorio. Es un Syrah grandioso.

A wine with an intense ruby color, it has a great aroma with hints of leather and floral tobacco. Full-bodied and strong-flavored, with sweet, ripe tannins. It rewards with a very long and satisfying finish; an exceptional Syrah.

MONTES ALPHA

Merlot

Posee un hermoso color rojo rubí intenso. Frutas sobresalientes, con aroma a bayas rojas, casis, guindas negras, pimienta y tonos a tabaco. Estos elementos llegan al paladar revelando un vino de cuerpo completo. En el paladar medio es redondo y sedoso, con un toque adicional a vainilla y pan tostado, seguido por un largo y suave fin. Muy, muy elegante.

It has a beautiful intense ruby-red color. Outstanding fruits, with an aroma of red berries, cassis, black cherries, pepper and hints of tobacco. These elements reach the palate, revealing a full-bodied wine. On the mid palate it is round and silky, with an additional touch of vanilla and toasted bread, followed by a long, soft finish. Very, very elegant.

MONTES

Cabernet Sauvignon - Carménère

Ofrece un color rojo rubí intenso y hermoso. Tiene un aroma muy elegante con notas a chocolate, caja de puros, café, vainilla y *toffee*. Es amplio al paladar, completo, de cuerpo medio, suave y generoso, y largo en la boca.

Pinot Noir

Algo más oscuro que los típicos Pinot, tiene un color rubí más intenso. El aroma pertenece al de Pinot Noir clásico, con tonos muy florales, reflejos de violetas y bayas. Al paladar tiene sabores a vainilla y cuerpo medio. Un vino muy satisfactorio con un fin suave y elegante.

Cabernet Sauvignon - Carménère

A wine with an intense, beautiful ruby color, it has a very elegant aroma with hints of chocolate, cigar box, coffee, vanilla and toffee. It is ample on the palate, complete, medium-bodied, smooth and generous, and long in the mouth.

Pinot Noir

Somewhat darker than the typical Pinot, it has a more intense ruby color. Its aroma belongs to the classic Pinot Noir, with highly floral tones, and reflections of violets and berries. On the palate it has vanilla flavors and is medium-bodied. A very satisfying wine with a smooth, elegant finish.

MONTES
Cabernet Sauvignon

Posee un color rojo rubí intenso. Llena la nariz con capas de caramelo, canela, dulces y tonos de menta, con prevalencia de frutas sobre el roble. Un vino de mucho sabor, con especias, buen cuerpo, frutas y taninos firmes. Con un fin atractivo y fuerte. Bien recomendado para envejecer.

Chardonnay

De color oro pálido con tonos de verde, su aroma ensambla notas de mantequilla, vainilla y plátano. Es un vino flamante, frutoso, con buen cuerpo y balance, cremoso y complejo en el paladar medio. Fino y con elegante término.

Cabernet Sauvignon

It has an intense ruby color. It fills the nose with layers of caramel, cinnamon, candy and hints of mint, with a prevalence of fruit over oak. A spicy, full-flavored wine, with good body, fruit, and firm tannins. It has a strong, attractive finish. Well recommended for aging.

Chardonnay

Of a pale gold color with shades of green, its aroma blends hints of butter, vanilla and bananas. A fresh wine, fruity, with good body and balance, creamy and complex on the mid palate. Fine and with an elegant finish.

MONTES
Vendimia Tardía / Late Harvest

Es un vino muy singular, cosechado en junio con un grado de ataque de 70% de botrytis. Está conformado por un corte (o mezcla) de 50% Gewürztraminer y 50% Riesling. El primero lleva sabores de damascos y miel, finamente combinado con un típico molde de botrytis. El segundo entrega la estructura, viveza y características notas minerales. El sabor es cremoso y de cuerpo lleno, con un buen balance de azúcar (100 gramos/litro), redondeado por la acidez del Riesling.

This is a very special wine, harvested in June with a 70% degree of Noble Rot. It is a blend of 50% Gewürztraminer and 50% Riesling. The former provides apricot and honey flavors, finely combined with the typical Noble Rot mold. The latter provides the structure, liveliness and characteristic mineral notes. The flavor is creamy and full-bodied, with a good balance of sugar (100 grams/liter), rounded by the Riesling's acidity.

MORANDÉ

Viña Morandé: "Es Tiempo de lo Nuevo"

Viña Morandé fue fundada en 1996, y desde sus inicios su gente trabaja para romper esquemas dentro de un mercado que se considera tradicional. Para ello han definido una estrategia que los posiciona como una viña innovadora, con una amplia variedad de productos y con la mejor relación precio-calidad. Es por esto que la Viña está en una constante búsqueda de nuevas variedades, nuevas técnicas de vinificación, nuevos valles, nuevos diseños originales para sus etiquetas, etc.

Avalados por la trayectoria de su enólogo, Pablo Morandé, y por el reconocimiento de la calidad de sus vinos, Viña Morandé está consolidándose como una gran marca, moderna y de vanguardia.

Cabe destacar que Pablo Morandé fue quien, a principios de la década de los '80, observó que el valle de Casablanca presentaba condiciones similares a las existentes en la zona de Carneros, en California, dando origen al más importante descubrimiento para el mercado del vino chileno en el último tiempo. También fue el primer enólogo en vinificar uvas afectadas por botrytis para hacer un vino especial, llamado Late Harvest, que hoy constituye una categoría de vinos en Chile y es producida por numerosas viñas. Otro ejemplo de innovación es ser los primeros en producir vinos de uvas congeladas, o *Ice Wine*, en Chile.

Viña Morandé: "It's time for a change"

Viña Morandé was founded in 1996, and from the very beginning its people have been working to change the patterns of a market that is generally considered to be traditional. To that end they have defined a strategy that clearly identifies them as an innovative winery, with a wide variety of products and the best value for money. That is why the winery is constantly searching for new varieties, new wine-making techniques, new valleys, new original designs for their labels, etc.

Backed by the extensive experience of its chief winemaker, Pablo Morandé, and by the recognition of the quality of its wines, Viña Morandé is becoming established as a great brand, modern and ahead of its time.

It was Pablo Morandé who, at the beginning of the 1980s, noticed that the Casablanca Valley had similar conditions to those of the Carneros area of California, thus leading to the most important discovery of recent times for the Chilean wine market. He was also the first enologist to use grapes affected by Noble Rot to make a special wine, called Late Harvest. Today, this constitutes a wine category in Chile and it is now being produced by many wineries. Another example of this innovative spirit is their pioneering production of wine from frozen grapes, or Ice Wine, in Chile.

Bodega en Pelequén, con capacidad de vinificación para 11 millones de litros.
Wine-making plant in Pelequén, with a total vinification capacity of 11 million liters.

Hoy, Viña Morandé cuenta con una planta de vinificación en Pelequén (122 km al sur de Santiago), considerada una de las bodegas más modernas del país. Tiene más de 20.000 m² construidos, tecnología de punta y una capacidad instalada para 11 millones de litros en estanques de acero inoxidable. Allí se muele un promedio anual de 12.000 toneladas de uvas viníferas finas provenientes de los valles de Casablanca, Maipo, Rapel, Curicó, Maule e Itata.

Para mantener su prestigio y calidad, existe un excelente y minucioso tratamiento del viñedo, lo que significa riego, poda y manejo integrado respetando el medio ambiente y garantizando la calidad del vino desde su génesis.

Viña Morandé está actualmente presente en el mercado con una amplia variedad de vinos, los que han alcanzado numerosas e importantes distinciones en concursos nacionales e internacionales. Morandé se exporta a más de 25 países alrededor del mundo, como Inglaterra, Estados Unidos, Canadá, Japón y Escandinavia.

Según Pablo Morandé, "Tiempo de lo nuevo es para nosotros un llamado constante, una filosofía de trabajo que desafía cada día nuestro espíritu aventurero".

Today Viña Morandé has a wine-making plant in Pelequén (122 km. south of Santiago) which is considered one of the country's most modern wineries. It has more than 20 thousand square meters of buildings, state-of-the-art technology and a total capacity of 11 million liters in stainless steel tanks. An average of 12,000 tons of fine wine grapes are crushed there each year, from the valleys of Casablanca, Maipo, Rapel, Curicó, Maule and Itata.

To keep up its reputation and quality, Viña Morandé ensures rigorous and meticulous control of the vineyards. That means irrigation, pruning and integrated management, respecting the environment and guaranteeing the quality of the wine from its genesis.

Viña Morandé is now in the market with a wide variety of wines, which have received many important awards in local and international competitions. Morandé is present in more than 25 countries around the world, including England, the United States, Canada, Japan and Scandinavia.

To quote Pablo Morandé, "For us, time for change is an ongoing call, a working philosophy that every day challenges our spirit of adventure".

HOUSE OF MORANDÉ
Cabernet Sauvignon 1997
Vino de color rojo profundo e intenso, con matices púrpura y rubí. Su aroma recuerda las violetas, lavanda, moras y café, ligeramente tostado y vainillado. Al gusto es poderoso, de mucha fuerza, tánico y moderada acidez. De gran estructura, con sabores de chocolate, café negro y *toffee*, y perfume de habanos. De gran persistencia, lo que le garantiza una larga guarda.

HOUSE OF MORANDÉ
Cabernet Sauvignon 1997
A wine with a deep, intense red color, with purple and ruby overtones. Its aroma suggests violets, lavender, blackberries and coffee, lightly toasted and with hints of vanilla. Its flavor is powerful and very strong, tannic and with moderate acidity. The wine has excellent structure, with flavors of chocolate, black coffee and toffee, and the perfume of cigars. The excellent persistence guarantees long-term aging.

MORANDÉ EDICIÓN LIMITADA
Malbec 1999

Vino de color rojo rubí intenso con matices púrpuras, muy brillante. Su bouquet recuerda a violetas y cerezas negras con *toffee*, chocolate, vainilla y avellanas tostadas. En boca es jugoso y fresco, con presencia de clavo de olor y té aromático. Ideal para acompañar carnes de caza, carnes blancas, quesos maduros y frutas frescas.

Syrah - Cabernet Sauvignon 1999

Vino procedente de uvas del valle del Maipo, de color rojo con matices violeta. Su bouquet recuerda a café negro ligeramente tostado, con presencia de ciruelas frescas y una leve reminiscencia a carne asada. En boca es redondo, de mucha fuerza tánica y de larga persistencia. Ideal para acompañar carnes de caza, quesos maduros y frutas secas.

Malbec 1999

A wine with a very bright intense ruby color and purple overtones. Its bouquet is reminiscent of violets and black cherries, with toffee and chocolate, vanilla and roasted hazelnuts. It is juicy and fresh in the mouth, with a suggestion of cloves and aromatic tea. It goes ideally with rich game meat, white meats, ripe cheeses and fresh fruits.

Syrah - Cabernet Sauvignon 1999

A wine produced with grapes from the Maipo Valley, red in color with violet overtones. Its bouquet suggests lightly roasted black coffee, with a hint of fresh plums and a slight evoke of roasted meat. In the mouth it is full, with great tannic strength and long persistence. It goes ideally with game meats, ripe cheeses and dried fruits.

MORANDÉ GRAN RESERVA VITISTERRA
Chardonnay 2000

Vino de atractivo color amarillo dorado pálido, proveniente de uvas del primer viñedo plantado en Casablanca. Ha sido guardado en barricas de encina francesa durante 6 meses, lo que le otorga complejos aromas. Vino cremoso, intenso, que permanece en boca por largo tiempo. Es el compañero ideal para mariscos y pescados de sabor intenso, más bien grasos, y carnes blancas.

Cabernet Sauvignon 1999

Vino potente, intenso, de mucho cuerpo. Con sabores a frutas y bayas negras, además de la vainilla que aporta la madera y sabores dulces que recuerdan al tabaco y frutas confitadas. Ideal para acompañar piezas de caza menor, aves, jabalí, conejo, carnes rojas, quesos maduros y comidas condimentadas. Puede guardarse por 3 o más años.

Chardonnay 2000

A wine with an attractive pale golden yellow color, made with grapes from the first vineyard planted in Casablanca. It has been stored in French oak casks for six months, giving it complex aromas. It is a creamy, intense wine whose flavor remains in the mouth for a long time. It goes perfectly with seafood and strong-flavored, oily fish, and with white meats.

Cabernet Sauvignon 1999

A potent, intense, full-bodied wine, with a flavor of fruits and berries in addition to the vanilla added by the wood, and sweet flavors reminiscent of tobacco and candied fruits. Ideal with small game, poultry, wild boar, rabbit, red meats, ripe cheeses and spicy food. It can be kept for 3 years or more.

MORANDÉ RESERVA TERRARUM
Carménère 1999
Vino de intenso color rojo con tintes violeta, vivo y brillante, que nace de una selección de uvas provenientes del valle del Maipo. En su bouquet se perciben frutos rojos y confitura. En boca es muy exuberante en fruta, con notas de vainilla y caramelo. Es el acompañamiento ideal para pastas, quesos blancos y cocina oriental.
Cabernet Sauvignon 1999
Vino de intenso color rojo rubí, juvenil y brillante. De bouquet dulce como confitura y vainilla, y frutas rojas que recuerdan a fresas y cerezas. Su gusto es seco, de fortaleza tánica pero de dulce término. Ideal para acompañar quesos, carnes rojas, carnes a la parrilla y pastas condimentadas.

Carménère 1999
A wine with an intense red color and violet tints, lively and bright, it is made from a selection of grapes from the Maipo Valley. In its bouquet one can detect red fruits and jam. Its exuberant fruitiness in the mouth, with vanilla and caramel notes, make it an ideal wine to complement pasta, white cheeses and oriental cuisine.
Cabernet Sauvignon 1999
A wine with an intense ruby color, young and bright. With a sweet bouquet like jam and vanilla, and red fruits reminiscent of strawberries and cherries. The wine is dry, with velvety tannins and a sweet finish. Ideal with cheeses, red meats, barbecued meat and seasoned pasta.

MORANDÉ PIONERO
Merlot 2000
Vino elaborado con uvas provenientes de los valles de Rapel y Maule, en combinación con otras cepas del valle Central; de profundo color rojo y violeta. Interesante bouquet a flores azules y moras frescas; sabores sedosos y notas dulces por su baja acidez. Ideal para acompañar carnes de ave, quesos frescos, jamones, antipastos y pastas en general. Pionero es una línea que se caracteriza por su gran consistencia cosecha tras cosecha.

A wine made with grapes from the Rapel and Maule valleys blended with other varietals from the Central Valley; deep red and violet in color. It has an interesting bouquet of blue flowers and fresh blackberries; with silky flavors and touches of sweetness, due to its low acidity. It is perfect with poultry, fresh cheeses, ham, antipasti and pasta in general. Pionero is a range of products that is characterized by its great consistency from one harvest to the next.

VIÑA
MORANDÉ
Pioneros del Valle de Casablanca

PORTAL DEL ALTO

En 1971 Alejandro Hernández, profesor de vitivinicultura y enología de la Universidad Católica de Chile, decidió emprender personalmente una aventura vitivinícola fundando Viña Portal del Alto. Desde entonces sus vinos han gozado de un prestigio que poco a poco se ha transformado en un sólido reconocimiento internacional. Hoy sus hijos continúan junto a él con esta historia familiar, produciendo vinos de calidad. Probablemente Alejandro Hernández, por su formación técnica francesa, fue de los primeros en buscar el *terroir* apto para las distintas variedades de vides de Viña Portal del Alto.

En su viña San Juan de Pirque, en el valle del Maipo, a 800 m de altitud, existen óptimas condiciones para el desarrollo de aromas del Cabernet Sauvignon, Merlot, Chardonnay y Sauvignon Blanc. En la viña Portal del Alto, Buin, en el corazón del valle del Maipo, sólo existe Cabernet Sauvignon, cepa que en estas condiciones de suelo y clima produce los mejores vinos tintos de Chile. Aquí se ubican la bodega de guarda y las oficinas comerciales. En la viña de San Fernando, en el valle de Colchagua, con un clima más frío y suelos muy permeables, se ha plantado Chardonnay, Pinot Noir y Cabernet Sauvignon. Aquí se encuentra la bodega de vinificación. La viña El Oriente en Retiro, valle del Maule, tiene 113 hectáreas plantadas en suaves laderas de suelos delgados y muy arcillosos, que limitan fuertemente la cosecha. Ahí se ha plantado Carménère y Merlot y en los suelos más livianos Cabernet Sauvignon, Pinot Noir, Chardonnay, Sauvignon Blanc, Malbec, Syrah y Moscateles.

En total son 140 hectáreas, que producen 800.000 litros de vinos finos destinados a la exportación y al mercado nacional.

In 1971 Alejandro Hernández, professor of viticulture and enology at the Universidad Católica de Chile, decided to involve himself personally in the wine-producing adventure by founding the Portal del Alto vineyard. Since then, his wines have achieved a reputation that has gradually turned into firm international recognition. Today his sons are involved along with him in this family history of high-quality wine production. Perhaps Alejandro Hernández, because of his French technical training, was one of the first to look for an appropriate terroir for the various types of vines in the Portal del Alto vineyard.

The San Juan de Pirque vineyard, at an altitude of 800 meters in the Maipo Valley, has optimum conditions for developing the aromas of Cabernet Sauvignon, Merlot, Chardonnay and Sauvignon Blanc. In the Portal del Alto vineyard in Buin, in the heart of the Maipo Valley, there is only Cabernet Sauvignon, a vine-stock which, in these soil and climatic conditions, produces Chile's best red wines. This is where the cellars and business offices are located. In the San Fernando vineyard, in the Colchagua Valley, with a colder climate and a very permeable soil, Chardonnay, Pinot Noir and Cabernet Sauvignon have been planted. This is where the winery is located. The El Oriente vineyard in Retiro, in the Maule Valley, has 113 hectares planted on gentle slopes of thin soil with a high clay content which greatly limits the harvest. Carménère and Merlot have been planted there, while Cabernet Sauvignon, Pinot Noir, Chardonnay, Sauvignon Blanc, Malbec, Syrah and Muscats have been planted in the lighter soils.

There are 140 hectares in total which currently produce 800,000 liters of fine wine for domestic and export markets.

GRAN RESERVA ALEJANDRO HERNÁNDEZ
Cabernet Sauvignon 1998

Vino de hermoso color rubí granate. En su bouquet se aprecian notas de fruta madura, especialmente guindas y casis, armonizando con las notas tenues pero finas de la madera de la barrica. Su equilibrio en boca y su sabor están muy bien logrados y respaldados por una estructura de taninos maduros y redondos. La persistencia aromática es intensa y el final de boca es muy grato.

A wine with a beautiful garnet ruby color. Its bouquet includes ripe fruit, especially cherries and cassis, in harmony with fine but elusive wood notes from the barrels. Its balance in the mouth and flavor are very well developed, and supported by a ripe, round tannin structure. Its aromatic persistence is intense and its finish in the mouth very pleasant.

GRAN RESERVA
Merlot 1999

Vino de color rojo violáceo profundo e intenso. En su bouquet se distinguen notas a *berries* y especias con el justo toque de roble. Es un Merlot de gran estructura y persistencia, con taninos maduros y sabrosos. Puede guardarse por un período de 3 a 4 años.

Chardonnay 1999

Vino de color amarillo pajizo, con delicado aroma floral y frutal que recuerda a frutos cítricos y piña madura. De boca muy armónica y grata, se recomienda para acompañar quesos frescos, pastas, mariscos y pescados en general.

Merlot 1999

A wine with a deep, intense violety red color. In its bouquet one can distinguish notes of berries and spices with just the right touch of oak. It is a Merlot with great structure and persistence and ripe, tasty tannins. It can be stored for three to four years.

Chardonnay 1999

A straw-colored wine with a delicate floral and fruity aroma that suggests citrus fruits and ripe pineapple. Extremely harmonious and pleasant in the mouth, it is recommended with fresh cheeses, pasta, seafood and fish in general.

SAN PEDRO

Viña San Pedro fue fundada en 1865 en el valle de Curicó, por los hermanos Bonifacio y José Gregorio Correa Albano. Ellos fueron pioneros en emprender una aventura vitivinícola en este valle, que cuenta con plantaciones que se remontan a 1701, plena época de la Colonia.

En aquella época, la Viña comienza a importar cepas francesas finas, tales como Cabernet Sauvignon, Merlot, Sauvignon Blanc y Chardonnay para la elaboración de sus vinos. Con el paso del tiempo y la búsqueda de calidad, San Pedro ha ido incorporando otras cepas, como Carménère, Pinot Noir, Malbec, Syrah, Riesling y Semillón, con el fin de poder innovar y ofrecer cada vez mejores opciones a sus clientes.

Viña San Pedro ha buscado desde sus orígenes la excelencia en sus vinos y, por lo tanto, ha desarrollado sus viñedos en zonas que presentan óptimas condiciones climáticas y de suelo para el cultivo de la vid. En total, San Pedro es propietaria de más de 2.600 hectáreas de viñedos en plena producción, en los valles de Lontué, Maule, Rapel y Maipo. Destaca entre ellos el fundo de Molina, en el valle de Lontué, ubicado a 200 km al sur de Santiago. Este viñedo es el paño continuo más extenso de Chile, con 1.200 hectáreas plantadas. Gracias al clima de tipo mediterráneo, con días calurosos y noches frías, de esas parras se obtienen uvas de gran calidad.

La bodega principal de la Viña se encuentra en el fundo de Molina, y sus instalaciones -catalo-

Located in the Curicó Valley, San Pedro was founded in 1865 by two brothers, Bonifacio and José Gregorio Correa Albano. They pioneered a winemaking adventure in the area, which has plantings that date right back to 1701, the height of the Colonial period.

At that time, Viña San Pedro imported fine French vinestocks, such as Cabernet Sauvignon, Merlot, Sauvignon Blanc and Chardonnay. Over the years, San Pedro has added other varieties like Carménère, Pinot Noir, Malbec, Syrah, Riesling and Sémillon in order to produce increasingly attractive options for its clients worldwide.

Viña San Pedro has always sought to achieve excellence in its wines, and has therefore developed its vineyards in areas that offer optimum climatic and soil conditions for the cultivation of vines. In total, San Pedro owns more than 2,600 hectares of vineyards in full production, located in the Lontué, Maule, Rapel and Maipo valleys. Prominent among them is the Molina Estate in the Lontué Valley, about 200 km. south of Santiago. This vineyard is the largest uninterrupted vine plantation in Chile, with an area of 1,200 hectares.

Cava subterránea que data de 1865.
Underground cellar built in 1865.

gadas entre las más modernas del mundo- tienen una capacidad de vinificación que alcanza los 36 millones de litros. Su planta de embotellado alcanza las 24 mil botellas por hora, lo que le permite a la Viña cumplir con la máxima eficiencia las demandas de sus consumidores. La bodega cuenta además con una cava subterránea que data de 1865, construida con el sistema de cal y canto, lo que permite mantener una temperatura constante y altos niveles de humedad, condiciones óptimas para la guarda en barricas de sus vinos Reserva y Gran Reserva.

San Pedro se posiciona hoy como una de las viñas más grandes y antiguas del país y como la segunda mayor exportadora de vinos de Chile, gracias a su capacidad de ofrecer una excelente relación precio-calidad y una consistencia a través del tiempo en la calidad de todos sus productos. Con estas características San Pedro llega a más de 55 países en los cinco continentes bajo cinco ya reconocidas y prestigiadas marcas: Cabo de Hornos, Castillo de Molina, 35 South, Gato Negro y Gato Blanco.

El secreto de Viña San Pedro ha sido saber combinar las tradicionales técnicas de elaboración de vinos, la más moderna tecnología y un equipo humano emprendedor y comprometido con cada una de las áreas de la Viña. Esto le ha permitido deleitar con sus vinos a los más exigentes consumidores de Chile y de todo el mundo.

The main vinification facility is also located on the Molina Estate and it prides itself on being among the best in the world, with a winemaking capacity of 36 million liters. Its bottling plant produces 24 thousand bottles per hour, which ensures that San Pedro meets the demands of its clients with the utmost efficiency. There is an underground cellar built in 1865 using a system of lime and rubblework. The temperature and high humidity levels provide optimum conditions for aging its Reserva and Gran Reserva wines.

Currently, San Pedro is one of the country's largest and oldest vineyards as well as Chile's second largest wine exporter. The latter position has been achieved thanks to its ability to offer an excellent price-quality ratio and consistent quality in all its products. San Pedro exports to more than 55 countries in the five continents, under the brand-names of Cabo de Hornos, Castillo de Molina, 35 South, Gato Negro and Gato Blanco.

Viña San Pedro's wine philosophy is to combine traditional winemaking techniques and the most modern technology with a knowledgeable and committed work-team in each area of the Company. The result are superb and highly enjoyable wines.

Viñedos y bodega principal en Molina, valle de Curicó.
Vinification plant and vineyards, Molina, Curico Valley.

CABO DE HORNOS
Cabernet Sauvignon

Este vino de categoría premium es envejecido en barricas durante 18 meses y proviene de viñedos ubicados en Molina. Tiene un color rojo rubí, su bouquet es potente y maduro; especias mezcladas con madera, café y frutas negras. En boca tiene gran cuerpo, buena concentración y los taninos hacen notar su presencia en armonía con el resto de los componentes. Vino largo, expresivo pero serio, clásico y elegante. Ideal para acompañar carnes rojas. Se puede guardar hasta por 8 años.

This premium-category wine is aged in barrels for 18 months and comes from the Molina vineyards. It is ruby in color and its bouquet is powerful and ripe, with spices mixed with wood, coffee and black fruits. On the palate, it has a great body, good concentration and the tanins mark their presence beautifully combined with the rest of the components. A long and expressive wine, but also serious, with classical elegance. It goes very well with red meats and can be stored for up to 8 years.

CASTILLO DE MOLINA
Cabernet Sauvignon

Este Cabernet desarrolla su carácter en barricas durante 12 meses. Tiene un profundo color rojo rubí. Entrega aromas a frutos rojos con notas a pimienta, chocolate y vainilla. En boca es suave, con taninos que le dan estructura y fuerza. Es un vino de gran cuerpo, ideal para acompañar carnes rojas, pato, cordero al horno y quesos. Se puede guardar hasta por 5 años.

Chardonnay

Este Chardonnay permanece en barricas de roble durante 6 a 8 meses. Presenta un color amarillo claro con tonos verdes y un intenso aroma, donde se mezclan *toffee* y lácticos, enmarcados con una delicada y elegante fruta. En la boca se sienten notas de madera y tostados, acompañados de una acidez media. Muy buen volumen de boca y estructura. Tiene un potencial de guarda de hasta 3 años.

Cabernet Sauvignon

This wine is aged in barrels for 12 months. It has a deep ruby-red color with aromas of red fruits mixed with notes of pepper, chocolate and vanilla. On the palate it is soft, with tannins that give it structure and strength. Wine with good body, ideal to accompany red meats, duck, roast lamb, and cheeses. It can be stored for up to 5 years.

Chardonnay

This wine is kept in barrels for about 6 to 8 months. It is pale yellow in color with green overtones. Toffee and lactic elements are nicely combined and framed by delicate, elegant fruit. On the palate, there are woody and toasty notes and a good level of acidity. Well-structured. It can be stored for up to 3 years.

35 SOUTH
Cabernet Sauvignon
Vino de un color rojo intenso, donde se mezclan aromas a especias dulces, moras, dulce de leche y vainilla. Atrae por su sabor frutal en armonía con taninos suaves que le entregan buen cuerpo y persistencia. Ideal para acompañar pato asado, roast beef y quesos.
Sauvignon Blanc
Se distingue por su color amarillo con tonos verdes y sus aromas a frutas tropicales: guayabas, piñas y papayas, armonizados con un dejo de hierbas. Su sabor es intenso, con buen cuerpo. En el paladar predominan los aromas a piñas y papayas, de dulce y duradera persistencia. Es excelente como aperitivo e ideal para acompañar ensalada César, cebiche de corvina, antipastos y quesos.

Cabernet Sauvignon
A wine of an intense red color with a mix of sweet spices, blackberries, milk fudge and vanilla. It is attractive because of its fruity flavor which is combined with soft tannins that provide good body and persistence. It goes very well with roast duck, roast beef and cheeses.
Sauvignon Blanc
It has a distinctive yellow color with green overtones and aromas of tropical fruits: guava, pineapple and papaya, harmonizing with a hint of herbs. Its flavor is intense, with good body. Pineapple and papaya aromas are predominant on the palate, with a sweet, lasting persistence. It is excellent as an aperitif, and ideal with Caesar's salad, corvina cebiche, antipasti and cheeses.

GATO
Cabernet Sauvignon
Es un vino de un vibrante color rojo, con tonos violáceos. Su aroma es de frutas frescas que recuerdan a frambuesas y moras. Es un vino maduro, de buena intensidad, franco. Su cuerpo es mediano, con sabores a frutas negras y de taninos suaves.

This wine has a lively red color with violet overtones and aromas of fresh fruits that remind one of raspberries and blackberries. It is a mature wine, clean and with good intensity, frank. It has a medium body, with black fruit flavors and soft tannins.

SANPEDRO

SANTA HELENA

Viña Santa Helena se ha especializado en la exportación de vinos finos desde su fundación en 1942. Como tal, ha jugado un importante papel en la incursión y desarrollo de mercados extranjeros, gracias a su experiencia y alta categoría en vinos.

Los viñedos de Santa Helena se encuentran en el corazón del valle Central, donde destacan los valles del Maipo y Lontué y la zona de Totihue, que gozan de un óptimo clima templado de tipo mediterráneo, subhúmedo y muy asoleado. Este clima permite una maduración homogénea de las uvas y el resultado se manifiesta elegantemente en cada línea de vinos de Santa Helena: Gran Vino, Siglo de Oro y su línea Reserva, Selección del Directorio. Las principales variedades que cultiva la Viña son Cabernet Sauvignon, Merlot, Sauvignon Blanc y Chardonnay.

La bodega de Viña Santa Helena se encuentra ubicada en la zona de Teno, en el valle de Curicó, a unos 180 kilómetros al sur de Santiago. Sus modernas instalaciones permiten vinificar más de tres millones de litros en estanques de acero inoxidable. Tiene una sala especial con aislación térmica y control de temperatura destinada a la guarda de vinos en barricas de roble francés y americano.

Con esta tecnología, Santa Helena es capaz de producir vinos de la más alta y constante calidad, lo que la ha llevado a ocupar hoy un lugar importante en más de 45 países en Asia, Europa y América, donde vende y distribuye su producción.

Viña Santa Helena has specialized in the export of fine wines ever since it was founded in 1942. As such, it has played an important role in developing foreign markets, thanks to its expertise and high category in wines.

The Santa Helena vineyards are in the heart of the Central Valley, where the Maipo and Lontué valleys and the Totihue area, have an ideal Mediterranean-type climate, sub-humid and very sunny, which allows grapes to ripen evenly. The result is elegantly displayed in each line of Santa Helena wines: "Gran Vino", "Siglo de Oro" and its Reserve line, "Selección del Directorio". The main varieties grown by the vineyard are Cabernet Sauvignon, Merlot, Sauvignon Blanc and Chardonnay.

The Santa Helena winery is located in the Teno area in the Curicó Valley, about 180 kilometers south of Santiago. Its modern facilities allow the vinification of more than 3 million liters in stainless steel tanks. It has a special room with thermal insulation and controlled temperature, reserved for those wines being aged in French and American oak barrels.

With this technology Santa Helena is able to produce wines of the highest and most consistent quality, enabling it to maintain a relevant position in more than 45 countries in Asia, Europe and America, where it sells and distributes its products.

La guarda de vinos se realiza en barricas de roble francés y americano.
The wines are aged in French and American oaks barrels.

SELECCIÓN DEL DIRECTORIO
Chardonnay
Vino de un color amarillo brillante con tonos verdes, que combina aromas a frutos tropicales con mantequilla y vainilla. Ha sido fermentado en barricas por 6 meses. En el paladar se mezclan los aromas a duraznos maduros con suaves notas a vainilla. De larga persistencia final. Es excelente como aperitivo y buen acompañante de ostiones, centollas, pastel de jaiba y cerdo a la plancha.
Cabernet Sauvignon
Vino de un rojo rubí intenso, guardado en barricas por 12 meses, con aromas a frutos rojos combinados con especias, ciruelas secas y vainilla. En el paladar se combinan los aromas a guindas, con notas a caramelo y vainilla. Presenta gran volumen, muy buena estructura y larga persistencia. Es ideal para acompañar carnes rojas asadas, quesos y crema de champiñones.

Chardonnay
A wine with a brilliant yellow color and green overtones, which combines aromas of tropical fruits with butter and vanilla. It is fermented in barrels for 6 months. On the palate the aroma of ripe peaches blends with soft vanilla notes. It has a long persistent finish. It is excellent as an aperitif and goes well with scallops, spider crab, crab pie and grilled pork.
Cabernet Sauvignon
A wine with an intense ruby color, kept in barrels for 12 months, with an aroma of red fruits combined with spices, prunes and vanilla. On the palate it combines aromas of cherries with notes of caramel and vanilla. It has great volume, a very good structure and long persistence. It goes very well with roasted red meat, cheeses and mushroom soup.

SIGLO DE ORO
Merlot
Este vino es de profundo color rojo violeta. En su bouquet se distinguen ciruelas, frutas rojas maduras y notas a especias y vainilla. En el paladar se aprecian taninos dulces, aromas a mermelada y notas tostadas. Ideal para acompañar pastas, carpaccio, pato, paella y quesos.
Sauvignon Blanc
Este vino es de un suave color verde. Destacan sus aromas a piña y guayavas con notas florales y hierbas. Buen volumen de boca y acidez equilibrada. Larga persistencia final. Es excelente como aperitivo y muy buen acompañante de ensalada César, cebiche de corvina, espárragos y quesos.

Merlot
This wine is deep violet red in color. In its bouquet one can distinguish plums, ripe red fruits and notes of spices and vanilla. It reveals sweet tannins on the palate, with aromas of preserves and a hint of toast. It is ideal to serve with pasta, carpaccio, duck, paella and cheeses.
Sauvignon Blanc
This wine has a soft green color. Its most pervasive aromas are pineapple and guava with floral and herbal notes. It has good volume in the mouth, a balanced acidity and a long persistent finish. It is excellent as an aperitif and goes very well with Caesar's salad, corvina cebiche, asparagus and cheeses.

SANTA INES

Cuando la familia De Martino llegó a Chile desde Italia en 1934, plantó firmemente sus raíces en el valle del Maipo, en el pueblo de Isla de Maipo. Sus intenciones eran continuar cultivando viñas, tal como lo hacían en Vignanello, en las afueras de Roma.

Actualmente, la tercera generación De Martino ha logrado mezclar de manera perfecta el conocimiento vitivinícola familiar traído del viejo mundo con el uso de tecnología de última generación, para producir una variada gama de premiados y reconocidos vinos que son disfrutados en más de 30 países alrededor del mundo bajo las marcas Santa Inés, Legado de Armida y Enigma, concentrándose en la distribución de vinos de calidad Reserva.

Contando con una tradición vitivinícola de más de sesenta años, Santa Inés ha acumulado gran prestigio en el mundo, siendo reconocida por elaborar variedades como el Carménère e impulsando con gran énfasis la exportación de esta variedad. Este esfuerzo se ha visto recompensado con la creciente popularidad de esta cepa, prácticamente desaparecida a nivel mundial.

Santa Inés se encuentra abierta al turismo, dando la posibilidad a los visitantes de pasear por los viñedos y las instalaciones de la viña en Isla de Maipo, asesorados por un enólogo y disfrutando, en verano, del pequeño parque de árboles nativos dispuesto para agradables paseos y catas acompañadas de música. La Viña cuenta además con una impresionante vinoteca, cava y salón de degustación diseñada en estilo Toscano que recuerda los orígenes europeos de la familia.

When the De Martino family came from Italy to Chile in 1934, they planted their roots deeply in the Maipo Valley, in the village of Isla de Maipo. They wanted to continue growing grapevines as they had been doing in Vignanello, on the outskirts of Rome.

At present, the third De Martino generation has succeeded perfectly in blending the family's wine-making know-how, brought from the old world, with the use of the latest technology, to produce a wide range of prize-winning, recognized wines that are enjoyed in more than 30 countries around the world under the brands Santa Inés, Legado de Armida and Enigma, concentrating on the distribution of Reserve quality wines.

With a winemaking tradition going back more than 60 years, Santa Inés has gained great prestige in the world. It is well-known for producing varieties such as Carménère and emphasizing its export. This has been rewarded by the increasing popularity of this variety, which had practically disappeared in the rest of the world.

Santa Inés is open to tourists, allowing visitors to walk around the vineyards and the Isla de Maipo winery under the guidance of an oenologist, and enjoying in summer, the small park of native trees which lends itself to pleasant walks and wine-tasting to the accompaniment of music. The vineyard also has an impressive wine collection, cellar and tasting room designed in the Tuscan style, as a reminder of the family's European origins.

Sala de Degustación / *Tasting Room.*

LEGADO DE ARMIDA
Carménère Reserva
Vino de color rojo intenso con trazas de rubí. En su bouquet se evidencian notas de frutas rojas, *toffee* y suave vainilla. En el paladar es de cuerpo lleno, con mucho sabor y taninos suaves. Ideal para acompañar quesos, cordero y otras carnes rojas. Se recomienda su guarda hasta por 5 años.

ENIGMA
Pinot Noir Reserva
Vino de color rojo rubí, con aromas a frutas maduras que recuerdan murtillas y cerezas. El roble está finamente integrado con las características frutales. Sus taninos suaves y maduros llenan la boca y el final es largo. Ideal para tomarlo como aperitivo, o con mariscos y pescados.

LEGADO DE ARMIDA
Carménère Reserva
A wine with an intense red color with traces of ruby. Its bouquet has notes of red fruit, toffee and soft vanilla. On the palate it has a full body, very tasty and with soft tannins. To be drunk with cheeses, lamb and other red meats. It may be stored for up to 5 years.

ENIGMA
Pinot Noir Reserva
A wine with a ruby color and an aroma of ripe fruit reminiscent of myrtle berries and cherries. The oak is finely integrated with the fruity features. Its soft, ripe tannins fill the mouth, and the finish is long. It is ideal as an aperitif, or with seafood and fish.

SANTA INES
Sauvignon Blanc
Vino de color amarillo con tintes verdes. Su aroma recuerda a frutas cítricas, hierbas y manzanas verdes. En el paladar es fresco y vivo; el final es placentero y sorprendentemente largo. Perfecto con quesos ahumados, todo tipo de pescados, ostras y vegetales.

Cabernet Sauvignon
Vino de intenso color rojo rubí, con trazas violeta. Su bouquet recuerda a diferentes hierbas y casis. En el paladar es bien balanceado, de taninos finos y final ligeramente astringente. Delicioso con *soufflé* de queso, carnes rojas, empanadas y pizza. Se recomienda beberlo antes de 3 años.

Sauvignon Blanc
A yellow wine, tinted with green. Its aroma suggests citrus fruits, herbs and green apples. On the palate it is fresh and lively, and the finish is pleasant and surprisingly long. It goes perfectly with smoked cheeses, all kinds of fish, oysters and vegetables.

Cabernet Sauvignon
A wine of an intense ruby red, with traces of violet. Its bouquet suggests different herbs and cassis. It is well balanced on the palate, with fine tannins and a slightly astringent finish. Delicious with cheese soufflé, red meats, pasties and pizza. It should be drunk within 3 years.

SANTA INES
Vineyard

SANTA RITA

Corría el año 1880 cuando don Domingo Fernández, un distinguido empresario de la época, fundó Viña Santa Rita con gran visión de futuro. Se preocupó hasta del más mínimo detalle, contratando enólogos franceses, hecho inédito en aquella época, quienes le ayudaron a producir vinos, usando nuevas técnicas y procesos, los que le permitieron alcanzar resultados sobresalientes, muy superiores a lo conocido en Chile en ese tiempo.

La tradición y el lujo de finales del siglo XIX siguen presentes en la imponente Casona y el maravilloso parque natural de ésta, ubicados en medio de los viñedos de Alto Jahuel, en el valle del Maipo. Este lugar aún parece hablar del esplendor de aquella época, la misma de Vicente García Huidobro, el segundo propietario de Santa Rita y padre del poeta Vicente Huidobro. Es justamente él quien recibe el título nobiliario de "Marqués de Casa Real" de parte de la Corona Española, título que será parte fundamental de la historia de Santa Rita. La hermosa Casona es hoy el Hotel Casa Real, un elegante y acogedor lugar que sirve para recibir a los invitados de la Viña.

Ya en 1947 las 360 hectáreas de Santa Rita serían el segundo viñedo más extenso del país. A partir de los años '70 la empresa comenzó a renovar los equipos, modernizar la bodega y realizar importantes inversiones para fortalecer su marca, lo que provocó la expansión de las ventas en el mercado nacional, y el aumento de las exportaciones a Brasil, Colombia, Perú, Venezuela y Estados Unidos.

En 1980 el 50% de Santa Rita pasa a manos de un grupo empresarial liderado por don Ricardo Claro Valdés, el que adquiriría un porcentaje mayor unos años más tarde. Son los tiempos en

It was in 1880 that a distinguished and visionary businessman, don Domingo Fernández, founded the Santa Rita winery. He concerned himself with the smallest details, hiring French enologists, something unheard-of at that period, to help produce wines using new techniques and processes which allowed him to achieve outstanding results, far beyond anything known in Chile at that time.

The traditions and luxury of the end of the 19th century are still present in the imposing manor-house and its wonderful natural park, located amidst the Alto Jahuel vineyards in the Maipo Valley. The place still seems to speak of the splendor of the period, which was also that of Vicente García Huidobro, second owner of the winery and father of the poet Vicente Huidobro. It was he who was given the rank of "Marquis of Casa Real" by the Spanish Crown, a title that would become a fundamental part of the history of Santa Rita. The beautiful manor-house is now the Hotel Casa Real, an elegant and welcoming place where guests are received.

By 1947 the 360 hectares of Santa Rita constituted the second largest vineyard in the country. In the 1970s the company started renewing its equipment, modernizing its winery and making big investments to strengthen its brand. That led to an increase in its domestic sales and in its exports to Brazil, Colombia, Peru, Venezuela and the United States.

In 1980, 50% of Santa Rita was bought by a group led by don Ricardo Claro Valdés, which became the owner of an even larger percentage a few years later. At that time Santa Rita took a big qualitative and commercial step: large investments were made which meant an increase

que Santa Rita da un enorme salto cualitativo y empresarial: se realizan grandes inversiones, las que permiten un nuevo aumento en las exportaciones a fines de los años '80. Hay un cambio de estilo que involucra importantes innovaciones tecnológicas, como el uso de estanques de fermentación de acero inoxidable, control de temperatura automático y el uso de barricas de roble americano y encina francesa.

Factor clave detrás de este éxito ha sido la cuidadosa selección de los mejores *terroirs* en Chile para la producción de vinos de calidad. Santa Rita tiene más de 2.000 hectáreas propias, distribuidas en los valles más importantes -Maipo, Casablanca, Rapel y Maule- plantadas sólo con uvas finas. Esta diversidad ha permitido a los enólogos poder experimentar hasta definir los mejores suelos para cada una de las cepas. Es por ello que la mayor cantidad de Cabernet Sauvignon se encuentra plantada en el Maipo, y el Sauvignon Blanc de mayor calidad proviene de Casablanca.

Todos estos factores han permitido que Santa Rita sea hoy una de las empresas vitivinícolas más importantes de Chile. En el mercado nacional, Santa Rita es la segunda compañía más grande, contando entre sus activos con algunas marcas tan memorables como 120, Medalla Real y Casa Real. En el mercado de exportación Santa Rita es hoy uno de los exportadores de vinos premium más grandes de Chile, llegando a más de 60 países alrededor del mundo.

in exports at the end of the 1980s, and a change in style, which involved important technological changes such as the use of stainless steel fermentation vats, automatic temperature control, and the use of American and French oak barrels.

A key factor in this success has been the careful selection of the best terroirs in Chile for producing quality wine. Santa Rita owns more than 2,000 hectares in the most important valleys -Maipo, Casablanca, Rapel and Maule- planted only with fine grapevines. This diversity has made it possible for enologists to experiment until they find the best soils for each of the grape varieties. That is why most of the Cabernet Sauvignon is planted in the Maipo Valley, and most of the Sauvignon Blanc in Casablanca.

All these factors have made of Santa Rita one of the most important wine-producing companies in Chile today. In the domestic market, it is the second largest company, with such memorable brands as "120", "Medalla Real" and "Casa Real" among its assets. In the export market, Santa Rita is now one of the largest exporters of premium wines, which are shipped to more than 60 countries around the world.

Capilla de estilo neogótico y parque del Hotel Casa Real.
Neogothic style Chapel and the park of the Hotel Casa Real.

CASA REAL RESERVA ESPECIAL
Cabernet Sauvignon

Este maravilloso Cabernet Sauvignon es producido de una única parcela que cuenta con plantaciones de más de 40 años de antigüedad. Además, la cosecha se realiza totalmente a mano para asegurar la madurez exacta al momento del corte. Después de la cosecha, el vino pasa por períodos de maduración tanto en barricas de roble francés (18 meses) como en la botella (12 meses). Presenta un intenso color rojo rubí y un bouquet complejo y maduro, con algunas notas ahumadas que recuerdan especias, vainilla, café y tabaco. En la boca es elegante y con una fuerte presencia de frutas rojas maduras. De gran madurez, este vino posee una gran concentración, así como taninos potentes y melodiosos. Su potencial de guarda va de 12 a 15 años.

This wonderful Cabernet Sauvignon is produced from a single vineyard which has stocks that are more than 40 years old. The grapes are hand picked to ensure the exact ripeness at harvesting. After the harvest the wine goes through aging periods, both in French oak barrels (18 months) and in bottles (12 months). It has an intense, ruby-red color and a complex, ripe bouquet, with some smoked notes which suggest spices, vanilla, coffee and tobacco. It is elegant on the palate, with a strong presence of ripe red fruits. It is very mature and highly concentrated, with powerful, melodious tannins. Its aging potential is from 12 to 15 years.

FLORESTA
Syrah - Cabernet Sauvignon - Carménère

Vino color rojo rubí con intensos toques violeta y gran bouquet: frutas rojas, cerezas y especias en combinación con vainilla, humo y tabaco. De sabor complejo, sus elegantes taninos lo hacen agradable, sabroso y largo en la boca. Puede guardarse de 4 a 5 años.

Merlot - Cabernet Sauvignon

Vino de intenso color rojo rubí y gran bouquet: frutas rojas y negras y ciruelas combinadas con tonos de vainilla, tabaco y chocolate. Tiene buen potencial, con taninos maduros que lo hacen robusto y suave. Puede guardarse entre 5 y 6 años.

Syrah - Cabernet Sauvignon - Carménère

A ruby colored wine with intense violet touches and a great bouquet: red fruits, cherries and spices combined with vanilla, smoke and tobacco. It has a complex flavor and its elegant tannins makes it pleasant, tasty and long in the mouth. It can be stored for 4 or 5 years.

Merlot - Cabernet Sauvignon

A wine with an intense ruby color and a great bouquet: red and black fruits and plums combined with tones of vanilla, tobacco and chocolate. It has good potential, with ripe tannins that make it robust and soft. It can be stored for 5 to 6 years.

MEDALLA REAL
Chardonnay
Es un vino de color verde amarillento e intenso aroma varietal, dominado por frutas tropicales y avellanas con notas de miel. En la boca es complejo y tiene buena acidez. Puede guardarse hasta 6 años.

Cabernet Sauvignon
De intenso color rojo rubí. En su bouquet se aprecian frutas rojas maduras y guindas negras, con un leve toque de mentol y tonos de vainilla y chocolate. Al paladar es concentrado, con cuerpo. Puede guardarse entre 5 y 8 años.

Chardonnay
This is a yellowish green wine with an intense varietal aroma dominated by tropical fruits and hazelnuts with touches of honey. In the mouth it is complex and has good acidity. It can be stored for up to 6 years.

Cabernet Sauvignon
A wine with an intense ruby-red color. Ripe red fruits and black cherries are found in its bouquet, with a slight touch of menthol and tones of vanilla and chocolate. On the palate it is concentrated, with good body. It can be stored for 5 to 8 years.

RESERVA
Sauvignon Blanc
De color amarillo verdoso pálido y aroma intenso, dominado por dejos a fruta cítrica y fondo de hierbas. Dulce en el paladar por su intensa concentración de frutas. Consumir joven, idealmente dentro de 1 año.

Cabernet Sauvignon
De intenso color rojo rubí. En su bouquet se distinguen frutas negras, avellanas y hierbas agradablemente combinadas con notas de vainilla, clavos de olor y especias. En la boca es de cuerpo medio, expresivo y persistente. Guardar hasta por 5 años.

Sauvignon Blanc
A wine with a pale greenish-yellow color and an intense aroma dominated by citrus fruits against a herbal background. It is sweet on the palate because of its intense concentration of fruit. It should be drunk young, ideally within one year.

Cabernet Sauvignon
A wine with an intense ruby color. In its bouquet one can distinguish black fruits, hazelnuts and herbs, pleasantly combined with notes of vanilla, cloves and spices. In the mouth it has a medium body, expressive and persistent. It can be stored for up to 5 years.

SEÑA

En español, el nombre Seña es rico en contenido y significado. Un nombre que habla de personalidad propia, de cualidades únicas y que es ya marca de distinción. Un vino que habla de identidad, de exquisitez y de excelencia, concebido y creado en 1996 a partir del *joint venture* entre Robert Mondavi Winery de Napa, Estados Unidos y Viña Errázuriz de Chile. Ambas viñas se juntaron para mostrar al mundo el gran potencial de Chile como país vitivinícola por medio de un vino clásico de categoría mundial que capturara la esencia del extraordinario *terroir* chileno.

El valle del Aconcagua fue la elección ideal para el viñedo de Seña, por su clima con inviernos lluviosos y veranos secos y calurosos enfriados por la brisa costera del océano Pacífico. Cuatro años demoraron los equipos técnicos de Mondavi y Errázuriz en la selección del lugar para el viñedo, período en el cual se realizaron innumerables estudios en diferentes lugares del valle para encontrar el *terroir* buscado.

La propiedad, adquirida en septiembre de 1999, está ubicada en el extremo occidental del valle del Aconcagua, aproximadamente a 41 km del océano Pacífico, cerca de la Reserva Natural de Ocoa y distante 35 km del viñedo Don Maximiano, propiedad de Viña Errázuriz desde 1870.

El viñedo está rodeado por cerros cubiertos de vegetación nativa, y cruzado por el estero Rabuco, cuyas aguas cristalinas provienen de las vertientes del valle. El acceso se realiza a través de una enorme arboleda de plátanos orientales, la misma que conduce al Parque Nacional La Campana, el que se divisa desde el predio, al igual que el imponente Monte Aconcagua y el río del mismo nombre.

Seña in Spanish suggests content and meaning. It reflects a personality of its own, unique qualities and stands for a distinguished brand. A wine that speaks about identity, exquisiteness and excellence, conceived and created in 1996 from the joint venture between Robert Mondavi Winery from Napa Valley, USA and Viña Errázuriz from Chile. They united in order to show the world the great potential of Chile as a wine-producer country, through a classic wine of the highest world category that would capture the essence of the extraordinary Chilean terroir.

Seña vineyard was established in the Aconcagua Valley due to its ideal climate of rainy winters and dry and hot summers, cooled down by the coastal breeze of the Pacific Ocean. It took four years for the technical team of Mondavi and Errázuriz to choose the place for the vineyard, period in which they carried out countless studies in different places of the valley in order to find the desired terroir.

The Estate, purchased in September of 1999, is located in the western extreme of the Aconcagua Valley, at approximately 41 km. from the Pacific Ocean, close to the Ocoa Protected Area, and 35 km. from Don Maximiano Estate, owned by Viña Errázuriz since 1870.

The vineyard is surrounded by hills covered with native vegetation, and crossed by the Rabuco stream, whose translucent waters come from the valley springs. Access to the vineyard is made through a long Plane-Tree lined walk, that also leads the visitor to La Campana National Park, that can be seen from the Estate, as well as the impressive Mount Aconcagua and the river named after it.

El pequeño valle de 350 hectáreas tiene una gradiente con exposición noreste y una gran diversidad de suelos donde predominan sectores de grava con buen drenaje, rocas y limo de origen coluvial.

El clima en el *terroir* escogido para Seña presenta temperaturas moderadas. La niebla matinal y patrones de maduración lentos contribuyen a crear un vino complejo, con aromas de fruta intensos y distintivos expresando lo particular del *terroir* del valle del Aconcagua.

La plantación del viñedo comenzó en el invierno del 2000 y continuará hasta completar alrededor de 60 hectáreas dedicadas al desarrollo de las variedades bordalesas tintas Cabernet Sauvignon, Cabernet Franc, Merlot, y pequeñas secciones con Carménère, Petit Verdot y Malbec.

El equipo enológico, liderado por Tim Mondavi, es el encargado de seleccionar las mejores uvas y transformarlas en un vino de la más alta calidad, supervisando cuidadosamente cada parte del proceso de elaboración, en el que se emplea la más alta tecnología.

The small valley of 350 hectares has a northeast exposure gradient with a great diversity of soils where the gravel sectors, with good drainage, rocks and loam of colluvial origin are predominant.

The climate in the terroir chosen for Seña presents moderate temperatures, morning mist and slow ripening patterns that contribute to creating complex wines, with fruity, intense and distinctive aromas which express the individuality of the Aconcagua Valley terroir.

Vineyard plantings started in the winter of the year 2000 and will continue until completing 60 hectares devoted to the production of Bordeaux red varieties such as Cabernet Sauvignon, Cabernet Franc, Merlot, and small sections of Carménère, Petit Verdot and Malbec.

The enological team, led by Tim Mondavi, is in charge of selecting the best grapes and of transforming them into a wine of the highest quality through much care and the best wine-making techniques.

Seña

Clásicos y potentes aromas especiados, menta y frutos rojos son el sello del Cabernet Sauvignon que compone gran parte de esta mezcla. El Carménère, por su parte, aporta las notas de mermelada de moras, chocolate negro y especies dulces. En boca, Seña es un vino de sabores elegantes y sofisticados, que integra en perfecta armonía frutas maduras como casis con los complejos matices reminiscentes de almendras tostadas, vainilla y café, resultado de largos meses de crianza en barricas de roble francés. Los taninos, maduros y equilibrados, dejan una suave sensación que se prolonga en un final largo y dulce.

Seña

The classic, powerful aromas of spices, mint and red fruits are the hallmark of the Cabernet Sauvignon which makes up a large part of this blend. The Carménère, on the other hand, contributes the notes of blackberry jam, black chocolate and sweet spices. On the palate, Seña is a wine with elegant, sophisticated flavors which integrate in perfect harmony the ripe fruits like cassis with the complex nuances reminiscent of roasted almonds, vanilla and coffee, which are the result of many months of aging in French oak barrels. The tannins, ripe and balanced, leave a soft sensation which extends into a long sweet finish.

UNDURRAGA

Don Francisco Undurraga fue uno de los pioneros de la viticultura y la enología en Chile. Nacido en 1855, viajó a Europa siendo muy joven. Allá estudió leyes y pintura, pero también conoció los mejores vinos. Es por eso que en 1882 adquirió un fundo en la provincia de Talagante, a 34 km de Santiago, donde plantó viñas que él mismo trajo de Europa. De Francia trajo varias plantas de Cabernet Sauvignon, Sauvignon Blanc, Merlot y Pinot Noir. De Alemania trajo Riesling y Gewürztraminer. En honor de su mujer, Ana, don Francisco bautizó como Santa Ana estos viñedos ubicados en el valle del Maipo. Las parras, plantadas bajo la supervisión del experto enólogo francés M. Pressac, se adaptaron rápidamente al clima de la zona. Así se inició una próspera industria: hoy los viñedos de Undurraga alcanzan un área total de 1.000 hectáreas y están localizados en los valles del Maipo y Colchagua, dedicándose exclusivamente a la producción de uvas de la mejor calidad.

En el valle del Maipo, Undurraga tiene dos propiedades: el antiguo viñedo Santa Ana, con 140 hectáreas plantadas en un terreno aluvial, bien drenado, con una profundidad relativa y fertilidad moderada. El segundo viñedo es el fundo Codigua, en el área de Melipilla, a 70 km de Santiago, con una superficie plantada de 250 hectáreas. Gracias a su proximidad a la costa del océano Pacífico, produce magnífica uva blanca de las variedades Chardonnay y Sauvignon Blanc, como también una excelente uva de la cepa Pinot Noir.

En el valle de Colchagua están los fundos Colchagua y El Huique, con áreas de 200 y 400 hectáreas respectivamente. A diferencia

Francisco Undurraga was one of the pioneers of viticulture and enology in Chile. He was born in 1855, and while still very young he travelled to Europe, where he studied law and painting, and at the same time got to know the best wines. For that reason, in 1882 he bought a farm in the province of Talagante, 34 km. from Santiago, where he planted some vines which he had brought personally from Europe. From France he brought various cuttings of Cabernet Sauvignon, Sauvignon Blanc, Merlot and Pinot Noir, and from Germany he brought Riesling and Gewürztraminer. Francisco named these vineyards, situated in the Maipo Valley, Santa Ana, in honor of his wife, Ana. The vines, planted under the supervision of the expert French enologist M. Pressac, adapted quickly to the climate of the area. This was the beginning of a thriving industry: nowadays the Undurraga vineyards cover a total of 1,000 hectares in the Maipo and Colchagua valleys, and are devoted exclusively to the production of the finest quality grapes.

Undurraga has two estates in the Maipo Valley: the original Santa Ana vineyard, with 140 hectares planted on well-drained alluvial soil which is relatively deep and quite fertile. The second vineyard is the Codigua Estate, in the Melipilla district, 70 km. from Santiago, with 250 hectares under cultivation. Because of its closeness to the coast of the Pacific Ocean, it produces magnificent white grapes, both Chardonnay and Sauvignon Blanc, as well as an excellent Pinot Noir grape.

The Colchagua and El Huique Estates are located in the Colchagua Valley, with areas of 200 and 400 hectares respectively. By contrast with the land in the Maipo Valley, these soils are

Uno de los aspectos más desafiantes de Veramonte es que en esos terrenos nunca antes se plantaron viñedos, por lo que el equipo a cargo ha podido trabajar la tierra aplicando desde el principio las más avanzadas técnicas. Entre ellas está encontrar el calce preciso entre *terroir* y cepa para asegurar una calidad superlativa de las uvas. Veramonte fue la primera viña en Chile en utilizar una selección de clones y alta densidad de plantación para balancear el crecimiento y enfatizar el carácter varietal.

En 1995 Veramonte realizó sus primeras cosechas de las cepas Chardonnay, Sauvignon Blanc, Cabernet Sauvignon, Merlot y Carménère. Los vinos comenzaron a salir al mercado al año siguiente, ganando fama entre los conocedores por su excelente calidad. La Viña se encuentra muy optimista por los resultados obtenidos con la variedad Pinot Noir de los viñedos de Casablanca, y lanzará cantidades limitadas de este vino al mercado durante el 2001.

Uno de los logros importantes de Veramonte es haber formado parte del resurgimiento de la cepa Carménère, variedad cultivada en Bordeaux en el siglo XIX, cuando Chile recién empezaba a importar cepas desde Francia. Luego de la epidemia de filoxera que devastó muchos de los viñedos europeos, la cepa Carménère no se volvió a plantar dada su delicadeza. Sin embargo, esta plaga no llegó a Chile, lo que sumado a las excelentes condiciones naturales para su cultivo, hicieron de Chile el mayor productor de Carménère en el mundo.

gradually, gaining increased complexity resulting in grapes of great structure and fruit intensity.

One of the more intriguing aspects of Veramonte is that grapevines had never been planted on the Estate prior, so they were able to cultivate the land with the most up to date viticultural practices. That involved using precise terroir and rootstock matching to ensure superior fruit quality. Veramonte was the first vineyard in Chile to apply clonal selection and dense vine spacing to balance growth and enhance varietal character.

In 1995 Veramonte had its first harvest of Chardonnay, Sauvignon Blanc, Cabernet Sauvignon, Merlot and Carménère. The wines reached the market the following year, becoming well known among connoisseurs for their excellent quality. Veramonte has since planted Pinot Noir in the Casablanca Estate vineyards, which will be released in limited quantities for the first time during 2001.

Veramonte's has showcased the once obscure Carmenère grape, a varietal prevalent in Bordeaux in the 1800's when Chile first began importing vines from France. Following the 19th century Phylloxera epidemic, French growers did not replant Carménère due to its finicky character. However, Phylloxera has never reached Chile and this, combined with ideal growing conditions, makes Chile the world's major producer of Carménère.

Los viñedos y el centro turístico "La Casona" de Veramonte se encuentran a un costado de la autopista Santiago-Valparaíso.
The vineyard and Veramonte's visitor center "La Casona" are located along the Santiago-Valparaíso highway.

La bodega, inaugurada en 1998, cuenta con la más avanzada tecnología. Su capacidad de vinificación es de 4,5 millones de litros en estanques de acero inoxidable y de 1,35 millones de litros en barricas de roble americano y encina francesa para guarda. Además de contar con la más moderna tecnología para la elaboración del vino, Veramonte es una viña diseñada para recibir a los turistas que visitan el valle. Su centro turístico, "La Casona", ofrece degustaciones de los vinos producidos en la Viña, y tours por la bodega y viñedos, en inglés, portugués y español.

Los vinos de Veramonte han recibido numerosos premios en Chile y en diversas publicaciones internacionales. Entre los más recientes está haber sido nombrada "*International Winery of the Year*" por la revista *Wine & Spirit*.

Veramonte es una de las siete viñas de la reconocida empresa viñatera Franciscan Estate, con base en el valle de Napa, California. Las otras Viñas del conglomerado son Quintessa, Simi, Franciscan Oakville Estate, Ravenswood, Mount Veeder y Estancia. A todas ellas las une la misma filosofía: los buenos vinos son un reflejo de su *terroir*; una combinación de suelo, topografía, microclima y su gente.

The winery at Veramonte began operating in 1998. It utilizes the most advanced technology and has a winemaking capacity of 4.5 million liters in stainless steel tanks and 1.35 million liters in American and French oak barrels for aging. In addition to having the most modern winemaking technology, Veramonte is also designed to receive thousands of tourists who visit the Casablanca Valley every year. The visitor center at Veramonte, named "La Casona", conducts wine tastings as well as tours of the production facility and the vineyards available in Spanish, English and Portuguese.

Veramonte wines have received several distinguished awards in Chile and in various international wine publications. Veramonte's most recent accolade is being honored as Wine & Spirit Magazine's "International Winery of the Year" award.

Veramonte is one of the seven properties in the portfolio of Franciscan Estates, a well-known wine company based in Napa Valley, California. The other Estates include Quintessa, Simi, Franciscan Oakville Estate, Ravenswood, Mount Veeder, and Estancia Estates. All vineyards are linked by the same philosophy: great wine is a reflection of its terroir; a combination of soil, topography, microclimate and people.

Primus 1999
Un gran vino, con sensaciones de suavidad y deliciosa textura aterciopelada. Sabores concentrados, con la rica complejidad de la mora y notas de cereza y pimienta negra. Una atractiva combinación entre potencia y delicadeza; un verdadero clásico. Vino atrevido, Primus se combina maravillosamente con comidas a base de pato, carne de filete, carnes de caza, ensaladas de hojas amargas y postres cremosos.

Primus 1999
A massive, mouth-filling and delicious wine with a smooth, velvety texture. Concentrated, multi-layered flavors with rich, bright blackberry and cherry fruit notes spiced with black pepper. An appealing combination of power and finesse; a true Chilean original. A very bold wine, Primus pairs beautifully with duck, beef tenderloin, wild game and bitter greens and creamy desserts.

Cabernet Sauvignon 2000

Los sabores intensos y potentes de las frutas negras de este redondo y fino Cabernet son maravillosamente destacados por las notas de chocolate de la combinación del roble francés y americano. El vino es bien estructurado con los taninos aterciopelados que llevan a un atractivo y rico final.

Merlot 2000

Este vino está cargado de aromas ricos en mora y cereza, condimentados con pimienta negra y tabaco, junto a suaves notas de eucalipto y menta, con un sutil toque de roble. Este gran Merlot de mucho cuerpo tiene sabores a mora y cereza negra en el inicio. Las notas del mentol, de la fruta y del tabaco se combinan con los suaves taninos y el roble.

Cabernet Sauvignon 2000

The dense and potent black cherry and blackberry fruit flavors of this round and luxurious Cabernet are beautifully highlighted by hints of chocolate and elegantly toasted oak. The concentrated and well structured wine is combined with smooth, velvety tannins that lead to a gripping, rich finish.

Merlot 2000

This wine is loaded with rich blackberry and bright cherry aromas spiced with tobacco, hints of eucalyptus and mint with a subtle underlay of oak. This big and full-bodied Merlot has up-front fruit flavors of blackberry and bright black cherry. Menthol and earth notes merge seamlessly with soft tannins and a subtle underlay of oak.

Chardonnay 2000

Este limpio y fresco Chardonnay tiene un excelente balance entre la intensa fruta y la refrescante acidez, que amplía la suavidad e intensidad del largo final en boca. El roble y las sutiles notas de especias forman un complejo equilibrio con la fruta. La miel y el fino tostado del roble enmarcan elegantes aromas florales y tropicales.

Sauvignon Blanc 2001

La limpieza, brillo y acidez de este bien balanceado Sauvignon Blanc se complementan con suaves sabores de melón, cítricos y con un final tostado, y con los atractivos aromas de la manzana, del pomelo y el pasto recién cortado.

Chardonnay 2000

This clean, fresh Chardonnay has a solid balance of bright, vibrant fruit and refreshing acidity which extends the long, intense mouth-watering finish. Subtle oak and spice rounds out the middle. It carries elegant floral and tropical aromas framed by honey and toasty oak.

Sauvignon Blanc 2001

The clean, bright acidity of this well balanced Sauvignon Blanc is complemented by mouth-filling flavors of soft melon, citrus, and a crisp finish. It is layered with attractive aromas of fresh cut grass, intense green apple and grapefruit.

VIU MANENT

Desde 1935 la familia Viu ha formado parte de la tradición viñatera chilena. En ese año don Miguel Viu García, junto a sus dos hijos, funda Bodegas Viu en la ciudad de Santiago. En un principio se dedicaron al comercio y envasado de vinos para el mercado chileno, utilizando su propia marca: "Vinos Viu".

Años más tarde, en 1966, Miguel Viu Manent, representante de la segunda generación de la familia, adquiere los primeros viñedos de la empresa, la Hacienda San Carlos de Cunaco, ubicada en el valle de Colchagua, con antiguos viñedos plantados a mediados del siglo XIX, junto a sus centenarias bodegas. Quedaba así unida la tradición de esta Hacienda con la experiencia de dos generaciones dedicadas en cuerpo y alma al vino.

La tercera generación de la familia, siempre bajo la mano experta de don Miguel Viu Manent, asume un nuevo desafío a fines de la década de los '80, cuando deciden incursionar en los mercados internacionales. José Miguel Viu Bottini encabeza ahora esta gran tarea, la que ha significado importantes inversiones en tecnología de vinificación y manejo de viñedos, además de incorporar nuevas variedades y ampliar la superficie plantada en seleccionados *terroir*.

Es por ello que el siglo XXI encuentra a la Viña redoblando su compromiso de seguir produciendo los mejores vinos. Para esto Viu Manent sólo utiliza uvas provenientes de sus propios viñedos, ubicados en el valle de Colchagua.

The Viu family has been part of the wine-making tradition in Chile since 1935. That year Miguel Viu García, together with his two sons, established Bodegas Viu in the city of Santiago. At first they bottled and sold wine for the local market under their own "Vinos Viu" brand name.

Years later, in 1966, Miguel Viu Manent, a representative of the family's second generation, bought the first of the company's vineyards, the San Carlos de Cunaco Estate in the Colchagua Valley, with ancient vineyards planted in the mid-19th century and its century-old cellars. Thus the tradition of this old Estate became linked with the experience of two generations, devoted in body and soul to wine.

The third generation of the family, still led by the expert hand of Miguel Viu Manent, took on a new challenge at the end of the 1980s, when they decided to venture into international markets. José Miguel Viu Bottini is now heading up this great task, which has meant considerable investments in wine-making and vineyard-management technology, in addition to incorporating new grape varieties and extending the area planted on selected terroirs.

José Miguel Viu Bottini.

The 21st century finds the vineyard increasing its commitment to go on producing the best wines. That is why Viu Manent

En Colchagua la Viña cuenta con una superficie plantada, y en plena producción, de 200 hectáreas, de las cuales 150 se encuentran en la antigua Hacienda San Carlos de Cunaco, en el área de Santa Cruz, con viñedos establecidos a mediados del siglo XIX con parras prefiloxéricas traídas de Francia. En el mismo valle de Colchagua, en el área de Peralillo, están también el viñedo La Capilla, con 50 hectáreas en plena producción, y el viñedo El Olivar. Este viñedo está siendo plantado con 150 hectáreas en pie de monte y cerro, que entrarán en producción a partir del año 2002, aumentando con esto la superficie plantada de la viña a 350 hectáreas.

Variedades como Sauvignon Blanc, Semillón, Chardonnay y Viognier en blanco o Cabernet Sauvignon, Malbec, Merlot, Syrah, Sangiovesse, Carménère y Cabernet Franc en tinto dan origen a las cuatro líneas de productos con las que Viu Manent ha conquistado importantes mercados y se ha convertido en una de las viñas chilenas más premiadas en el mundo.

Viñedo El Olivar en Peralillo, valle de Colchagua.
El Olivar Estate in Peralillo, Colchagua Valley.

only uses grapes from its own vineyards in the Colchagua Valley.

In Colchagua the vineyard has a planted area of 200 hectares in full production, 150 of which are on the old San Carlos de Cunaco Estate in the Santa Cruz area, with vineyards that had been established by the mid-19th century with pre-Phylloxera vines brought from France. Still in the Colchagua Valley, in the Peralillo area, are located the La Capilla Estate, with 50 hectares in full production, and the El Olivar Estate, where 150 hectares are being planted with vines at the foot of the mountains and on the hills. These will start producing as from 2002, increasing the total area under vine to 350 hectares.

Grape varieties such as Sauvignon Blanc, Sémillon, Chardonnay and Viognier among the whites, and Cabernet Sauvignon, Malbec, Merlot, Syrah, Sangiovesse, Carménère and Cabernet Franc among the reds, have given rise to the four product lines with which Viu Manent has conquered important markets and become one of the most awarded Chilean wineries worldwide.

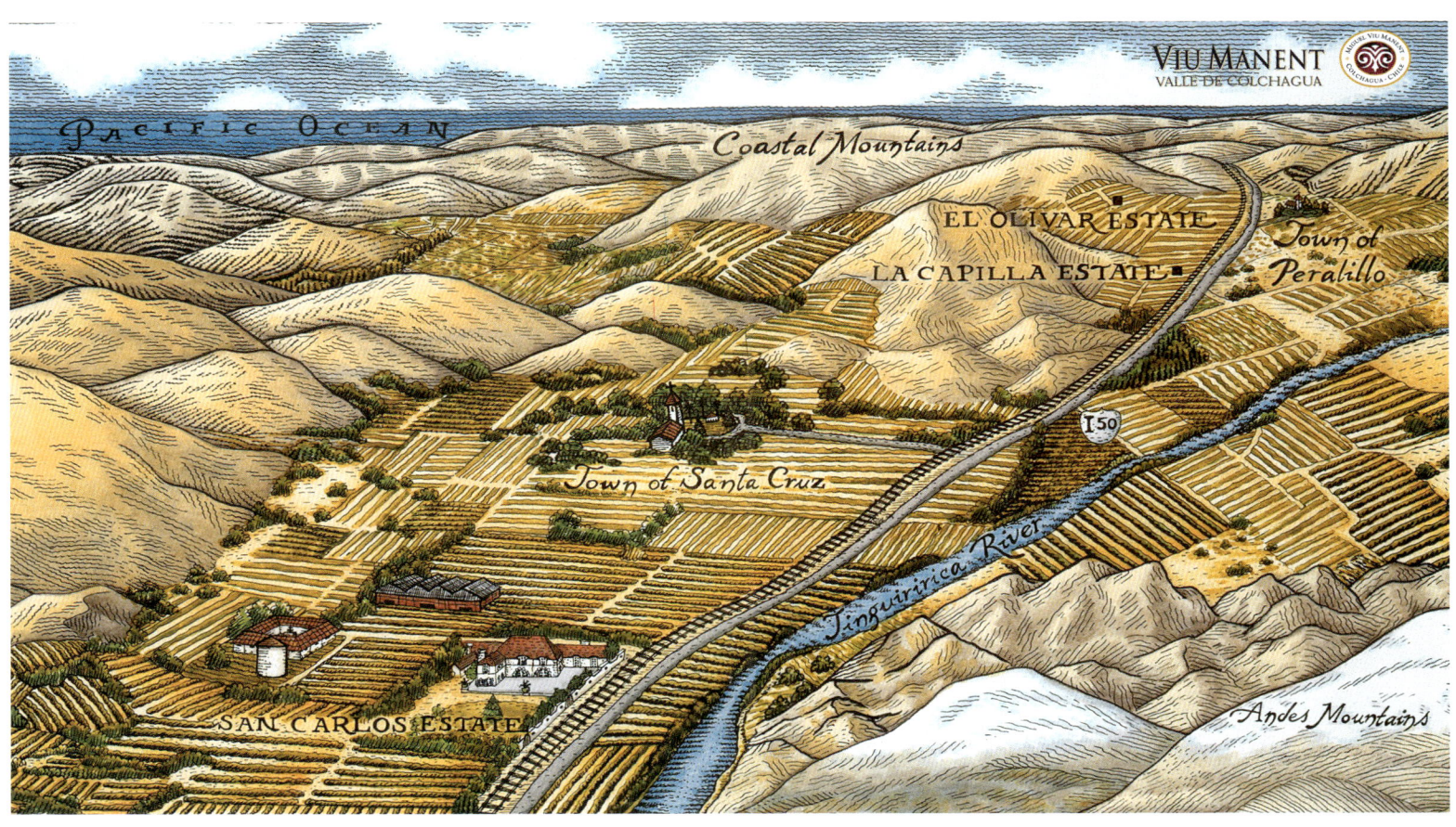

"Viu 1", línea premium de Viu Manent, es de edición limitada y está definida bajo un exigente criterio. Se produce sólo los años en que las condiciones climáticas, la selección de las uvas y la enología presentan las condiciones necesarias para entregar un producto que sostenga la filosofía de trascender entre los mejores vinos del mundo. Esta línea se produce en botellas numeradas y en su mayoría reservadas cuando el vino aún está en barricas. La línea *Special Selection* identifica a pequeñas producciones obtenidas con las mejores uvas de los viñedos más antiguos. Se destaca por rendimientos controlados, fruta madura y concentrada, y por el envejecido en barricas francesas. La línea *Reserve* proviene de lugares seleccionados de los viñedos, destacando los aromas varietales finos, más maduros y confitados. Se prioriza el paso por barricas cuidando el equilibrio frutal con la madera. Por último la línea *Varietal*, que incluye vinos cien por ciento de la variedad, destinada a destacar la expresión joven y fresca de los cepajes clásicos, resaltando características especiales de color, aroma y sabor, sin carácter de roble. Son ideales para beber en cualquier ocasión.

El volumen de producción de Viña Viu Manent es limitado, priorizando siempre la calidad. Es así como en el año 2000 su producción alcanzó a 200 mil cajas de 12 botellas, exportando a más de 30 países en los cinco continentes.

"Viu 1", Viu Manent's Premium line, is produced in limited quantities and defined by demanding criteria. It is produced only in years when weather conditions, grape selection and enology provide all the conditions required to deliver a product that supports the philosophy of outstanding excellence among the best wines in the world. This line is produced in numbered bottles, most of which are reserved when the wine is still in the barrels. The "Special Selection" line identifies small batches produced with the best grapes from the oldest vines. It stands out because of its controlled yields, its ripe, concentrated fruit, and its aging in French oak barrels. The "Reserve" line comes from selected sections of the vineyards, and stands out because of its fine varietal aromas, which are riper and more candied; its passage through barrels is given priority, keeping a balance between fruit and wood. Finally, the "Varietal" line, which includes wines that are one hundred percent of a certain variety, is meant to bring out the young, fresh expression of the classical grape varieties while stressing special color, aroma and flavor characteristics, without any oak character. They are ideal for drinking in any occasion.

The production of Viña Viu Manent is limited, with quality as its first priority. In the year 2000, its total production reached 200 thousand 12-bottle cases which were exported to more than 30 countries in the five continents.

Hacienda San Carlos de Cunaco, Santa Cruz, valle de Colchagua.
San Carlos de Cunaco Estate, Santa Cruz, Colchagua Valley.

VIU 1

Es el mejor vino de Viu Manent, producido con las mejores uvas cosechadas a mano. Su calidad restringe la producción sólo a determinados años, de edición limitada y botellas numeradas. Color rojo rubí profundo, casi negro, que denota rica concentración en la fruta original. La nariz inicial recuerda al bosque húmedo, con avellanas europeas, trufas, arándanos maduros y dulce de mora. En boca el vino se deshace en gruesos trozos de chocolate amargo con pasas al ron, que evolucionan en la copa hacia strudel de manzana y *Irish coffee*. Su potencial de guarda es de 10 a 15 años.

This is Viu Manent's best wine, produced with the best hand-picked grapes. Its quality restricts its production to certain years only, with limited quantities of numbered bottles. It has a deep ruby color, almost black, which points to a rich concentration in the original grapes. The nose is initially reminiscent of a damp forest, with European hazelnuts, truffles, ripe cranberries and blackberry jam. In the mouth the wine breaks up into big chunks of bitter chocolate with rhum-raisins, which evolve in the glass into apple strudel and Irish coffee. It may be stored for 10 to 15 years.

SPECIAL SELECTION
Cabernet Sauvignon 1998

Vino producido con uvas provenientes de los viñedos La Capilla y San Carlos recogidas a mano. Su color es rojo rubí profundo y brillante. En su bouquet destacan ciruelas y luego un toque de crema y caramelo. En la boca se sienten sabores de regaliz, chocolate de leche y cuero. Su potencial de guarda es de 5 a 7 años.

Malbec 1999

Vino producido con uvas provenientes de los viñedos de San Carlos recogidas a mano. De intenso color negro. En su bouquet se distingue chocolate amargo, avellanas y ciruelas secas. En boca es lleno, el final es largo y agradable. Su potencial de guarda es de 8 a 12 años.

Cabernet Sauvignon 1998

This wine is produced with hand-picked grapes from the La Capilla and San Carlos vineyards. It has a deep, bright ruby color. Its bouquet is that of plums followed by a touch of cream and caramel. In the mouth it has flavors of licorice, milk chocolate and leather. It may be stored for 5 to 7 years.

Malbec 1999

A wine produced with hand-picked grapes from the San Carlos vineyards. It has an intense black color and a bouquet of bitter chocolate, hazelnuts and prunes. It is full in the mouth, with a long, pleasant finish. It may be stored for 8 to 12 years.

RESERVE
Chardonnay 1999

Vino producido con uvas recogidas a mano provenientes de los viñedos de San Carlos. De color amarillo dorado profundo, con aromas intensos donde domina el caramelo, la vainilla y el plátano. Muy gustoso en el paladar, se aprecia su pasado en barricas de roble americano. Consumirlo antes de 3 años.

Fumé Blanc 2000

Vino producido con uvas recogidas a mano provenientes de los viñedos de San Carlos. De color verde pálido, este vino tiene intensos aromas con notas de lima y fruta de la pasión. En el paladar es concentrado y da paso a nuevos sabores como manzana roja y cebolla dulce. No se recomienda guardarlo más de 2 años.

Chardonnay 1999

A wine produced with hand-picked grapes from the San Carlos vineyards. It is deep golden yellow in color, with an intense aroma dominated by caramel, vanilla and banana. Very tasty on the palate, it is easy to detect the time spent in American oak barrels. It should not be stored for more than 3 years.

Fumé Blanc 2000

A wine produced with hand-picked grapes from the San Carlos vineyards. It has a pale green color, and an intense aroma with notes of lime and passion fruit. It is concentrated on the palate and allows new flavors such as red apples and sweet onions to come to the surface. It should not be stored for more than 2 years.

RESERVE
Merlot 1999

Vino de color rojo rubí oscuro, profundo, elaborado con uvas de los viñedos de La Capilla y San Carlos, cosechadas a mano. Maduro y concentrado, este vino descansa 10 meses en barricas de roble francés. En su bouquet se sienten moras salvajes junto con notas de chocolate amargo, trufas y tabaco. Sus taninos están bien integrados. El vino en boca perdura con riqueza y profundidad por largo tiempo. Es la pareja perfecta de carnes, pastas, aves y algunos platos con salsas. Puede guardarse hasta 9 años.

A wine with a dark, deep ruby color, made with hand-picked grapes from the La Capilla and San Carlos vineyards. Mature and concentrated, this wine is stored for 10 months in French oak barrels. Its bouquet includes wild blackberries together with bitter chocolate, truffles and tobacco. Its tannins are well integrated. In the mouth the wine is long-lasting, deep and rich. It is a perfect companion for meats, pasta, poultry and some dishes with sauce. It may be stored for up to 9 years.

RESERVE
Cabernet Sauvignon 1998

Elaborado con uvas de los viñedos de La Capilla y San Carlos recolectadas a mano, este vino reposa durante 13 meses en barricas de roble francés. Su color es rojo rubí, profundo, intenso; sus sabores combinan chocolate, avellana y cuero. Sus taninos son refinados y cremosos. Beberlo acompañando carnes de cerdo y cordero condimentadas, guisos con especias y quesos azules. Este vino puede guardarse entre 5 y 8 años.

Made with hand-picked grapes from the La Capilla and San Carlos vineyards, this wine sits during 13 months in French oak barrels. It has a deep, intense ruby color; its flavor combines chocolate, hazelnuts and leather. Its tannins are refined and creamy. It goes well with seasoned pork and lamb, spicy stews and blue cheeses. It may be stored between 5 and 8 years.

RESERVE
Malbec 1999

Vino elaborado con uvas procedentes de los viñedos de San Carlos, de parras de más de 40 años que se cosechan a mano. Es de color rojo oscuro, con tonos de tinta negra intensa. Su corazón es de moras, con un marco de licor y chocolate suizo y un toque de tierra y humo que aparece en el largo final. Se recomienda para acompañar comidas condimentadas, principalmente carnes. Su potencial de guarda es de 5 a 10 años.

Wine made with hand-picked grapes from vines more than 40 years old at the San Carlos vineyards. It has a dark red color with intense black inky tones. Its heart is blackberry, with a frame of liqueur and Swiss chocolate and a touch of earth and smoke which appears in the long finish. It is recommended to complement seasoned food, especially meats. Its storage potential is from 5 to 10 years.

CÓMO NOS VEN

HOW OTHERS SEE US

El reconocido potencial de Chile como país productor de vinos finos, gracias a sus excepcionales condiciones de clima y suelo, y a una estabilidad política y económica consolidada, ha llamado la atención de muchos productores de vinos extranjeros. Ellos, ya sea individualmente o asociados a capitales chilenos, decidieron venir a este país, combinando su trayectoria en la producción de vinos finos con la que ya existía en Chile.

No hay que olvidar que la producción de este tipo de vinos exige escoger muy bien la tierra que se utilizará para el cultivo de las vides y a las personas involucradas en las diversas actividades de dicho proceso. El hecho de que estos connotados empresarios eligieran *terroirs* en Chile pudiendo hacerlo en cualquier otro lugar del mundo constituye una prueba más de las excelentes condiciones de nuestro país como productor de vinos de la más alta calidad.

Lo anterior sitúa la actividad vitivinícola de Chile en un lugar privilegiado, demostrando la calidad de los vinos chilenos y ayudándolo a abrirse camino en los competitivos mercados mundiales.

Para entender mejor el impulso que motivó a distintos inversionistas a venir a Chile, presentamos el testimonio de seis prestigiosos empresarios vitivinícolas, quienes aceptaron compartir el balance que hacen de sus respectivas experiencias. En distintas etapas, cada una de las vivencias relatadas en las siguientes páginas son ya parte de la historia del vino chileno.

Chile's recognized potential as a producer of fine wines, its exceptional climatic conditions, its soil, its political stability and its well-consolidated economy have not escaped the notice of a good number of foreign wine-producers. They have decided to operate in our country, some individually and others in association with Chilean capital, combining their tradition in wine production to that already existing in Chile.

It is important to bear in mind that producing fine wines means exercising the utmost care in choosing the land to be used for vine-growing and the people to carry out the various activities involved in the process. The fact that these well-known foreign entrepreneurs have chosen Chilean terroirs, in circumstances where they could have gone anywhere else in the world, is a further proof of the excellent conditions in Chile for producing wines of the highest quality.

This places Chilean wine-producing Industry in a privileged position, demonstrating the quality of Chilean wines and helping them to make their way into the competitive international markets.

To gain a better understanding of the impulse that drove several investors to come to Chile, we will present the account of six well-known wine entrepreneurs, who were willing to share their opinion based on their own experiences. In different moments, each of the incidents told in the following pages have become part of the history of Chilean wine.

Tal vez la mejor definición de la naturaleza y significado del vino esté dada por el más antiguo y conocido de los libros: la Biblia. Este libro, divino para muchos, se refiere al vino como "el fruto de la vid y el trabajo del hombre", destacando así la relación esencial que debe existir entre lo que la naturaleza regala y lo que el hombre debe conquistar con su propio esfuerzo. Esta idea nos ha hecho identificar desde hace muchos años a Chile como "la tierra del vino".

Nuestra condición de "tierra del vino" es evidente desde el comienzo de la cadena productiva, pues disponemos de condiciones naturales inmejorables para el cultivo de la vid. En Chile no es difícil encontrar sectores donde las condiciones de clima y suelos sean óptimas para lograr la meta final que todo vitivinicultor busca: la máxima excelencia en la calidad de la uva que se expresará en el vino originado a partir de ella.

La vid, parra o cepa es una liana rastrera y trepadora que da un fruto llamado uva. Desde el punto de vista botánico, pertenece a la familia de las vitáceas y está clasificada como "vitis vinifera". Aparentemente se habría originado en Asia Menor y prospera con buen éxito en climas templados -también llamados mediterráneos-, pero no en cualquier otro clima. En los tropicales,

Perhaps the best definition of the nature and meaning of wine is the one given by the oldest of all books: The Bible. This book, considered divinely-inspired by much of the human race, refers to wine as "the fruit of the vine and the work of man", highlighting the essential relationship that should exsist between what nature gives away and what man has to achieve through much effort. Based on this idea we refer, since long ago, to Chile as "the land of wine".

Chile's condition of "land of wine" is evident from the very beginning of the production chain, because of the excellent characteristics for vine growing. In Chile it is easy to find sectors where soil and weather conditions are ideal for reaching the final goal that every viticulturist wishes to achieve: maximum excellence in the quality of the grapes, expressed in the wine that will be obtained from them.

The vine, grape vine or vine-stock is a creeping, climbing liana that produces the fruit called grape. From a botanical point of view, it belongs to the Vitaceae family and to the species of "Vitis vinifera". Apparently, it originated in Asia Minor and it flourishes succesfully in temperate climates -also called Mediterranean- but not in just any other climate. It can grow in the tropics for example, but does not yield fruit in the quantity and quality required for making good wine.

Viña Carmen, Alto Jahuel, valle del Maipo. Primavera 2001.
Viña Carmen, Alto Jahuel, Maipo Valley. Spring 2001.

TIERRA DEL VINO
THE LAND OF WINE

Rodrigo Alvarado
Philippo Pszczółkowski

Baron Philippe de Rothschild, S.A.

La Baronesa Philippine de Rothschild es la presidenta de Baron Philippe de Rothschild S.A., reconocida viña francesa que, en sociedad con Concha y Toro, fundaron Viña Almaviva el año 1997. Su liderazgo y dedicación han llevado a Almaviva a ser el primer vino chileno con categoría de *Grand Cru*, vendido a través de los *Negociants* de Bordeaux. La producción de Almaviva proviene íntegramente de 40 hectáreas en su *terroir* en Puente Alto, valle del Maipo. La producción de vino es limitada para mantener constante su excepcional calidad.

¿Por qué Chile?

Tanto mi equipo como yo estamos convencidos, desde hace bastante tiempo, que Chile tiene mucho más que ofrecer que solamente volumen. Sus excepcionales características climáticas, unidas a excelentes condiciones de suelo, hacen de Puente Alto un lugar perfecto para el cultivo del Cabernet Sauvignon. En Bordeaux llamamos a eso *terroir*. Desde un principio consideramos combinar nuestro extenso conocimiento en la producción y comercialización de vinos finos con la experiencia local de alguna familia de larga tradición en la industria vitícola chilena, con el objetivo de producir un *Grand vin d'assemblage*, en otras palabras, una mezcla de distintas cepas viníferas, en la más pura tradición de los *Grands Crus* de Bordeaux.

El resultado de nuestros esfuerzos

Viña Almaviva, el primer *Grand vin d'assemblage* en Chile, involucra procesos específicos en el cultivo de la vid, que pueden ser descritos como una reducción constante de la producción de las vides para lograr maximizar la calidad de las uvas y, por lo tanto, de los vinos. Esto significa aplicar estrictamente el concepto del *Château* de Bordeaux en Chile; en otras palabras, un viñedo y un vino producido y embotellado en cantidades limitadas, en su exclusiva bodega. Como reflejo de su aceptación internacional, Almaviva se vende actualmente en unos 80 mercados alrededor del mundo sin acuerdos de exclusividad. Para comercializar su vino, Viña Almaviva decidió distribuirlo a través de los *Negociants* de Bordeaux, siendo una *première* para un vino chileno y también para los de Bordeaux.

Philippine de Rothschild

Baroness Philippine de Rothschild is the president of Baron Philippe de Rothschild S.A., the famous French winery which founded Viña Almaviva in 1997, in association with Concha y Toro. Her leadership and dedication have made Almaviva the first Chilean wine to attain the category of "Grand Cru", marketed through Negociants of Bordeaux. The production of Almaviva comes entirely from 40 hectares of its terroir in Puente Alto, in the Maipo Valley. The amount of wine produced is limited to ensure that its exceptional quality remains constant.

Why Chile?

Both my team and I have long been convinced that Chile has far more to offer than mere volume. Its exceptional climatic characteristics coupled with excellent soil conditions make Puente Alto a perfect place for growing Cabernet Sauvignon. In Bordeaux we call that "terroir". From the very beginning, we thought in terms of combining our wide knowledge in producing and marketing fine wines with the local experience of a family with a long tradition in the Chilean vine-growing industry, with the aim of producing a "Grand vin d'assemblage", in other words a blend of different grape varieties in the purest tradition of the Bordeaux Grands Crus.

The result of our efforts

Viña Almaviva, the first "Grand vin d'assemblage" in Chile, involves specific processes in the cultivation of the vine. That might be described as a constant reduction of the yield of the vines, in order to maximize the quality of the grapes, and consequently, of the wines. This means strict application of the Bordeaux Château concept in Chile, in other words: one vineyard and one wine, produced and bottled in limited quantities in its exclusive winery. Almaviva is sold today in about 80 markets around the world, on a non-exclusive basis, a reflection of its acceptance at international level. To market its wine, Viña Almaviva decided to distribute through wine merchants in Bordeaux, which was a "first" for a Chilean wine and also for the Bordeaux wine merchants.

Philippine de Rothschild

En 1995 se unen dos familias con larga tradición en la producción de vinos finos; la de Robert G. Mondavi y la de Eduardo Chadwick. De esta alianza entre Robert Mondavi Winery y Viña Errázuriz nace Seña, el primer vino ultra premium de Chile. Robert Mondavi fue quien lideró la verdadera revolución de calidad que se produjo en la década de los '70 en el valle de Napa en California y es actualmente uno de los productores de vinos más grandes del mundo. Seña es producido en cantidades limitadas, para garantizar su calidad, con uvas provenientes de las 60 hectáreas de su *terroir* ubicado en el valle del Aconcagua.

¿Por qué Chile?

Durante su primera visita a Chile en 1985, Robert G. Mondavi se dio cuenta del gran potencial que había en este país para producir vinos finos. Su hijo, Timothy J. Mondavi, comenta que en Chile los diversos tipos de suelos, la compleja topografía y un clima fresco debido a la cercanía del mar presentaban muchas semejanzas positivas con California. Seis años después la familia de Robert Mondavi conoció a Eduardo Chadwick. La empresa proyectada a partir de esta unión buscaba aprovechar las habilidades y experiencias vitivinícolas de ambas familias para crear vinos elegantes y de calidad superior, con un estilo y un carácter distintivos que llevarían a los vinos chilenos a la altura de los mejores del mundo.

El resultado de nuestros esfuerzos

Creemos que Seña captura fielmente la esencia del *terroir* de Chile y representa un hito de lo mejor que este país puede ofrecer. Nuestra meta con Seña ha sido nada menos que conducir a Chile a un nuevo y bien merecido nivel de reconocimiento internacional, y creemos que hemos progresado mucho en ese sentido. Desde su introducción en los Estados Unidos en enero de 1998, Seña ha marchado a la vanguardia de una nueva generación de vinos tintos de mesa chilenos que han empezado a conocerse como los "Superchilenos". Seña se encuentra ampliamente distribuido en licorerías y en elegantes hoteles y restaurantes en los Estados Unidos, y ha crecido significativamente en el ámbito mundial desde su introducción hace tres años.

Familia de Robert Mondavi

In 1995 two families got together, those of Robert G. Mondavi and Eduardo Chadwick, both with a long tradition in fine wine production. The result of this alliance between Robert Mondavi Winery and Viña Errázuriz was Seña, Chile's first ultra premium wine. Robert Mondavi was the leader in the great quality revolution that took place in the 1970s in the Napa Valley in California, and is currently one of the largest wine-producers in the world. Seña is produced in limited quantities, in order to guarantee its quality, with grapes from the 60 hectars of their terroir in the Aconcagua Valley.

Why Chile?

During his first visit to Chile in 1985, Robert G. Mondavi realized this country's great potential for producing fine wines. His son, Timothy J. Mondavi, comments that in Chile the diversity of soil types, complex topography and cool climate due to the proximity of the sea, made it similar in many positive respects to California. Six years later, Robert Mondavi's family met Eduardo Chadwick. The company which was planned as a result of that encounter aimed to make the most of the winemaking skills and experiences of both families to create elegant wines of superior quality, with a distinctive style and character which would raise Chilean wines to the heights of the best in the world.

The results of our efforts

We believe that Seña faithfully captures the essence of the Chilean terroir and represents a landmark of the best that this country has to offer. Our goal with Seña has been to raise Chile to a new and well-deserved level of international recognition, no less, and we believe that we have made good progress in that direction. Since its introduction into the United States in January 1998, Seña has been in the forefront of a new generation of Chilean red table wines, which have begun to be known as the "Superchileans". Seña has a wide distribution in elegant restaurants, hotels and wine-stores in the United States, and has grown significantly worldwide since it was introduced just three years ago.

Robert Mondavi Family

de laderas con variadas exposiciones al sol.
- Prácticamente ninguna lluvia en otoño, lo que posibilita vendimiar cuando la maduración de la uva es óptima.
- Existencia de plantas de vides importadas desde Burdeos a mediados del siglo XIX, antes de la crisis de la filoxera. Las cepas Cabernet, Merlot y Sauvignon Blanc provenientes de estas cepas originarias ya han mostrado su valor.

La viña de Apalta, en el valle de Colchagua, reúne todas estas características además de vides muy antiguas, un sol escaso y rendimientos naturalmente bajos, lo que no siempre se encuentra en Chile. Ese fue un argumento decisivo a la hora de invertir. Descubrimos este lugar gracias a los Rabat, familia chilena muy bien establecida en esta región y con un estilo similar al nuestro, por lo que nos pareció el socio ideal para supervisar las operaciones locales. Esto nos llevó a asociarnos conservando el control de la empresa, y Casa Lapostolle comenzó su primera vendimia en marzo de 1994.

El resultado de nuestros esfuerzos

Casa Lapostolle actualmente exporta sus vinos a más de 26 países, destacándose por su excelente calidad y consistencia a través de los años.

Los Cuvée Alexandre Chardonnay, Merlot y Cabernet Sauvignon, han conquistado los paladares de los amantes del vino en el mundo entero. Estos tres cuvées reflejan la elegancia, toda la armonía, pero también la originalidad y el carácter que puede resultar de encuentros exitosos: suelos chilenos cuidadosamente elegidos, cepas finas bien adaptadas, y un conocimiento heredado de la tradición francesa en el arte de hacer vinos. Es por esto que la revista Británica *Harpers* destacó el Chardonnay Cuvée Alexandre de Casa Lapostolle como uno de los 20 mejores Chardonnay del mundo en el año 2001. Por su parte, el Merlot Cuvée Alexandre ha sido reconocido, año tras año, como uno de los mejores Merlot de Chile, siendo incluido en varias oportunidades dentro de la lista de los 100 mejores vinos del mundo, publicada por la revista *Wine Spectator*.

Nuestro Clos Apalta, un *Gran Cru* chileno nacido en 1997, ilustra el progresivo desarrollo de Casa Lapostolle, el que se encamina lentamente hacia la obtención de una mayor especificidad, mayores variaciones y una personalidad más fuerte dentro de la calidad excepcional que se puede lograr de las uvas provenientes del valle de Apalta. El destacado periodista especializado estadounidense Robert Parker lo calificó con un "93".

Tanao, nuestro último logro en la búsqueda de vinos diferentes, es fruto de ensamblajes de una selección de viñas de 10 años, que le otorgan carácter y una interesante complejidad.

Alexandra Marnier Lapostolle

- *Almost no autumn rain, making it possible to harvest when the grapes are at their best.*
- *The existence of vine plants imported from Bordeaux in the mid 19th century, before the Phylloxera crisis. The Cabernet, Merlot and Sauvignon Blanc grape varieties descended from these original stocks have already proved their worth.*

The Apalta Vineyard, in the Colchagua Valley, has all these characteristics, plus very old vines, little sunshine and naturally low yields, a situation not always found in Chile. That was a decisive argument when investment time arrived. We discovered this place thanks to the Rabats, a Chilean family long established in this region and with a style very like our own. Because of this they seemed the ideal partner to supervise local operations. This encouraged us to enter into partnership, while keeping the majority shareholding in the company, and Casa Lapostolle began its first vintage in 1994.

The result of our efforts

At present, Casa Lapostolle exports its wines to 26 countries, where it has been recognized for its excellent and consistent quality over the years.

The Cuvée Alexandre Chardonnay, Merlot and Cabernet Sauvignon have conquered many wine-loving palates all over the world. These three cuvées reflect all the elegance, all the harmony, but also the originality and character that can result from successful encounters: carefully chosen Chilean soils, well-adapted fine grape varieties, and an inherited knowledge of the French tradition in the art of wine-making. This is how Harpers, the British magazine, came to choose the Cuvée Alexandre Chardonnay as one of the 20 best Chardonnay in the world for the year 2001. Meanwhile, Cuvée Alexandre Merlot has been recognized year after year as one of Chile's best Merlot wines, and has been included on several occasions on the list published by Wine Spectator magazine, containing the 100 best wines in the world.

Our Clos Apalta, a Chilean "Grand Cru" born in 1997, is a good illustration of the progressive development of Casa Lapostolle, which is slowly moving towards greater specificity, greater variations and stronger personality, within the exceptional quality that can be achieved from the Apalta Valley grapes. This wine was rated at "93" by distinguished American wine journalist Robert Parker.

Tanao, our latest achievement in the search for different wines, is the result of "assemblages" from a selection of 10-year-old vines, which give it character and an interesting complexity.

Alexandra Marnier Lapostolle

El resultado de nuestros esfuerzos

Al igual que la tierra, los frutos que hemos empezado a cosechar anticipan resultados que recién estamos en condiciones de vislumbrar. Nuestros enfoques en los aspectos vitícolas ya están bien asentados, y la calidad de los vinos ha mejorado con cada cosecha, lo que ha llamado la atención de mercados tan exigentes como el de Estados Unidos.

La revista *Wine & Spirits* nombró a Calina "Viña Internacional del Año" en noviembre del 2000. Los vinos de Calina han sido premiados por los jueces con medallas de oro en competencias en Chile y en los Estados Unidos, lo que nos llena de orgullo. La expresión que se aplica con frecuencia a nuestros vinos es "Un Valor Excelente", aunque ellos sobresalen por sí mismos basados en sus propios logros.

Tenemos fe en lo que Chile promete, y por eso hemos invertido en nuestras bodegas y viñas. El nombre Calina, que evoca la "niebla matutina" que se suele ver en las viñas, es una imagen que me produce placer. Es elegante y evocadora, igual que nuestros vinos.

Jess Jackson

The results of our efforts

Like the land itself, the fruits that we have begun to harvest are a foretaste of results that we are only just beginning to glimpse. As far as the vine-growing aspects are concerned, our approaches are well-consolidated, and the quality of the wines has improved with each vintage, attracting the attention of markets as demanding as the United States.

The magazine Wine & Spirits designated Calina "International Winery of the Year" in November 2000. Calina wines have received gold medals from judges in contests in Chile and in the United States, which makes us very proud. The expression often applied to our wines is "Excellent Value", though they excel in their own right, on the basis of their own achievements.

We have faith in Chile's promise, which is why we have invested in our wineries and vineyards. The name "Calina", which evokes the "morning mist" so commonly seen in the vineyards, is an image which pleases me. It is both elegant and evocative, like our wines.

Jess Jackson

Desde 1827 la familia Marnier Lapostolle está dedicada a la producción de licores finos, destacando entre ellos el famoso Grand Marnier. Fue Alexandra Marnier Lapostolle, representante de la sexta generación de la familia, quien decidió crear Casa Lapostolle en sociedad con la familia chilena Rabat, para producir una variedad de vinos de excelencia en Sudamérica. Casa Lapostolle tiene su bodega principal en Cunaco, valle de Colchagua y produce un total de 160.000 cajas de vinos con uvas provenientes de 320 hectáreas de viñedos en los valles de Colchagua y Casablanca.

The Marnier Lapostolle family has been dedicated to producing fine liqueurs since 1827, outstanding among them being the famous Grand Marnier. It was Alexandra Marnier Lapostolle, a member of the sixth generation of the family, who decided to create Casa Lapostolle to produce a range of excellent wines in South America. Casa Lapostolle has its main winery in Cunaco, in the Colchagua Valley and produces a total of 160,000 cases of wines, made from grapes grown on 320 hectares of vineyards in the Colchagua and Casablanca valleys.

¿Por qué Chile?

En el valle de Colchagua, Chile, hemos encontrado una zona vitivinícola que corresponde a lo que buscábamos: un gran *terroir*.

En efecto, esta zona ofrece:
- Un clima seco, casi sin plagas y, sobre todo, sin filoxera.
- Días cálidos, pero noches frescas, que permiten una apropiada maduración de la uva.
- Relieve montañoso, lo que genera numerosas posibilidades

Why Chile?

In the Colchagua Valley, in Chile, we found a wine-producing area that was exactly what we were looking for: a great terroir.

In fact, this area offers:
- *A dry climate, almost pest-free, and above all, with no Phylloxera*
- *Hot days, but cool nights, which allow the grape to ripen appropriately.*
- *Mountainous terrain, giving numerous possibilities of slopes with differing amounts of exposure to the sun.*

El resultado de nuestros esfuerzos

Considerando nuestra reputación como productores de vinos de gran calidad en Burdeos, nuestro objetivo desde un principio fue producir un vino capaz de posicionarse en un lugar muy superior a los que tradicionalmente se habían producido en Chile. Desde la primera cosecha en el año 1995, las vides y la calidad de sus frutos han experimentado un progreso constante, satisfaciendo hoy plenamente nuestras expectativas. Los vinos que hacemos en Chile tienen mucho éxito en Alemania, Inglaterra y Japón, y creemos que próximamente estaremos en condiciones de producir vinos que podrán considerarse entre los mejores del mundo.

Bruno Prats

The result of our efforts

In view of our reputation as producers of very high-ranking wines in Bordeaux, our aim from the beginning was to produce a wine capable of being placed in a far higher category than those produced traditionally in Chile. Since the first harvest in 1995, the vines and the quality of their fruit have progressed steadily, and today they fully meet our expectations. The wines that we make in Chile have been very successful in Germany, England and Japan, and we believe that we shall shortly be in a position to produce wines capable of being considered among the greatest in the world.

Bruno Prats

KENDALL-JACKSON WINE ESTATES COLLECTION

El empresario norteamericano Jess Jackson es dueño de la exitosa viña californiana Kendall-Jackson. En 1993 decidió fundar Las Viñas de la Calina, construyendo la bodega de vinificación a 15 kilómetros de la ciudad de Talca, valle del Maule. Hoy en día, Calina produce 90.000 cajas de vino, con uvas provenientes de los valles de Casablanca en el norte hasta el Itata en el sur, y cuenta con 168 hectáreas propias de viñedos en los valles del Maule e Itata.

North American entrepreneur, Jess Jackson, is the owner of the successful Californian winery, Kendall-Jackson. In 1993 he decided to found Las Viñas de la Calina, building the winery 15 kilometers from the city of Talca in the Maule Valley. Today, Calina produces 90,000 cases of wine, with grapes from valleys ranging from the Casablanca Valley in the north to the Itata Valley in the south, and has 168 hectares of vineyards of its own in the Maule and the Itata valleys.

¿Por qué Chile?

Con frecuencia he dicho que Chile me recuerda a California cabeza abajo. Pero también me sugirió un gran potencial para desarrollar vinos de clase mundial que se ajustaran al perfil de calidad que siempre hemos buscado.

El clima, desde luego, y también gran parte del suelo se asemejan mucho a los de California, lo que es una característica clave del potencial de cualquier vino. Desde que empezamos a pensar seriamente en Chile, nos dimos cuenta de que una buena parte de la tierra más propicia para el desarrollo de viñas no había sido explotada, descubriendo el enorme potencial que brindaban zonas como las cadenas montañosas de la costa.

Para Kendall-Jackson, unir su conocimiento de vinificación al clima y los suelos de Chile, combinándolo además con la experiencia de quienes han nacido en esta tierra, constituye una promesa de calidad.

Why Chile?

I have often said that Chile reminds me of California upside down, but it also suggested to me its great potential for developing world-class wines in accordance with the quality profile that we have always looked for.

The climate, of course, is similar to that of California and much of the soil bears a strong resemblance too, which is a key characteristic in the potential of any wine. Since we started thinking seriously about Chile, we realized that a lot of the most suitable land for developing vineyards had not been exploited, discovering the enormous potential offered by areas like the mountain chains along the coast.

For Kendall-Jackson, putting its own knowledge of vinification together with the climate and soils of Chile, plus the experience of those born in this country, adds up to a promise of quality.

PAUL BRUNO

Paul Pontallier y Bruno Prats son destacados enólogos franceses, que -junto al chileno Felipe de Solminihac- fundaron Viña Aquitania en 1990. Como equipo han concentrado sus esfuerzos para desarrollar un vino de alta calidad, como los que Paul Pontallier y Bruno Prats habían ya producido en las viñas francesas Château Margaux y Château Cos d'Estournel. Actualmente Viña Aquitania produce 13.000 cajas de vino que provienen íntegramente de las 25 hectáreas de su *terroir* ubicado a los pies de la cordillera de los Andes, en la quebrada de Macul, valle del Maipo.

¿Por qué Chile?

A nosotros, científicos de las viñas y del vino, Chile nos ha seducido ante todo por sus condiciones naturales:

- Gran abundancia de sol, lo que permite una buena maduración de la uva.
- Ausencia de lluvias durante la vendimia.
- Abundante agua para riego.

La presencia de estos tres factores permite obtener fácilmente vinos de buena calidad, pero la conjunción de éstos con una gran diferencia térmica entre el día y la noche, y la ausencia de temperaturas demasiado altas durante el período de maduración, permiten obtener vinos finos difíciles de producir en otras regiones de climas templados del mundo.

También consideramos elementos de naturaleza más operativa y económica:

- Ausencia de parásitos, lo que permite producir vinos orgánicos.
- La situación del Hemisferio Sur, que nos permite estar presentes durante las vendimias, por realizarse en un período diferente al de la vendimia en Europa.
- Bajo costo de la mano de obra.
- Presencia de proveedores especializados en insumos para hacer vinos y laboratorios de investigación competentes.

Además, la existencia de una larga tradición de producción de vinos de calidad a partir de cepas bordolesas fue muy estimulante.

Paul Pontailler and Bruno Prats are distinguished French enologists who founded Viña Aquitania in 1990, in conjunction with Chilean Felipe de Solminihac. As a team they have concentrated on developing a wine of high quality, on a par with those already produced by Paul Pontailler and Bruno Prats in the French wineries Château Margaux and Château Cos d'Estournel. At present, Viña Aquitania is producing 13,000 cases of wine, from grapes grown entirely on the 25 hectares of their terroir at the foot of the Andes, in the Quebrada de Macul in the Maipo Valley.

Why Chile?

As scientists of vineyards and wines, Chile's greatest attraction for us lies in its natural conditions:

- *Outstanding amounts of sunshine, allowing a full ripening of the grape.*
- *Absence of rainfall during the harvesting period.*
- *Abundant water for irrigation.*

The presence of these three factors makes it easy to obtain good-quality wines, but adding to these a wide thermal fluctuation between day and night, and the absence of excessively high temperatures during the ripening period, makes it possible to obtain fine wines that are difficult to produce in other regions of the world with temperate climates.

We also took factors of a more operational and economic nature into consideration:

- *The lack of parasites, which allows organic wines to be produced.*
- *The location in the Southern Hemisphere, which allows us to be present during the vintages, since they do not coincide with the vintage in Europe.*
- *Low labour costs.*
- *The presence of suppliers specializing in wine-making consumables, and competent research laboratories.*

In addition, the existence of a long tradition of high-quality wine production using grape varieties from Bordeaux was very stimulating.

MIGUEL TORRES
Chile

El empresario vitivinícola español Miguel Torres fue el primer inversionista extranjero en producir vinos finos en Chile. En 1979 compró un antiguo viñedo ubicado en el valle de Curicó y comenzó de inmediato a modernizar la viña con los últimos equipos disponibles en aquella época. Su enfoque de producción fue la detonante que llevó a una modernización generalizada en la industria vitivinícola chilena durante la década de los '80, y una de las causas de que en Chile se produzcan hoy en día vinos de excelencia. La producción de Miguel Torres alcanza las 218.000 cajas, provenientes de 580 hectáreas de viñedos ubicadas en el valle de Curicó.

¿Por qué Chile?

Nuestro interés nació cuando nos dimos cuenta de que el valle central de Chile era un paraíso para el desarrollo de plantaciones de viñedos y la obtención de vinos de gran calidad, especialmente debido a las condiciones que ofrece su clima, sus terrenos y la existencia de una antigua tradición vinícola. Estos factores de calidad son una base sólida para el cultivo de la viña y la elaboración de excelentes vinos, constituyendo una situación estratégica para la exportación de este producto al resto del continente americano.

El resultado de nuestros esfuerzos

Nuestros vinos chilenos son muy bien aceptados tanto en el mercado español como en el mundial, por ser vinos de alta calidad que poseen un carácter y una tipificación muy especial, que los distingue de los vinos de otros países.

Dentro de los mercados de exportación que mejor han acogido los vinos Miguel Torres Chile están Suecia, España, Reino Unido, Canadá, México, Dinamarca e Irlanda. También estamos empezando a exportar a nuevos mercados como Rusia, Estonia, Taiwán y Emiratos Árabes. En total, se exporta a más de 70 países.

Miguel Torres

The Spanish wine-producing entrepreneur, Miguel Torres, was the first foreign investor to produce fine wines in Chile. In 1979 he bought an old vineyard in the Curicó Valley and immediately began to modernize the winery with the latest equipment available at that time. His production approach was the catalyst that sparked off a generalized modernization of the Chilean wine-production industry in the 1980s, and one of the reasons why Chile today is producing wines of real excellence. Miguel Torres' production amounts to 218,000 cases, originating from 580 hectares of vineyards located in the Curicó Valley.

Why Chile?

Our interest was first aroused when we realized that Chile's Central Valley is a natural paradise for developing vineyard plantations and obtaining high-quality wines, due particularly to its climatic conditions, its land and the existence of a long-established wine-making tradition. These quality factors are a good basis for the cultivation of vines and the preparation of excellent wines, constituting a strategic position for exporting the product to the rest of the American continent.

The result of our efforts

Our Chilean wines are widely accepted, both in the Spanish and world markets, due to their high quality, character and a very special typification that makes them distinctive when compared with wines from other countries.

Among the export markets in which wines from Miguel Torres Chile have been most warmly welcomed are Sweden, Spain, the United Kingdom, Canada, Mexico, Denmark and Ireland. We are also starting to export to new markets including Russia, Estonia, Taiwan and the Arab Emirates. Summing up, our wines are exported to over 70 countries.

Miguel Torres

por ejemplo, puede crecer, pero no da frutos en la cantidad y calidad requeridos para obtener buen vino.

En términos generales, se puede afirmar que para que la vid prospere se requieren ciertas condiciones medioambientales muy definidas, a las que me referiré a continuación brevemente.

El medio ambiente está definido básicamente por dos factores: el suelo y el clima. El suelo, aunque muy importante, en cierta manera es manejable por el hombre, por medio de riegos o drenajes, abonos y enmiendas, y otras labores especiales. Completamente distinto es el caso del clima, ya que no es posible alterarlo pues está determinado por la naturaleza. Frente a vientos intensos, heladas primaverales, lluvias torrenciales en verano, o respecto del granizo (fenómeno muy poco frecuente en Chile), caben medidas muy secundarias, que no alcanzan a ser más que simples paliativos.

Las distintas variedades de vides que se cultivan responden en forma diferente a la temperatura ambiente. Durante la fase activa de la planta, desde que brota en primavera hasta la caída de las hojas en otoño, la suma calórica de horas con temperaturas de entre 20º y 32ºC, define el desarrollo y comportamiento de las plantas.

In general terms, we can say that vines need certain well-defined environmental or, more exactly, ecological conditions in order to prosper, which we will briefly discuss below.

The environment is basically defined by two main factors: soil and climate. The soil, important though it is, can be managed by man to a certain extent through irrigation and drainage, fertilizers and supplements, and other special processes. The climate is a completely different matter, since it is impossible to influence it because it is defined by nature. In the face of strong winds, spring frosts, torrential rain in summer or hail (a phenomenon that occurs very rarely in Chile), only very secondary measures can be applied, which can do no more than palliate their effects.

The different cultivated varieties of vine do not respond in the same way to environmental temperatures. During the plant's active phase, from the time the shoots appear in spring to the fall of leaves in autumn, the total number of hours with temperatures between 68º and 90ºF defines the development and behavior of the plants. However, they all need to have environmental temperatures that are absolutely frost-free once the green shoots have started to appear, that is in spring and, of course, in summer.

Una característica común entre la diversas variedades es que ninguna sobreviviría a la temperatura ambiental creada por las heladas, especialmente en primavera y verano, cuando ha comenzado la aparición de los tejidos verdes. Además, también todas requieren de inviernos definidos, que sumen una cantidad suficiente de días fríos (horas con temperaturas de entre –10º y 5ºC) durante la fase de dormancia, permitiendo así el letargo que necesitan las plantas durante esta estación.

Finalmente, durante el período de maduración del racimo, para obtener uvas de primera calidad, resulta muy positivo que se registren altas variaciones térmicas entre el día y la noche (ojalá 20ºC), como ocurre en casi todas las regiones vitivinícolas de Chile.

Los párrafos anteriores describen algunos de los factores técnicos que deben tenerse en cuenta en el cultivo de la vid; algunos son difíciles de obtener, pero hoy en día han llegado a determinarse con mayor precisión gracias a los avances de la tecnología. A pesar de eso, aún hay -y probablemente siempre habrá- factores para los que deberá recurrirse al instinto del buen viticultor.

Sobre la base de lo expuesto se podría pensar que, con respecto al clima, hay tantas alternativas como lugares existen, o son posibles de diferenciar, y que por supuesto ofrecen condiciones aptas para el cultivo de la vid. Sin embargo, es preciso tener presente que existen pautas climáticas básicas y medio ambientes comunes que pueden regir amplias regiones o incluso países enteros, otorgando un sello característico a los vinos que allí se obtienen, por lo menos en sus aspectos generales.

Dado lo anterior, se ha realizado una definición y esquematización de ciertos climas aceptada a nivel mundial, que ha dado lugar al sistema de "Denominaciones de Origen". Es decir, la tecnología ha tenido que someterse a las disposiciones de la naturaleza, pero ha sido el hombre quien ha identificado las cepas más adecuadas para el clima de cada lugar del mundo. Sólo después de que el hombre le ha "indicado" a la vid el camino a seguir para entregar frutos de la mejor calidad posible, la tierra producirá las mejores uvas que se puedan lograr con ellas.

El régimen de las denominación de origen protege los derechos de los distintos tipos de vino que se producen en determinadas zonas del mundo. Los más famosos ejemplos de ello son los vinos provenientes de Champagne, Barsac, Oporto y Jerez, que sólo pueden llevar el nombre que define su tipo si sus uvas provienen de la zona geográfica determinada y si los métodos utilizados en la vinicultura, vinificación y elaboración son los apropiados.

Besides, they all require well-defined winters, which should have enough cold days (hours with temperatures between 14 and 41ºF) during the dormant phase to provide the plants the rest they need during that season.

Finally, to obtain first quality grapes it is a great advantage to have wide temperature differences between day and night (preferably around 68ºF) during the period when the cluster is ripening, which is what happens in almost all the wine-producing regions of Chile.

The above paragraphs describe some of the technical factors that should be taken into consideration in vine growing; some of them are difficult to determine but nowadays they may be obtained with further precision due to technological improvements. Nevertheless, there still are -and will probably always be- factors for which it will be necessary to rely on the winemaker's good instinct.

Based on the above, one might think that, regarding to the weather, there are as many alternatives as there are locations that are definable, or which can be differentiated from one another, and which of course offer suitable conditions for the cultivation of grapevines. However, it should be borne in mind that there are basic climatic guidelines, or a common environment, that can determine wide regions or even whole countries, and give the wines they obtain a characteristic seal, at least in their general aspects.

Based on this, everywhere in the world certain climates have been defined within specific schemes, what has given rise to the "Appellation of Origin" classification system. In other words, technology had to give way to the dictates of nature, but man has been the one who has gone throught the trouble of finding the most appropriate varieties for the prevailing climate in each suitable place in the world. Only after the proper treatment, nature produces the best wines.

The "Appellation of Origin" system protects the various types of wine that are produced around the world. Some of the most famous examples are the wines coming from Champagne, Barsac, Oporto and Jerez, which are only allowed to carry the name that defines their type if their grapes come from the specified geographical area, and if the wine-growing, vinification and processing methods used are the appropriate ones.

In Chile, the appellation system for wines requires mainly that they should be made from certain varieties of grape and that their origin corresponds to that of the viticultural regions specified. Other requirements refer to the vintage year, the place of bottling, and the wine blends, if any, that are included.

En Chile el régimen de denominación de origen para vinos requiere, principalmente, que éstos sean elaborados con determinadas variedades de uva y que su origen sea efectivamente el de las regiones vitícolas definidas. Otros requerimientos se refieren al año de cosecha, lugar de envasado y las mezclas de vinos que lo componen, si las hay.

Clima de Chile Central, factor de calidad

Chile, tan frecuentemente asociado a una "angosta faja de tierra", o a un "cordón de zapato" en las regiones vitivinícolas ubicadas entre los paralelos 33º a 37º de latitud sur (salvo excepciones más adelante individualizadas), es un territorio que se ha definido desde hace ya mucho tiempo como la "Tierra del Vino".

Por el oeste lo baña el océano Pacífico, enfriado por la corriente de Humboldt, originada en el Polo Sur, que determina la existencia de aguas gélidas que moderan la temperatura de todo nuestro país vitivinícola central y demás regiones no vitivinícolas del sur. Se trata de un país angosto "con vista al mar", a un mar muy helado que determina, en la zona central, lluvias poco frecuentes y concentradas en invierno, evitando la proliferación de enfermedades fungosas. De ahí que las

Vista hacia la cordillera de los Andes, Río Teno, valle de Curicó.
View of the Andes Mountains, Teno River, Curicó Valley.

The climate of Central Chile, a quality factor

Chile, frequently associated to a "narrow strip of land", or a "shoelace", located in the wine growing regions between latitudes 33º and 37º south (with a few exceptions, specified below), is a territory that was long ago defined as the "Land of Wine".

On the west it is bathed by the Pacific Ocean, cooled by the Humboldt Current that flows up from the South Pole with very cold water that moderates the temperature of the whole viticultural central zone of the country, in addition to the non-vine growing areas in the south. It is, therefore, a narrow country with a "view to the sea", a very cold sea, resulting in little rain in the central region, most of it concentrated in winter, thus preventing the spread of fungus diseases. For that reason, preventive or curative fumigations in Chilean vineyards are no more than three or four per year, compared to ten that are indispensable in other wine-producing countries.

This particular climate, which is not found in many other places, makes it possible for Chile to produce grapes of exceptional quality and, without any doubt, some of the world's most organic wines. The possibility of producing organic wines in Chile is a reality within easy reach. In fact, there have been successful experiments

Vista hacia el océano Pacífico desde la cordillera de los Andes, Río Bío Bío, región Sur.
View to the Pacific Ocean from the Andes, Bio Bio River, Southern Region.

fumigaciones de carácter preventivo o curativo en los viñedos chilenos no alcancen a más de tres a cuatro cada año, frente a diez que son indispensables en otros países vitivinícolas.

Estas características climáticas, que se pueden encontrar en muy pocos lugares, determinan que Chile pueda producir uvas de calidad excepcional y, sin duda, uno de los vinos más orgánicos del mundo. La posibilidad de producir vinos orgánicos en Chile es una realidad al alcance de la mano. De hecho, ya hay experiencias exitosas que han logrado el equilibrio entre la producción de un vino fino y el respeto y conservación del *terroir* donde se cultivan sus vides.

Por el este nos cubre una altísima cordillera, la de los Andes, que alcanza su máxima expresión frente a la ciudad de Santiago. Ella, además de ser hermosa, tiene la virtud de detener y luego drenar los aires refrigerantes que vienen desde el océano al oeste y provocan una caída térmica nocturna en primavera y especialmente en verano, a veces superior a 20ºC. Este hecho, en gran medida, encierra el principal secreto de la gran calidad de nuestros vinos: mientras en el día la temperatura alcanza niveles ligeramente superiores a los 30ºC, en la noche cae a cerca de 10ºC. Con ello, las vides que responden vigorosamente al impulso creador del intenso sol de la primavera y especialmente del verano, al atardecer quedan expuestas a un repentino descenso de la temperatura que les permite "descansar". Lo anterior determina que los compuestos bioquímicos que están destinados a darle color, aroma y sabor a la vid y futuro vino se concentren y condensen, por lo que se logran uvas de fragancias y colores (en las variedades tintas) realmente excepcionales. Ésta es una de las características que más impactan a los expertos que visitan los viñedos chilenos y califican nuestros vinos.

that have achieved a balance between producing a fine wine, and being respectful and preserving the terroir in which the vines are grown.

On the east we are protected by a towering mountain range, the Andes, whose highest peaks overlook the city of Santiago. In addition to their beauty, the mountains have the virtue of first stopping and then draining the cooling air coming from the ocean in the west, causing a substantial temperature drop at night in spring and specially in summer, sometimes more than 68ºF. Therein lies the basic secret of the great quality of our wines: while during the daytime the temperature reaches levels slightly higher than 86ºF, at night it drops down to only about 50ºF. In this way, the vines which respond vigorously to the creative impulse of the strong sun in spring and specially in summer, in the evening are suddenly exposed to a cold temperatures that allow them to "rest". This means that the biochemical compounds designed to give the grapes, and the future wine, their color, aroma and flavor concentrates and condenses, giving rise to really superlative grapes in terms of fragrance and color quality (in the red varieties). This is one of the most famous and outstanding characteristics that make a deep impression on experts who visit Chile's vineyards and evaluate its wines.

Nevertheless, the Andes range is not just a temperature regulating wall. Its presence is what allows the winter rains needed to produce a build-up of snow, lots of snow. This is indispensable for irrigation in spring and summer, when the thaw comes and the snow, much of it almost eternal, starts melting with the rise in temperature.

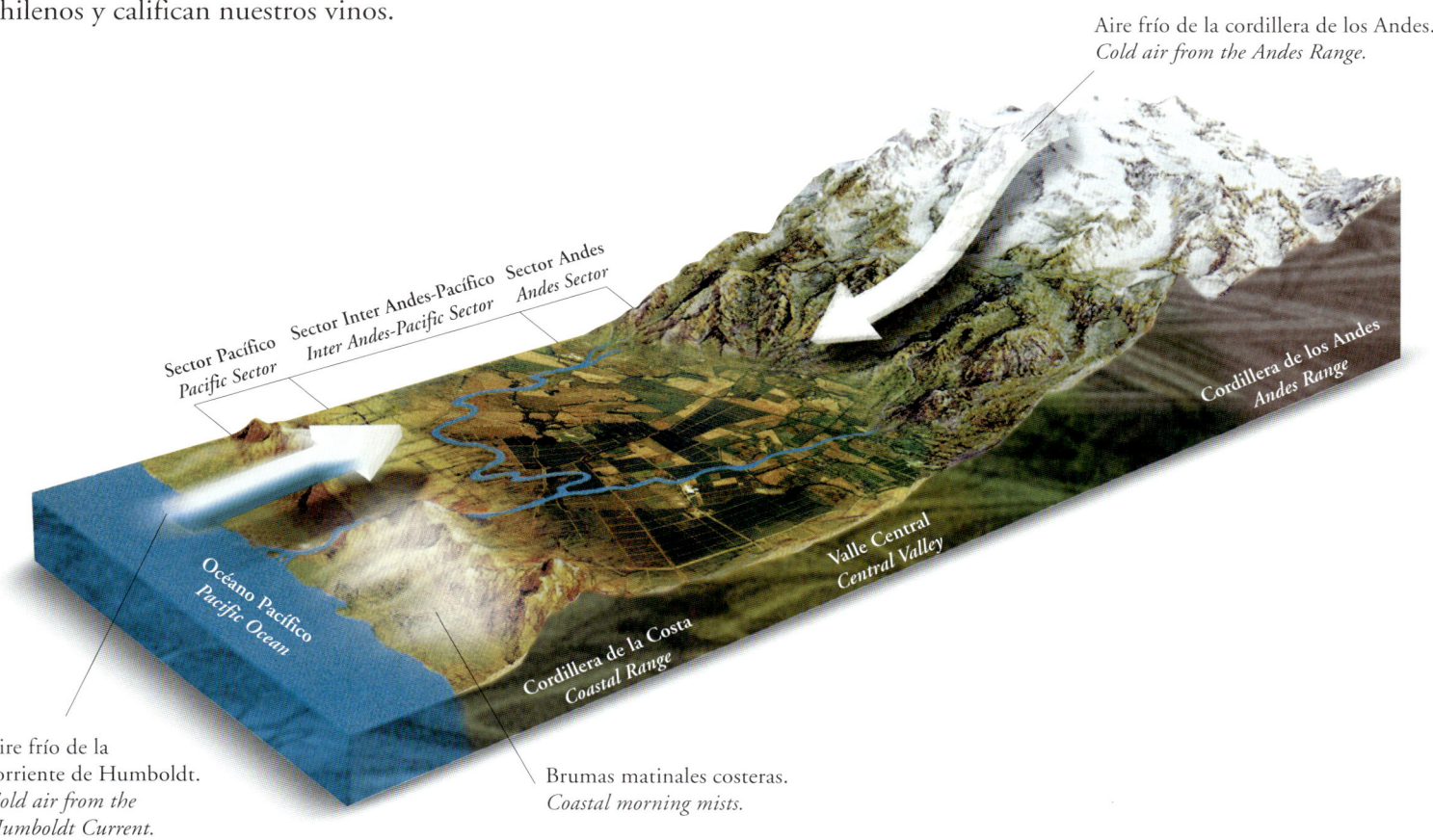

Aire frío de la cordillera de los Andes.
Cold air from the Andes Range.

Aire frío de la corriente de Humboldt.
Cold air from the Humboldt Current.

Brumas matinales costeras.
Coastal morning mists.

Sin embargo, la cordillera de los Andes no es sólo un "frontón" regulador de temperatura. Su presencia permite las necesarias lluvias de invierno que acumulan mucha nieve, indispensable para los riegos de primavera y verano. Éstos son posibles gracias a los deshielos que se registran cuando aumenta la temperatura en las estaciones señaladas y derrite la nieve, mucha de ella casi "eterna". Son fuentes de aprovisionamiento de agua que determinan, en muchos casos, la posibilidad de prescindir de embalses.

El riego artificial de las vides es casi siempre indispensable, pues la falta de lluvias en primavera y verano haría que el estrés hídrico fuera insoportable para ellas. Algunos, con criterio muy estrecho, han pretendido menoscabar la calidad de nuestra uva para vinos porque proviene de plantas regadas. Respondemos: felizmente "el trabajo del hombre" puede intervenir en esta función, primordial para el equilibrio de la planta ¿Por qué entregar al arbitrio climático la provisión de agua a las plantas, cuando el hombre puede tomar esta crucial decisión? En la actualidad, este argumento cobra mayor validez, como consecuencia del uso generalizado del riego tecnificado (o por goteo) que permite darle a cada planta el exacto aporte hídrico que necesita, y en el momento preciso. El riego tecnificado ha permitido, estos últimos años, usar suelos ubicados en laderas bien orientadas respecto a los rayos solares y más arriba de la cota de los canales, ya que por este medio se provee a las plantas de agua sin problema, y en dosis completamente controlables. Lo anterior ha permitido descubrir nuevos terruños que están dando y darán gloria al vino chileno.

Podemos concluir, entonces, que Chile Central es la "Tierra del Vino", ya que su clima está definido por:

a. Cuatro estaciones claramente definidas.

b. Niveles de temperatura adecuados y suficientes para el cultivo de la vid, y frío invernal para su necesario letargo.

c. Lluvias escasas en primavera y casi inexistentes en verano y otoño, lo que permite un nivel de sanidad vegetal tan alto, que casi no tiene parangón en el mundo.

d. Una gran amplitud térmica, que otorga el color y aroma a nuestros vinos envolviéndolos con cualidades y toques de excepcional fineza, además de originalidad y distinción.

e. Baja o nula incidencia de heladas en primavera.

De lo anterior se desprende que lo que hemos definido como "Tierra del Vino" es una sumatoria de infinitos terruños o *terroirs*, los que otorgan el carácter que define al vino chileno. En este punto de nuestro análisis es necesario hacer referencia a lo que se llama terruño.

It is a water supply that in many cases makes it possible to manage irrigation without using reservoirs.

Irrigation of the vines is nearly always necessary, because the lack of rain in spring and summer would make the hydric stress too big for the plants to resist. Some very narrow-minded people have tried to discredit the quality of our wine-making grapes because they come from artificially irrigated plants. Our reply to this is that, fortunately, "man's work" can intervene in this function, which is of prime importance for the plant's balance. Why leave the supply of water for the plants to the whim of the climate, when man can make this crucial decision? At present this argument is even more valid as a result of the widespread use of technified (or drop-by-drop) irrigation, which makes it possible to give each plant exactly the amount of water that it needs at the most appropriate time. This last years, technified irrigation has allowed the use of land on hillsides which are well-oriented to receive sunshine and above the level of the irrigation channels, because by this means the plants can be provided with water without any problem, in totally controlled amounts. This has led to the discovery of new terroirs which are bringing great honor to Chilean wine, and will continue to do so in the future.

Parras con riego por goteo en laderas de cerros en Apalta.
Vines with drop-by-drop irrigation on hillsides at Apalta.

We therefore conclude that Central Chile is the "Land of Wine" because its climate has:

a. Four clearly differentiated seasons.

b. Temperature levels which are adequate and sufficient for cultivating vines, and cold winters necessary for their dormancy.

c. Little rain in spring and almost none in summer and autumn, allowing such a positive level of plant health that there is almost nowhere in the world comparable to it.

d. A wide thermal range which gives our wines their color and aroma, enveloping them with exceptional qualities and refinement, and making them original and distinctive.

e. Low or nil incidence of frost in spring.

Therefore, what we have defined as the "Land of Wine" is the total sum of an infinite number of terroirs, which produce the character typical of Chilean wine. At this point in our analysis it becomes neccesary to refer specifically to what is known as a terroir.

Terruño o "Terroir"

Terruño, para los efectos de cultivar la vid, es un lugar muy específico y definido dentro de un viñedo, por lo general de reducida extensión. En él se conjuga una amplia gama de condiciones, de carácter medioambientales, positivas para el cultivo de la vid, como temperaturas diurnas y nocturnas, insolación adecuada, características aptas de suelo relativas a drenaje, fertilidad, relieve, altura respecto al nivel del mar, defensa frente a los vientos intensos y otra serie de condiciones naturales detectables y, por cierto, otras desconocidas.

Sin embargo, todo lo expuesto no basta: para que un terruño manifieste sus bondades es indispensable "el trabajo del hombre". Es él quien descubre por medios técnicos, o mediante su propia intuición, la existencia de un terruño adecuado y lo delimita; planta las cepas más indicadas, las riega, cultiva y cuida dentro de parámetros ideales; cosecha la uva en el momento preciso, la procesa y obtiene mosto que fermenta en perfectas condiciones, para obtener el mejor vino. Con igual esmero lo cría o elabora, envasa y envejece el tiempo necesario para obtener la máxima expresión de calidad.

For purposes of grapevine cultivation, terroir is a very specific and well-defined place within the vineyard, generally of small size. Here, a wide range of positive environmental conditions for grapevine cultivation converge, such as: daytime and night-time temperatures, adequate sunshine, appropriate soil characteristics regarding drainage, fertility, relief, height above sea level, defense against strong winds, and a series of other detectable natural conditions and, of course, others which are unknown.

However, this is not enough: if a terroir is to display all its goodness, "man's work" is indispensable. It is he who discovers the existence of an adequate terroir, either by technical means or intuition, and delimits it. He plants the most appropriate grape varieties, waters them, cultivates them and cares for them within ideal parameters. He harvests the grapes at the precise moment, processes them and obtains the must that ferments under perfect conditions to produce the finest wines. With equal care he nurtures or processes it, bottles it and ages it for the time needed to obtain the maximum expression of good quality.

Viña Montgras, cerro Ninquén, valle de Colchagua.
Viña MontGras, Ninquén Hill, Colchagua Valley.

Valle del Limarí
The Limarí Valley

Referirse a esta región es escaparse de todo lo expuesto hasta ahora, pues se trata, precisamente, de una excepción. El valle del Limarí es uno de los llamados valles transversales. En efecto, se encuentra entre el del Elqui por el norte y el del Choapa por el sur. El valle que aquí nos interesa es considerado un valle abierto, con topografía de planicies fluviales o terrazas. Es estrecho, y hacia la cordillera de los Andes se va encajonando, presentando laderas con pendientes muy abruptas como consecuencia de erosiones causadas por glaciares y agua.

Esta región es en realidad un pequeño enclave de producción para vinos dentro de un área geográfica, la IV Región del país, cuya dedicación vitícola se ha expresado en la producción de uvas destinadas a un destilado o aguardiente con Denominación de Origen, conocido como Pisco. En general se obtiene de uvas blancas aromáticas, de diferentes tipos de variedades de la familia de las Moscatel. Alcanzan una significativa superficie total cercana a las 10.000 hectáreas.

La producción de vinos finos en este valle es un "descubrimiento" reciente, iniciado en la década de los noventa. Actualmente presenta una superficie de 1.804 hectáreas plantadas con vides para vinos (hay que tener en cuenta que Limarí está a la altura del paralelo 30º S, es decir, casi 400 kilómetros al norte de la ciudad de Santiago). De hecho, las viñas más cercanas se encuentran 250 kilómetros hacia el sur, en el valle del Aconcagua.

La existencia de sectores aptos para el cultivo de cepas adecuadas para producir vinos finos se logra por una inusual cer-

Talking about this region means leaving aside everything we have said so far, precisely because it is an exception. The Limarí Valley is one of the so-called "transverse" valleys. In fact, it runs between the Elqui Valley to the north and the Choapa Valley to the south. The valley that concerns us here is defined as open, with a topography of fluvial plains or terraces. It is narrow and towards the Andes gradually becomes a ravine with very steeply-sloping sides, as a result of the soil-erosion caused by glaciers and water.

This region is in fact a little enclave of wine production within a geographical area, the country's IV Region, which has devoted its vine-growing activities to producing grapes for a distillate or spirit with Appellation of Origin, known as "Pisco". This is generally obtained from fragrant white grapes of different varietal types, of the Muscatel family. They cover a considerable area, with a total of about 10,000 hectares.

Wine-production here is a recent "discovery", which found expression during the 1990s, as today, through the presence of 1,804 hectares planted with vines for wine-making. (One must consider that Limarí is on latitude 30ºS, in other words, almost 400 kilometers north of the city of Santiago). In fact the nearest wine-producing vineyards are 250 kilometers to the south, in the Aconcagua Valley.

There are appropriate sectors for growing the grape varieties which are suitable for producing fine wines, because of its unusual closeness to the sea (only 30 kilometers). This freshens the atmosphere, thanks to the influence of the cold Humboldt Current, still appreciable, which causes frequent morning mists. This is a fundamental factor in achieving adequate environmental temperatures in spring and summer that are suitable for obtaining fine wines. Within the region, the area known as Cerrillos de

Viña Francisco de Aguirre, camino a Punitaqui, km 12. Verano 2001.
Viña Francisco de Aguirre, on the road to Punitaqui, km. 12. Summer 2001.

VALLE DEL LIMARÍ (30º 28' – 30º 51' lat. S; 70º 54' – 71º 31' long. W)
Precipitación/*Rainfall* (Ovalle)*:* 94 mm anual / *per year*
Superficie total de viñedos (ha) / *Total area under vine (hectares):* 1.804

Cabernet Sauvignon	731	Carménère	116	Sauvignon Blanc	57
Merlot	240	Syrah	85	Sangiovesse	13
Chardonnay	145	Cabernet Franc	74	Cot	9

VALLE DEL ACONCAGUA (32º 37' – 33º 04' lat. S; 70º 31' – 71º 28' long. W)
Precipitación/*Rainfall* (Los Andes)*:* 214 mm anual / *per year*
Superficie total de viñedos (ha) / *Total area under vine (hectares):* 484

Cabernet Sauvignon	294	Syrah	46	Sauvignon Blanc	4
Merlot	100	Carménère	28	Cabernet Franc	2

VALLE DE CASABLANCA (33º 14' – 33º 24' lat. S; 71º 14' – 71º 25' long. W)
Precipitación/*Rainfall* (Lago Peñuelas)*:* 542 mm anual / *per year*
Superficie total de viñedos (ha) / *Total area under vine (hectares):* 3.578

Chardonnay	1.861	Merlot	400	Sauvignon Blanc	40
Pinot Noir	473	Cabernet Sauvignon	109	Viognier	38
Sauvignon Blanc	442	Carménère	100	Gewürztraminer	30

VALLE DEL MAIPO (33º 02' – 34º 04' lat. S; 70º 19' – 71º 42' long. W)
Precipitación/*Rainfall* (Santiago)*:* 313 mm anual / *per year*
Superficie total de viñedos (ha) / *Total area under vine (hectares):* 9.450

Cabernet Sauvignon	5.396	Sauvignon Blanc	388	Pinot Noir	113
Merlot	1.145	Carménère	381	Cabernet Franc	101
Chardonnay	977	Syrah	240	Riesling	57

VALLE DEL CACHAPOAL (33º 54' – 34º 32' lat. S; 70º 32' – 71º 30' long. W)
Precipitación/*Rainfall* (Rancagua)*:* 340 mm anual / *per year*
Superficie total de viñedos (ha) / *Total area under vine (hectares):* 9.022

Cabernet Sauvignon	4.573	Chardonnay	547	Semillón	137
Merlot	1.671	Carménère	512	Cabernet Franc	83
Sauvignon Blanc	583	Syrah	272	Cot	80

VALLE DE COLCHAGUA (33º 56' – 34º 43' lat. S; 71º 26' – 71º 57' long. W)
Precipitación/*Rainfall* (San Fernando)*:* 592 mm anual / *per year*
Superficie total de viñedos (ha) / *Total area under vine (hectares):* 17.701

Cabernet Sauvignon	9.157	Chardonnay	1.028	Cot	337
Merlot	2.793	Syrah	670	Sauvignon Blanc	332
Carménère	1.517	Semillón	346	Cabernet Franc	167

VALLE DE CURICÓ (34º 48' – 35º 15' lat. S; 70º 53' – 72º 05' long. W)
Precipitación/*Rainfall* (Curicó)*:* 702 mm anual / *per year*
Superficie total de viñedos (ha) / *Total area under vine (hectares):* 19.339

Cabernet Sauvignon	6.495	Chardonnay	1.523	Sauvignon Blanc	239
Sauvignon Blanc	3.773	Carménère	652	Cot	236
Merlot	3.575	Semillón	541	Pinot Noir	204

VALLE DEL MAULE (35º 11' – 36º 15' lat. S; 71º 13' – 72º 31' long. W)
Precipitación/*Rainfall* (Talca)*:* 735 mm anual / *per year*
Superficie total de viñedos (ha) / *Total area under vine (hectares):* 25.446

País	8.439	Sauvignon Blanc	1.195	Semillón	890
Cabernet Sauvignon	7.323	Chardonnay	1.121	Torontel	712
Merlot	2.361	Carménère	962	Carignan	354

VALLE DEL ITATA (37º 08' – 37º 20' lat. S; 71º 36' – 72º 41' long. W)
Precipitación/*Rainfall* (Chillán)*:* 1.107 mm anual / *per year*
Superficie total de viñedos (ha) / *Total area under vine (hectares):* 10.199

Moscatel de Alejandría	5.016	Cabernet Sauvignon	264	Cinsaut	110
País	3.581	Chardonnay	170	Carignan	94
Chasselas	373	Torontel	129	Semillón	81

VALLE DEL BÍO BÍO (36º 26' – 37º 57' lat. S; 71º 46' – 73º 00' long. W)
Precipitación/*Rainfall* (Los Ángeles)*:* 1.303 mm anual / *per year*
Superficie total de viñedos (ha) / *Total area under vine (hectares):* 1.848

País	971	Cabernet Sauvignon	86	Merlot	25
Pinot Noir	450	Chardonnay	80	Sauvignon Blanc	22
Moscatel de Alejandría	128	Riesling	33	Carménère	18

SUPERFICIE TOTAL DE VIÑEDOS / *TOTAL AREA UNDER VINE*
Año 2000 (ha) / *Year 2000 (hectares):* 103.606

Cabernet Sauvignon	35.417	Chardonnay	7.786	Carménère	4.576
País	14.868	Sauvignon Blanc	6.944	Semillón	2.103
Merlot	12.946	Moscatel de Alejandría	6.017	Syrah	2.007

THE LAND OF WINE

DENOMINACIONES DE ORIGEN / *APPELLATION OF ORIGIN*

REGIÓN VITIVINÍCOLA / *VINE-GROWING REGION*	SUBREGIÓN / *SUB-REGION*	ZONA / *ZONE*		ÁREA / *AREA*
Región de Atacama	Valle de Copiapó			
	Valle del Huasco			
Región de Coquimbo	Valle del Elqui		Vicuña	La Serena
			Paiguano	
	Valle del Limarí		Ovalle	Monte Patria
			Punitaqui	Río Hurtado
	Valle del Choapa		Salamanca	Illapel
Región de Aconcagua	Valle del Aconcagua		Panquehue	
	Valle de Casablanca			
	Valle de Leyda		San Antonio	
Región del Valle Central	Valle del Maipo		Santiago	Pirque
			Puente Alto	Buin
			Isla de Maipo	Talagante
			Melipilla	Alhué
	Valle del Rapel	Valle del Cachapoal	Rancagua	Requínoa
			Rengo	Peumo
			Cardenal Caro	
		Valle de Colchagua	San Fernando	Chimbarongo
			Nancagua	Santa Cruz
			Palmilla	Peralillo
			Chépica	Lolol
			Marchihue	
	Valle de Curicó	Valle de Teno	Rauco	Romeral
		Valle del Lontué	Molina	Sagrada Familia
	Valle del Maule	Valle del Claro	Talca	Pencahue
			San Clemente	Pelarco
			San Rafael	Maule
		Valle del Loncomilla	San Javier	Villa Alegre
			Parral	Linares
		Valle del Tutuvén	Cauquenes	
Región del Sur	Valle del Itata		Chillán	Quillón
			Portezuelo	Coelemu
	Valle del Bío Bío		Yumbel	Mulchén

Para los efectos de analizarlos nos detendremos en las siguientes subregiones: Limarí, Aconcagua, Casablanca, Maipo, Rapel (Cachapoal y Colchagua), Curicó, Maule, Itata y Bío Bío.

For the purpose of analyzing them we will restrict ourselves to the following sub-regions: Limarí, Aconcagua, Casablanca, Maipo, Rapel (Cachapoal and Colchagua), Curicó, Maule, Itata and Bío Bío.

MAPAS Y DATOS ESTADÍSTICOS

La representación del terreno fue realizada por el Instituto Geográfico Militar, a través de una composición de colores, utilizando cartografía digital a escala 1:250.000 mediante un Modelo Digital de Elevación de la zona geográfica del país.

Los datos de superficie de viñedo corresponden al catastro realizado el año 2000 por el subdepartamento de Viñas y Vinos del Servicio Agrícola y Ganadero de Chile, Ministerio de Agricultura.

El promedio de precipitación corresponde a los datos obtenidos por la Dirección Meteorológica de Chile durante los últimos 30 años.

MAPS AND STATISTICAL DATA

The representation of the land was made by the Military Geographical Institute, using digital cartography on a scale of 1:250,000 with color composition. A Digital Elevation Model of the geographical area of the country was used.

The data regarding the area under vine corresponds to the technical survey carried out in the year 2000 by the Sub-department of Vineyards and Wines of the Chilean Agricultural and Cattle-Rearing Service, SAG, under the Ministry of Agriculture.

The average rainfall corresponds to the past 30 years, as calculated by the Chilean Meteorological Office.

Zonificación vitivinícola chilena

Finalmente, antes de entrar de lleno a referirnos a las zonas vitivinícolas chilenas, definidas legalmente por el Decreto 464 del año 1995, es necesario formular los siguientes alcances:

El citado Decreto subdivide al país en regiones, subregiones, zonas y áreas, siendo optativo para el usuario mencionarlas en las etiquetas de las botellas de vinos, según su conveniencia. Para mayor precisión, una determinada procedencia puede basarse en el concepto restringido de área, o en el más amplio de zona, para seguir con subregión y finalmente región. En todo caso, las clasificaciones deben atenerse a la estricta verdad, para lo cual existen controles muy operativos pero severos. Los mismos conceptos de control se refieren a las cepas que constituyen los vinos y a los años de cosecha.

Estas clasificaciones se basan en un esquema que se desarrolla en función de la latitud, es decir, de norte a sur y sobre la base de consideraciones técnicas que, aunque bastante objetivas, salvo divisiones geográficas muy evidentes, se basan en la división político-administrativa del país.

Llegar a determinar cada una de estas regiones en definiciones basadas sobre registros técnicos relativos tanto a climas como a suelos, requiere de profundos y complejos análisis, los que aún no están disponibles en la cantidad y calidad suficientes como para servir de base a estos objetivos.

No obstante, ahora comienzan a manifestarse inquietudes, que acogemos como muchos otros interesados en el tema, por considerarlas hechos determinantes en una futura zonificación. Nos referimos a la cercanía del océano Pacífico o de la cordillera de los Andes, a los suelos vitivinícolas. De ahí que esté próxima a fructificar la idea de poder tipificar también con los nombres de Andes los suelos cercanos a él, y Pacífico los suelos que se encuentran cercanos a la cordillera de la Costa. Entre ambos elementos naturales, con el efecto moderador de la cordillera costera, que es baja y suave, con caras interiores que miran a los Andes y las exteriores que lo hacen hacia el mar, se encuentra el gran Valle Central que, en opinión de algunos entendidos, debería ser denominado de otra manera, pues "valle" implica un concepto de amplitud productiva elevada que no encierra, generalmente, alta calidad. Debido a ello es preciso buscar un nombre adecuado para "bautizarlo". Aún no se encuentra. Mientras tanto optaremos por llamarlo sector "Inter Andes-Pacífico". Se trata de dos hermosos nombres geográficos de los que tenemos propiedad natural, y que poseen, además, la virtud de ser conocidos y respetados en todo el mundo.

Chilean appellation of origin

Finally, before going into Chile's wine-producing zones, defined by law under Decree Nº464 in 1995, it is necessary to make the following observations:

Decree Nº464 divides the country into regions, sub-regions, zones and areas, and it is optional for the user to mention them on the labels of the wine bottles, if it suits him. To be more precise, a given origin may be based on the restricted concept of an area, or in the wider one of a zone, a sub-region or finally, a region. In any case, the classification must be strictly true and, for this purpose there are highly operational, but severe controls. The same concepts of control refer to the grape varieties from which the wines are made of and the vintage years.

These classifications are based on a scheme that was developed on the basis of latitude, that is from north to south, and on technical considerations which, although quite objective, are virtually the same as the country's political and administrative divisions, except for some very evident geographical divisions.

Determining each of these regions using definitions based on technical records concerning climate and soil requires deep, and complex analyses which are not yet available in the quantity and quality needed to act as the basis for these objectives.

However, certain questions are beginning to arise which we welcome, like many others interested in the subject, because we consider them to be determining factors for future zoning. We refer to the proximity of the wine-producing land to the Pacific Ocean or to the Andes Mountains. That is why the idea of also using the name "Andes" to typify those lands lying close to the mountains, and the name "Pacific" for those lying nearer to the Coastal Range, will soon be a reality. Between these two natural barriers, with the moderating effect of the Coastal Range, which is low and smooth, with its inner slopes facing the Andes and the outer ones facing the sea, lies the great Central Valley which, in the opinion of some experts, should be given another name, because the concept of a "Valley" involves the idea of high productivity without usually implying high quality. Because of this, it is necessary to find a suitable name with which to "baptize" it. It has not yet been found. Meanwhile, we have chosen to call it the "Inter Andes-Pacific" sector. Here we have two beautiful geographical names over which we have natural ownership, and which also have the virtue of being known and respected everywhere in the world.

In brief, article one of Decree Nº464 establishes the following appellation of origin system updated to the year 2001.

canía al mar (no más de 30 kilómetros), que refresca el ambiente gracias a la influencia aún notoria de la corriente fría de Humboldt. Ésta provoca frecuentes neblinas matinales, factor que es fundamental para lograr temperaturas ambientales adecuadas en primavera y en verano, y poder obtener vinos finos. Dentro de la región, la localidad conocida como Cerrillos de Tamaya, en la provincia de Ovalle, se considera como el lugar ideal para este fin.

Las precipitaciones alcanzan poco menos de 100 mm anuales, por lo que la dependencia del riego artificial, incluso en invierno, es absoluta. En este caso las aguas provienen de embalses, dado que el recurso hídrico es escaso.

Otro aspecto que caracteriza a la región es que las cordilleras de los Andes y de la Costa están casi adosadas, por lo que no se registran espacios planos amplios entre ellas, salvo pequeños valles.

Es prematuro aún hacer un pronóstico categórico respecto al futuro de esta región como fuente productora de vinos finos. Pero, en todo caso, los primeros aprontes con variedades habituales de la región central son promisorios, tanto en vinos tintos como blancos. Las cepas que predominan son Cabernet Sauvignon (731 ha), Merlot (240 ha), Chardonnay (145 ha), Carménère (116 ha) y Syrah (85 ha).

La zona es eminentemente minera y desde el punto de vista agrícola, además de pisquera, generadora de primores hortícolas que alcanzan altos precios en otras regiones del país.

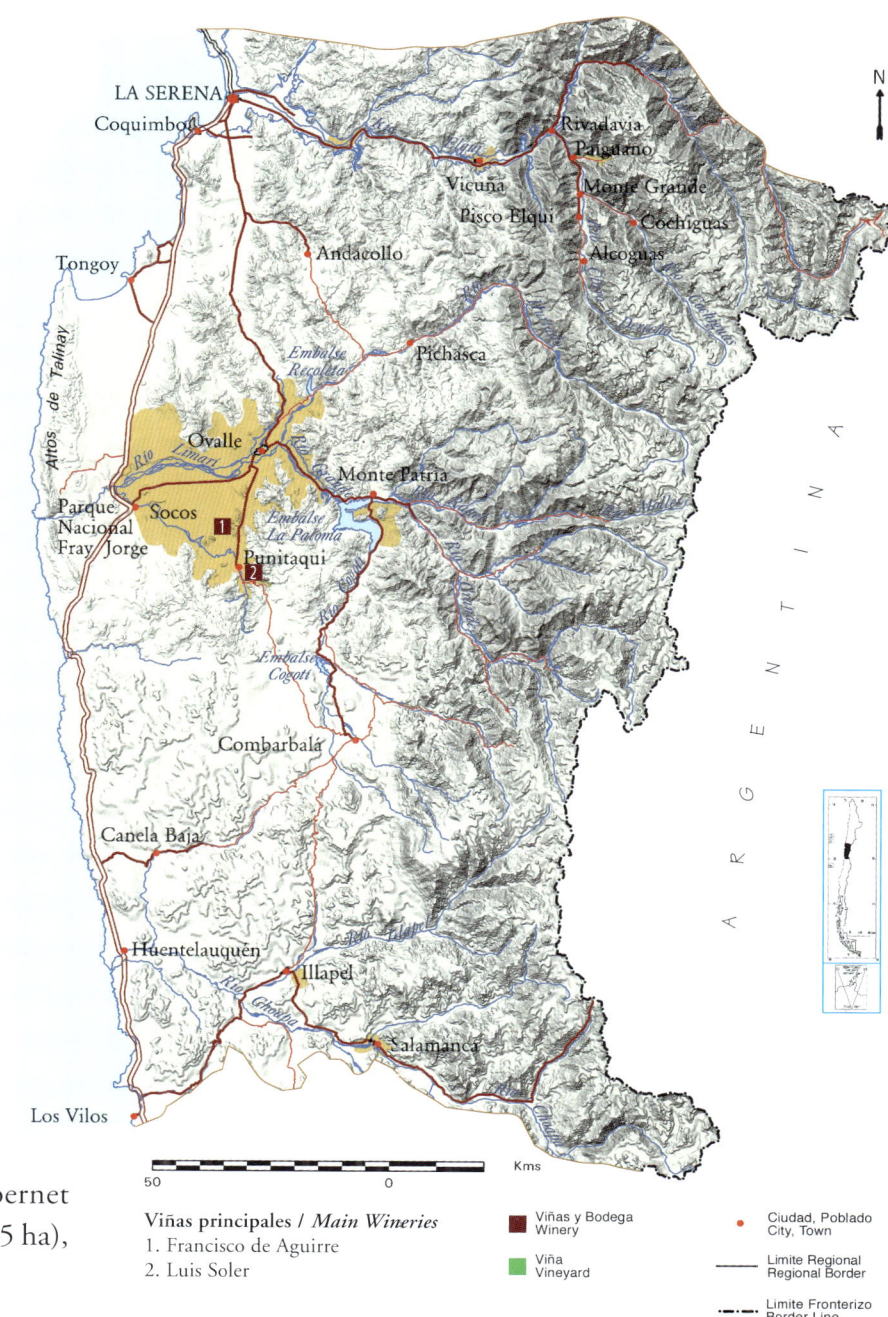

Viñas principales / *Main Wineries*
1. Francisco de Aguirre
2. Luis Soler

Tamaya, in the Province of Ovalle, is reckoned to be the ideal place for this purpose. Rainfall is only slightly under 100 mm per year, so irrigation is absolutely essential, even in winter. In this case the water is obtained from reservoirs, because hydric resources are so scarce.

Another aspect that characterizes the region is the fact that the Andes and Coastal Ranges are almost back-to-back, so there are no broad flat spaces in between, except for small valleys.

It is to soon to make a categorical forecast as to the future of this region as a source of fine wines. But in any case, the first trials with varieties usually grown in the Central Region, look hopeful, and in fact they have already shown some promising results, both in red and white wines. The predominating grape varieties are Cabernet Sauvignon (731 hectares), Merlot (240 hectares), Chardonnay (145 hectares), Carménère (116 hectares) and Syrah (85 hectares).

This is primarily a mining area, and from an agricultural point of view, in addition to its "Pisco", it produces horticultural products that ripe first in the country, fact that allows them to fetch high prices in other regions of the country.

Neblina matinal en verano. / *Morning mist in summer.*

Valle del Aconcagua
The Aconcagua Valley

El valle de Aconcagua se caracteriza por ser el más sureño de los llamados "Valles transversales". El río del mismo nombre tiene su origen en la unión de dos afluentes principales en la alta cordillera de los Andes: los ríos Juncal y Colorado. El recorrido total del río alcanza los 180 kilómetros y su hoya hidrográfica se ha calculado en 7.200 kilómetros cuadrados.

Sus aguas se ocupan casi integralmente en la minería, en especial la del cobre en la alta cordillera de los Andes, y en la agricultura de todo el valle, a lo largo de su recorrido por las ciudades de Los Andes y San Felipe y algunos valles laterales entre LlayLlay y Calera, como también por el importante valle de Quillota.

El cultivo de la "vitis vinifera" en esta región, si bien es cierto que existe desde el siglo XIX o antes, fue virtualmente avasallado por la "vitis vinifera" destinada a la obtención de uva de mesa. De esta manera, así como el valle del Limarí, ubicado 250 kilómetros más al norte, lo calificábamos como un enclave dentro de la zona pisquera, las uvas de este valle

The Aconcagua Valley is known for being the southernmost of the so-called "Transverse Valleys". The river of the same name rises where two of the main rivers in the High Andes flow into one another: the Juncal River and the Colorado River. The total length of the river is of 180 kilometers and its hydrographic basin has been calculated in 7,200 square kilometers.

Almost all its water is used in mining, specially copper-mining in the High Andes, and for agriculture in the whole valley along its course between the towns of Los Andes and San Felipe, and some lateral valleys between Llay-Llay and Calera, plus in the important valley of Quillota.

In this region the growing of "vitis vinifera", though has certainly existed since the 19th century, if not before, was virtually sweeped by the "vitis vinifera" dedicated to the production of table-grapes. So, just as we described the Limarí

Viñedo Don Maximiano, Viña Errázuriz, Panquehue. Invierno 2001.
Don Maximiano Estate, Viña Errázuriz, Panquehue. Winter 2001.

Valle de Casablanca
The Casablanca Valley

El valle de Casablanca es la última de las excepciones que hemos establecido como la división longitudinal "Andes", "Inter Andes-Pacífico" y "Pacífico", pues se trata de un valle intermontano de la cordillera de la Costa, donde la influencia del océano Pacífico se manifiesta con mucha intensidad.

Se localiza en la V Región geográfica administrativa, a 35 km del puerto de Valparaíso y a 80 km de Santiago. Está formada por la macro cuenca Casablanca-Vinilla, con prolongaciones septentrionales a los sectores llamados Los Perales de Tapihue, Lo Orozco y Lo Ovalle, entre otras áreas menores. Sus estribaciones en la cordillera de la Costa determinan la forma alargada que el valle posee. Para precisar aún más, es necesario recalcar que se ubica en la vertiente occidental de la cordillera de la Costa. Esta cordillera se presenta como un conjunto de cerros de mediana altura, con una depresión llana y de forma irregular en el centro que se extiende a lo largo de un eje que va de este a oeste.

The Casablanca Valley is the last of the exceptions to what we defined as the longitudinal division "Andes", "Inter Andes-Pacific" and "Pacific", because it is a valley set among the mountains of the Coastal Range, where the influence of the Pacific Ocean can be very strongly felt.

It is located in the area known geographically and administratively as the V Region, 35 kilometers from the port of Valparaíso and 80 kilometers from Santiago. It consists of the macro-watershed of Casablanca-Vinilla, extending northwards into the sectors of Los Perales de Tapihue, Lo Orozco and Lo Ovalle, and other smaller areas. It is the spurs of the Coastal Range that determine the elongated shape of the valley. To be even more precise, it should be emphasized that it is on the western slope of the Coastal Range. This range consists on a number of hills of medium height, with a flat-bottomed, irregular-shaped central depression, lying along an east-west axis.

Viña Veramonte, a los pies de la cuesta Zapata. Primavera 2001.
Viña Veramonte, at the foot hill of the Zapata Climb. Spring 2001.

destinadas a la producción de vinos son también una suerte de enclave dentro del "reino" de la zona productora de uva para consumo fresco, destinada casi en su totalidad a la exportación. Hay 11.612 hectáreas para producir uva de mesa y sólo 484 destinadas para vino.

En términos generales, este valle transversal se define entre las áreas que están más próximas a la cordillera de los Andes o más proximas al océano Pacífico. El sector Andes es muy cálido pues se encuentra encajonado por múltiples cadenas montañosas en las que, actualmente, casi no se cultivan variedades para vino, aunque muy pronto probablemente se difundan más plantaciones de la variedad Syrah, que se expresa bien en sectores como el descrito.

Al avanzar hacia el Pacífico, a la altura de la localidad de Panquehue, se abre una verdadera ventana al mar, recibiendo la influencia de la corriente de Humboldt, lo que permite obtener vinos provenientes de variedades tintas con calidades superlativas. Esta localidad se encuentra situada, aproximadamente, a 80 kilómetros de la costa, conectada a ella por los márgenes del río Aconcagua.

Valley, 250 kilometers further north, as an enclave in the Pisco zone, the grapes set aside for wine-making are also a sort of enclave within this "kingdom" dedicated to the production of fresh grapes, almost all destined for export. There are 11,612 hectares under vine for table-grape production and only 484 reserved for wine.

Generally speaking, this transverse valley is divided between those areas that are closer to the Andes and those to the Pacific Ocean. The Andes sector is very hot, because it is boxed in by many chains of mountain. At present, almost no varieties are being cultivated there for wine-making, though there should very soon be an increase in Syrah vines planting, which thrive in sectors of this type.

Moving on towards the Pacific, near the town of Panquehue, a real window opens on to the sea, influenced by the Humboldt Current, which allows to obtain red varieties of wine of superlative quality. This area is about 80 kilometers from the coast and connected with it by the course of the Aconcagua River.

| | Viñas y Bodega / Winery | | Viña / Vineyard |

Viñas principales / Main Wineries

1. Seña
2. Errázuriz - Las Vertientes
3. Errázuriz - Llay Llay
4. Gracia - Panquehue
5. Errázuriz - Don Maximiano
6. Errázuriz - El Ceibo
7. Gracia - Caminante
8. Porta - Agustinos
9. Agustinos
10. Porta - Bellavista
11. San Esteban

Esta región, que se ubica en el paralelo 33ºS, aproximadamente a 100 kilómetros al norte de Santiago, es un verdadero vergel proveedor de varias especies frutales, además de uva de mesa. Concentra tal vez el mayor número de *packings* y frigoríficos para la preparación de uva de exportación.

Su futuro como fuente de producción vitícola no está limitado por carencia de sectores o por suelos poco aptos. Sin embargo, es necesario definir sus ventajas comparativas frente a otros cultivos que predominan en la zona, como la uva para mesa o la búsqueda de excelencia a través de la variedad Syrah y otras que requieren climas cálidos. Sin embargo, tampoco deben desecharse las cepas tintas tradicionales, pues han dado muestra de buena adaptación.

Las siguientes son las superficies cultivadas con las principales cepas para vinos expresadas en hectáreas: Cabernet Sauvignon (294), Merlot (100), Syrah (46) y Carménère (28).

This region, situated on Latitude 33ºS, approximately 100 kilometers north of Santiago, is a veritable orchard, providing a range of different species of fruits, besides table grapes. This is perhaps the area with the greatest concentration of fruit-packing and freezing plants for preparing grapes for export.

Its future as a source of wine-grape production is not limited by any lack of suitable sectors or soils. It is just a question of defining its relative merits compared with other crops predominating in the area, like the table grape; and also the search for excellence with Syrah and other varieties which prefer hot climates. However, traditional red grape varieties should not be rejected either, because they have shown good adaptability.

The following figures give the areas under vine for the main wine-producing grape varieties, expressed in hectares: Cabernet Sauvignon (294), Merlot (100), Syrah (46) and Carménère (28).

Poda de las parras en invierno.
Vine-prunning in winter.

THE LAND OF WINE

Todo el valle muestra una marcada influencia marítima, especialmente a partir de Panquehue, lo que crea condiciones para maduraciones lentas que permiten la obtención de vinos tintos muy generosos, de color intenso y aromas frutosos. No hay manifestaciones prácticas sobre producción de uvas blancas, pero está casi comprobado que ello no sería adecuado. Aunque se trata de una región más nortina que la del Valle Central, la maduración y el desarrollo final de las uvas son generalmente más tardíos que en los valles de más al sur.

A cincuenta kilómetros al oeste de esta localidad, el cultivo de la vid para vino es casi inexistente, con excepciones de algunos viñedos ubicados en pequeños valles de la cordillera de la Costa, donde prospera sin requerir riego artificial y con algunas muestras de buena calidad.

Todo el regadío de la zona depende del río Aconcagua, carente de embalses. Las lluvias alcanzan anualmente los 214 mm y se concentran en invierno.

From Panquehue on, the influence of the sea is very notorious along the whole valley, creating slow ripening conditions that allow to obtain very generous red wines, intense in color and with fruity aromas. There are no practical demonstrations with regard to the production of white grapes, but it seems almost certain that the area would not be suitable for it. Although this region is northern than the Central Valley, the ripening and final development of the grapes are generally later than in the valleys further south.

Fifty kilometers from this locality towards the west, vine-growing for wine is practically non-existent, except for a few vineyards planted in small valleys in the Coastal Range, where the vine for wines thrives without needing artificial irrigation and with some signs of good quality.

All the irrigation in the area depends on the Aconcagua River, without damming. There are 214 mm of rain falls registered each year, almost entirely in the winter months.

Valle del Maipo
The Maipo Valley

Al analizar el valle del Maipo, que reúne 9.450 hectáreas de viñedos, nos sumergimos de lleno en el esquema "Andes", "Inter Andes-Pacífico" y "Pacífico", que ya hemos reseñado, y que a continuación explicamos más ampliamente. Esto, con el objeto de entender un poco mejor la realidad geográfica de la producción de vinos en Chile. En este valle se dan muy claramente las características de "frontón" o muralla con que hemos caracterizado a Los Andes, amplias extensiones Inter Andes-Pacífico y también significativas expresiones de la cara interior de la cordillera de la Costa, que hemos definido como Pacífico.

En esta importante región se puede señalar que el sector Andes, por su altura y exposición solar, es más fresco que el Inter Andes-Pacífico, y por supuesto que el sector Pacífico, donde, paradojalmente, el "rebote" de la influencia marítima es más distante, precisamente por la existencia de la cordillera de la Costa que ejerce una influencia definida como

When we come to analyze the Maipo Valley, that sums 9,450 hectares of vineyards altogether, we are plunging headlong into the "Andes", "Inter Andes-Pacific" and "Pacific" scheme that we have already summarized, and will explain more thoroughly below, in order to give a somewhat better understanding of the geographical reality of the wine-production in Chile. In this valley, the characteristics of a "frontón" or wall, which we have assigned to the Andes, are evidently present, plus broad extensions of Inter Andes-Pacific conditions and also significant expressions of the interior face of the Coastal Range, which we have defined as Pacific.

In this important region, it should be pointed out that the Andes sector, because of its altitude and exposure to the sun, is cooler than the Inter Andes-Pacific sector, and obviously than the Pacific sector, where the "rebound" of the maritime influence is paradoxically further away because of the existence of the Coastal Range, which produces an influence known as the "shadow effect". (It is worth mentioning that the western slope of this range is unsuitable for vine-growing throughout the whole country, except for a few insignificant exceptions). In other

Viña Cousiño Macul, Peñalolén. Otoño 2001.
Viña Cousiño Macul, Peñalolen. Autumn 2001.

La cuenca del valle de Casablanca se localiza en la región de los climas templados de tendencia semiárida. Los inviernos son cortos y lluviosos, seguidos de veranos largos afectados por sequías prolongadas. Por estar cercano al borde costero, se registran notables variaciones térmicas diarias y estacionales, adecuadas para producir uvas de gran potencial de alta calidad vinífera.

Corresponde destacar que este valle fue descubierto, como apto para el cultivo de vides finas, recién a comienzos de los años 80 por el ingeniero agrónomo enólogo Pablo Morandé. Lo inspiraba la búsqueda de sectores más fríos que los habituales en la zona central de Chile, destinados a producir vinos blancos de gran fineza, búsqueda que ahora también abarca algunas variedades tintas como Pinot Noir, por ejemplo, sin perjuicio de buenos e interesantes resultados con Cabernet Sauvignon, Merlot y Carménère.

Con el cambio de uso de suelo, el valle pasó de ser un sector explotado para la crianza ganadera y cultivos muy rústicos, a uno de los lugares más codiciados y caros de la agricultura chilena. Su riego se obtiene, fundamentalmente, de pequeños tranques y pozos profundos. Por tratarse de plantacio-

The Casablanca Valley basin is found in the region of temperate, semi-arid climates. Winters are short and rainy, followed by long summers with extended drought periods. Because it is so close to the coast, there are notable thermal swings, both daily and seasonally, ideal for producing grapes with great potential for a high-quality wine.

It should be mentioned that this valley was only discovered as a suitable place for growing fine vines in the early 1980s, by agricultural engineer and enologist, Pablo Morandé. He was inspired by the search for cooler sectors than those usually used in Chile's central zone, to be devoted to the production of really fine white wines. This search now also includes certain varieties of red wines, such as Pinot Noir, for example, while not belittling good and interesting results have been obtained with Cabernet Sauvignon, Merlot and Carménère.

With the change in the use of the soil, the valley ceased to be a sector used primarily for cattle-rearing and very rudimentary crops, and became one of the most expensive and sought-after places in Chilean agriculture. It is irrigated basically with small reservoirs and deep wells. Do to the fact that these are all recent plantings, almost the

nes recientes, casi toda la superficie cubierta por viñedos, 3.578 hectáreas, está irrigada por sistemas tecnificados. Esto ha sido posible porque el valle presenta una serie de quebradas que dan origen a pequeños esteros.

El estero principal de la hoya es el llamado Casablanca, que tiene como tributarios Los Sauces, Perales de Tapihue, Lo Ovalle, Pitama y muchos otros menores. Todo este conjunto de fuentes hídricas drena sus cuencas y aporta agua al subsuelo en diversas proporciones. Esta verdadera red de drenajes tiene carácter estacional. En efecto, se desarrollan en los períodos invernales de lluvias, y en algunos años con el derretimiento de nieves provenientes de la cordillera de la Costa. Todo lo expuesto es la base para la recarga permanente del sistema subterráneo del valle al infiltrarse las aguas lluvias y las otras provenientes de la cordillera. Existe, por lo tanto, escasa e irregular disponibilidad de aguas superficiales; en consecuencia, la dependencia de las aguas subterráneas es indispensable para la explotación de los viñedos, ya que los tranques y otras acumulaciones que existen son insuficientes. La caída pluviométrica anual alcanza a 542 mm.

whole area under vine, 3,578 hectares, is irrigated using technified systems. This has been possible because the valley is intersected by a series of gulleys, which have small streams.

The main watercourse in the river-basin is the Casablanca River itself, with its tributaries, Los Sauces, Perales de Tapihue, Lo Ovalle, Pitama and many other smaller ones. All these hydric sources together drain their watersheds and supply water to the subsoil in different proportions. This real drainage network is seasonal: in fact, it takes place in the rainy winter periods, and some years includes snow-melt coming down from the Coastal Range. All this is the basis of the constant re-charging of the valley's subterranean system, as rainwater and other waters from the mountains infiltrate the soil. There is therefore a scarcity of surface water and irregular availability, so dependence on subterranean waters is essential for the exploitation of the vineyards, because the reservoirs and other systems for collecting water are insufficient. Annual rainfall amounts to 542 mm.

Viñas principales / *Main Wineries*
1. Veramonte
2. Concha y Toro - El Triángulo
3. Cuvee Mumm
4. Santa Emiliana
5. Santa Rita - Los Hualpes
6. Morandé - La Vinilla
7. Villard Estate
8. William Cole
9. Errázuriz - La Escultura
10. Concha y Toro - Los Perales
11. Santa Rita - Santa Inés
12. Morandé - El Ensueño
13. Carmen - San Miguel
14. Casablanca
15. Concha y Toro - Lo Ovalle
16. Casas del Bosque
17. Casa Lapostolle

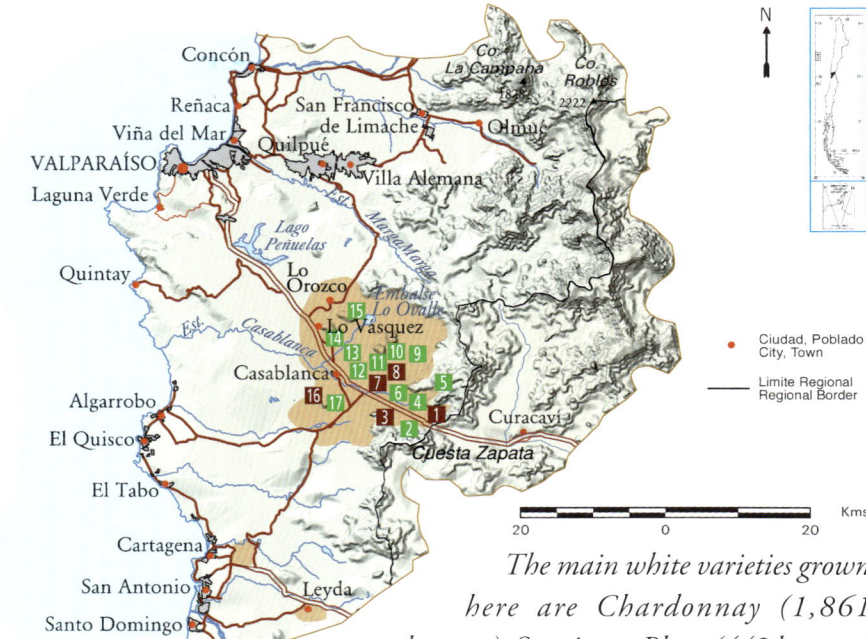

Las principales variedades blancas que se cultivan son Chardonnay (1.861 ha), Sauvignon Blanc (442 ha) y en menor proporción, Gewürztraminer (30 ha). Entre las tintas la única realmente importante es la Pinot Noir con 473 hectáreas.

Las condiciones de suma calórica determinan vendimias más tardías a las habituales para esta latitud en Chile. La cercanía al mar permite la entrada de vientos frescos cargados de humedad, los que al chocar con la cordillera costina generan nieblas que, junto con regular la temperatura, causan condiciones de humedad relativa alta y menor insolación, lo que determina un medio ambiente adecuado para obtener vinos muy característicos y de altísima frutosidad.

El valle, dentro de un relieve uniforme, ofrece tres condiciones climáticas básicas: la más cálida, inmediatamente al inicio oriental, al pie de la cuesta de Zapata, un poco más fría en los sectores aledaños del camino que conducen al balneario de Algarrobo, unos 8 kilómetros hacia al oeste de la anterior, y finalmente la zona de Lo Orozco, que es la más cercana al océano, unos 7 kilómetros más al poniente de las antes mencionadas.

A pesar de su muy reciente "descubrimiento", el valle de Casablanca ha alcanzado renombre mundial, pues se le compara con otras áreas del mundo donde se conjugan la influencia marítima benigna, y otras condiciones ecológicas aptas para el cultivo de la vid. Con la búsqueda también, más reciente, de excelencia en variedades tintas, como Carménère, Pinot Noir, Merlot e incluso Cabernet Sauvignon, el valle de Casablanca constituye uno de los lugares con más futuro en Chile para la obtención de vinos finos.

Neblina retirándose del valle al amanecer.
Mist withdrawing from the valley at sunrise.

The main white varieties grown here are Chardonnay (1,861 hectares), Sauvignon Blanc (442 hectares) and, to a lesser extent, Gewürztraminer (30 hectares). Of the red varieties, the only one of real importance is Pinot Noir with 473 hectares.

The conditions, as regards caloric totals, result in vintages that are later than those usual for this latitude in Chile. The proximity of the sea allows fresh, moisture-laden breezes to blow in. When they come up against the coastal hills, they produce mists that, in addition to regulating the temperature, causes relatively high humidity levels and less exposure to the sun. This creates an environment suitable for obtaining very characteristic wines, with an extremely high fruity content.

The Valley, although it is on a single level, offers three basic climatic conditions: the warmest, at the extreme eastern end, at the foot of the Zapata Hill; slightly cooler sectors alongside the road leading to the sea-side resort of Algarrobo, about 8 kilometers west from the first sector; and finally the Lo Orozco zone, which is closest to the ocean, about 7 kilometers further west from the two already mentioned.

Despite its recent "discovery", the Casablanca Valley has achieved world-wide fame, because it is comparable with other areas of the world where the benign influence of the sea comes together with other ecological conditions ideal for vine-growing. With the search for excellence, more recently with red varieties, such as Carménère, Pinot Noir, Merlot and even Cabernet Sauvignon, the Casablanca Valley has become one of the places with the brightest future in Chile for obtaining fine wines.

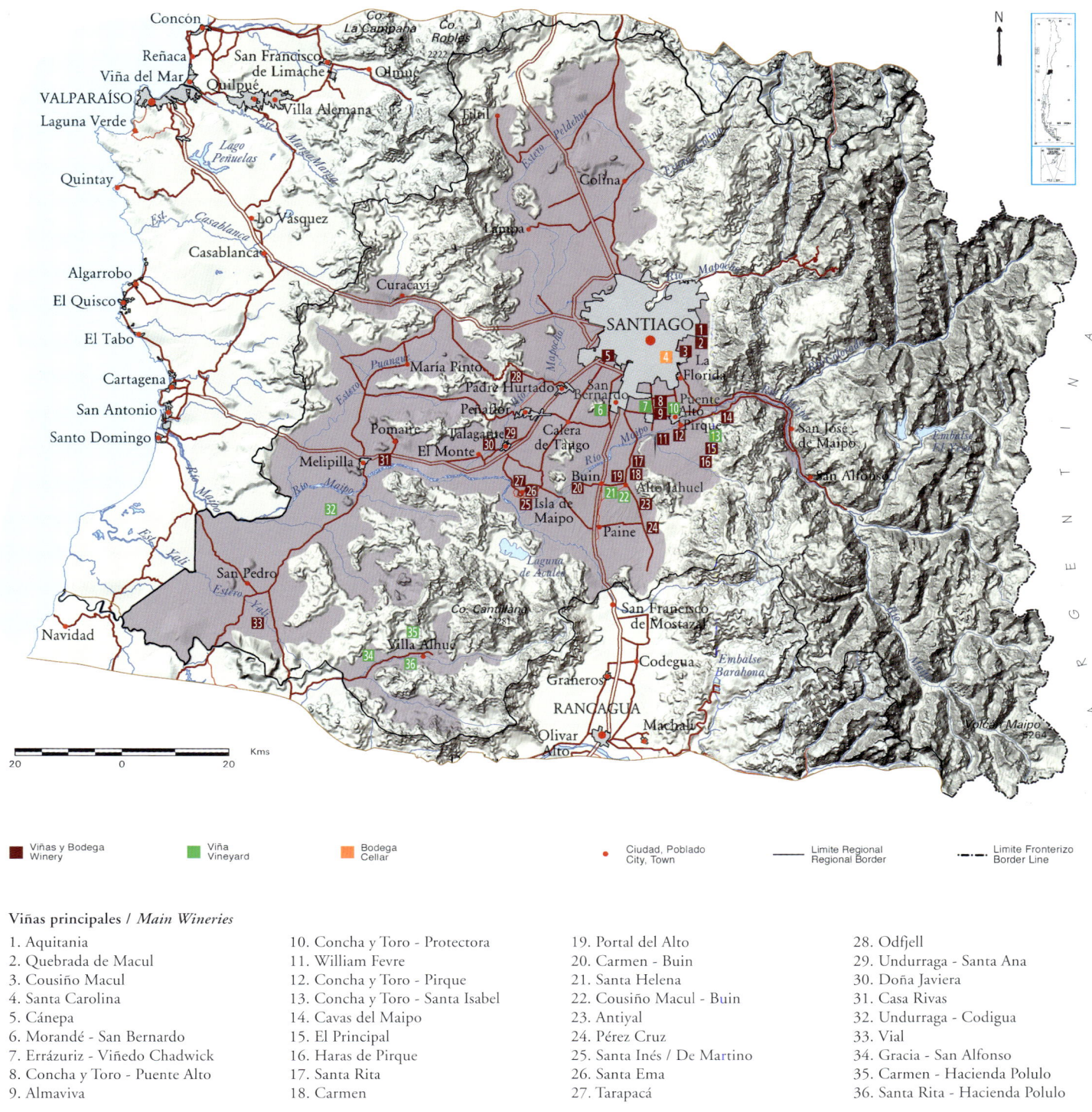

Viñas principales / Main Wineries

1. Aquitania
2. Quebrada de Macul
3. Cousiño Macul
4. Santa Carolina
5. Cánepa
6. Morandé - San Bernardo
7. Errázuriz - Viñedo Chadwick
8. Concha y Toro - Puente Alto
9. Almaviva
10. Concha y Toro - Protectora
11. William Fevre
12. Concha y Toro - Pirque
13. Concha y Toro - Santa Isabel
14. Cavas del Maipo
15. El Principal
16. Haras de Pirque
17. Santa Rita
18. Carmen
19. Portal del Alto
20. Carmen - Buin
21. Santa Helena
22. Cousiño Macul - Buin
23. Antiyal
24. Pérez Cruz
25. Santa Inés / De Martino
26. Santa Ema
27. Tarapacá
28. Odfjell
29. Undurraga - Santa Ana
30. Doña Javiera
31. Casa Rivas
32. Undurraga - Codigua
33. Vial
34. Gracia - San Alfonso
35. Carmen - Hacienda Polulo
36. Santa Rita - Hacienda Polulo

Este valle es la cuna de casi todas las principales viñas chilenas tradicionales, ya que en él se encuentran sus bodegas matrices, que se han mantenido casi intactas desde su construcción en el siglo XIX y que constituyen un interesante aporte arquitectónico propio de aquel siglo. Desde el punto de vista histórico, cabe mencionar que el casco de la actual ciudad de Santiago fue la cuna de las primeras plantaciones de viñedos en la época de la Conquista y comienzo de la época colonial, con un crecimiento progresivo y sostenido hasta nuestros días. Sin embargo, el intenso desarrollo de la ciudad exigió desplazar la plantación de nuevos viñedos hacia sectores cada vez más alejados del centro de ella. De hecho, varias de las viñas de renombre cuyas marcas aún se pueden ver en el mercado, se encuentran actualmente cercadas por el desarrollo urbano, con lo cual se ha producido una pérdida incalculable y lamentablemente irreversible.

This valley is the cradle of almost all the main traditional Chilean vineyards, because here they have their central wine cellars, which have been kept almost intact since they were built in the 19th century. These constitute an interesting architectural contribution typical of that century. From a historical point of view, it is worth mentioning that the area covered by the present city of Santiago was the cradle of the first vineyard plantings at the time of the Spanish Conquest and the early colonial period, with a progressive, sustainable growth up to our days. However, the intensive development of the city has made it necessary to move the planting of new vineyards further away from the city center. In fact, several well-known vineyards, whose trademarks are still in existence, are now covered by urban sprawl, resulting in an incalculable and unfortunately irreversible loss.

El valle es regado por el río Maipo y su afluente, el Mapocho. El primero de éstos, favorecido por el embalse del río Yeso, otro de sus afluentes, asegura el regadío. El Maipo es un río de origen andino, de régimen de alimentación mixto, lluvias invernales y deshielos de primavera y verano. Su origen está en las cumbres altas de los Andes centrales, todas con más de 5 mil metros de altura.

Ésta es la región preferida para obtener vinos provenientes de la variedad Cabernet Sauvignon, los que alcanzan un sello característico y diferentes, dependiendo de las subdivisiones desde este a oeste ya descritos, en que hayan sido producidos.

Además de la cepa Cabernet Sauvignon (5.396 ha) hay producciones significativas de otras cepas tintas, como Merlot (1.145 ha), Carménère (381 ha), Syrah (240 ha), Cabernet franc (101 ha), y entre las blancas la Chardonnay (977 ha) y Sauvignon Blanc (388 ha). En otras palabras, en esta región se cultivan todas las principales cepas que conforman el selecto repertorio que hoy en día es posible encontrar en Chile.

Yeso River, another of its tributaries, means that irrigation is completely assured. The Maipo is a river that rises in the Andes, fed by a mixture of sources: winter rains and spring and summer thaws. Its source is in the high peaks of the Central Andes, all over five thousand meters of altitude.

This is the most commonly exploited region for obtaining wines from the Cabernet Sauvignon grape variety. These achieve a characteristic and distinguishable hall-mark, depending on where they were produced on the east-to-west sub-divisions that we have described.

In addition to the Cabernet Sauvignon grape variety (5,396 hectares), there are significant quantities of production of other red varieties, such as Merlot (1,145 hectares), Carménère (381 hectares), Syrah (240 hectares), Cabernet Franc (101 hectares), and among the whites, Chardonnay (977 hectares) and Sauvignon Blanc (388 hectares). In other words, all the main grape varieties that make up the select repertoire currently available in Chile are grown in this region.

"efecto sombra" (vale la pena señalar que la vertiente poniente de esta cordillera, en todo el territorio nacional, salvo excepciones no significativas, no es apta para el cultivo de la vid). Es decir, de cara al Pacífico sin el "filtro" montañoso de por medio, la vid casi no prospera.

Para entender mejor este fenómeno hay que tener presente que los vientos frescos cargados de humedad provenientes de la costa, al chocar con la cordillera costina, generan neblinas y baja insolación (como ocurre en Casablanca). Luego, al traspasar la citada cordillera, caen al valle central donde registran un manifiesto aumento de temperatura. Posteriormente continúan su camino hacia el este, donde chocan con la cordillera de los Andes, vuelven a ascender y se repite el mismo efecto de condensación, causando con ello una importante caída térmica.

En el sector Andes del valle destacan las localidades vitivinícolas de Macul (Peñalolén), Pirque y Alto Jahuel. El sector Inter Andes-Pacífico está representado claramente por las localidades de Isla de Maipo, Talagante y Calera de Tango, y el sector Pacífico corresponde a los valles intermontanos de la cordillera de la Costa.

Toda la región se caracteriza por presentar un clima mediterráneo, con una caída pluviométrica que fluctúa entre 300 y 350 mm, según el sector. En todo caso, las lluvias se concentran en invierno y a comienzos de la primavera.

words, facing directly towards the Pacific, without a "filter" of mountains in between, the vine hardly prospers.

In order to have a better understanding of this phenomenon, one has consider that the fresh, humidity-laden winds blowing in from the coast create mists and low sun-exposure when they meet the Coastal Range (as occurs in Casablanca). Then, as they cross that range, they fall into the central valley where they experience a noticeable increase in temperature. Continuing their course eastwards, they come up against the Andes Range, rise once again and the condensation effect is repeated, producing a considerable drop in temperature.

In the Andes sector of the valley, some of the most important areas for wine production are Macul (Peñalolén), Pirque and Alto Jahuel. The Inter Andes-Pacific sector is clearly represented by Isla de Maipo, Talagante and Calera de Tango, and the Pacific sector corresponds to the valleys set among the mountains of the Coastal Range.

Characteristic of the whole region is its Mediterranean climate, with rainfall of between 300 and 350 mm per year, depending on the sector. In any case, rains are concentrated in winter and early spring.

The Valley is watered by the Maipo River and its tributary, the Mapocho. The former of these, aided by the damming of the

Valle del Cachapoal
The Cachapoal Valley

Aunque la denominación de origen ubica en una sola subregión las zonas o valles del Cachapoal y de Colchagua, bajo el alero de "Valle o Subregión del Rapel", hemos estimado pertinente considerarlos separadamente, pues tienen características que los diferencian y son propias de cada una.

Las características topográficas del valle del Cachapoal permiten encontrar sectores de gran contraste climático, desde el frío pie de monte andino hasta el núcleo más caluroso del Valle Central de Chile ubicado en el entorno del lago Rapel, entre las áreas de más altura de la cordillera de la Costa.

Siguiendo con nuestro esquema de subdivisión longitudinal, el sector Andes está conformado por el área de Rancagua que reúne Graneros, Mostazal, Codegua y Olivar, y las comunas de Requínoa y Rengo. Los viñedos en este sector se concentran en los faldeos de la cordillera de los Andes, donde la gran oscilación térmica la convierte en la más favorable para la obtención de vinos tintos generosos.

El sector Andes-Pacífico está conformado por un área de clima más templado, en los alrededores de San Vicente de Tagua Tagua

Although the appellation of origin places the zones or valleys of Cachapoal and Colchagua in a single sub-region, under the wing of the "Rapel Valley or Sub-Region", we feel that it is relevant to consider them separately, because they have different and specific characteristics.

The topographical traits of the Cachapoal Valley allow one to find sectors of great climatic contrasts, from the cold piedmont at the bottom of the Andes to the hottest area of the whole Chilean Central Valley, centered around Rapel Lake, among the highest areas of the Coastal Range.

Following our scheme of longitudinal sub-division, the Andes sector is made up by the Rancagua area, including Graneros, Mostazal, Codegua and Olivar, and the urban areas of Requinoa and Rengo. The vineyards in this sector are concentrated in the foothills of the Andes range, where the wide swings in temperature make it the most propitious for obtaining generous red wines.

The Andes-Pacific sector consists of an area with a more temperate climate, round about San Vicente de Tagua Tagua and Peumo,

Viñedo Palmería, Viña La Rosa, Las Cabras. Verano 2001.
Palmería Estate, Viña La Rosa, Las Cabras. Summer 2001.

Viñas principales / Main Wineries

1. Camino Real
2. Santa Margarita
3. La Ronciere
4. Santa Mónica
5. Santa Rita - Los Lirios
6. Gracia
7. Porta
8. Château Los Boldos
9. Casa Lapostolle - Las Kuras
10. Morandé - San Miguel
11. Casas del Toqui
12. Anakena
13. San Pedro
14. Torreón de Paredes
15. Morandé - Pelequén
16. Concha y Toro - Rucahue
17. Morandé - San José de Patagua
18. Concha y Toro - Peumo
19. La Rosa
20. La Rosa - Cornellana
21. La Rosa - Palmería

y Peumo, donde paradojalmente no reciben el "rebote" fresco en los Andes, y por un área más cálida en el entorno de Las Cabras. La gran altura de la cordillera de la Costa en esta zona, que cierra el paso hacia el Pacífico, ayuda a explicar el fenómeno conocido como "efecto sombra". En el sector que hemos denominado Pacífico no se encuentran plantaciones de viñedos importantes.

La composición varietal de los viñedos en el valle del Cachapoal se inclina fuertemente hacia las variedades tintas, ocupando cerca del 80% de la superficie total de vides para vinos. Entre los enólogos existe consenso en calificar este valle como uno de los más preclaros generadores de vinos de excelencia provenientes de variedades tintas.

El valle o zona del Cachapoal reúne 9.021 hectáreas de viñedos para vinos, principalmente de las cepas Cabernet Sauvignon (4.573 ha), Merlot (1.671 ha) y Carménère (512 ha) en las tintas, y Sauvignon Blanc (583 ha) y Chardonnay (547 ha) en las blancas. Registra una caída pluviométrica promedio de 340 mm y es regado por el río Cachapoal.

Debido a sus benignas condiciones mesoclimáticas, además del cultivo de vides para vinos y variedades de uvas de mesa, esta zona presenta gran abundancia de otros frutales, como cítricos y paltos.

where paradoxically, they do not receive the fresh "rebound" from the Andes, and a warmer area around Las Cabras. The great height of the Coastal Range in this zone, which shuts off the opening towards the Pacific, helps to explain the phenomenon known as "shadow effect". In the sector we have called Pacific, there are no important vineyards.

The grape varieties found in the vineyards in the Cachapoal Valley are strongly biased towards red varieties, which occupy almost 80% of the total area of vines for wine-making. There is a consensus among enologists that this valley should be ranked as one of the foremost producers of excellent red wines.

The Cachapoal Valley, or Zone, totals 9,021 hectares of vineyards for wine-making, including mainly the grape varieties Cabernet Sauvignon (4,573 hectares), Merlot (1,671 hectares) and Carménère (512 hectares) in reds, and Sauvignon Blanc (583 hectares) and Chardonnay (547 hectares) in whites. It has an average rainfall of 340 mm and is irrigated by the Cachapoal River.

Due to its very benign mesoclimatic conditions, in addition to the growing of vines for wine-making and varieties of grapes for the table, this zone produces a prolific array of other fruit-trees, including citrus fruits and avocados.

Iglesia de Pelequén, vista desde la carretera.
Pelequén Church, a view from the highway.

Valle de Colchagua
The Colchagua Valley

El valle de Colchagua se encuentra inmediatamente al sur del valle del Cachapoal, separado por un cordón montañoso transversal que conforma la Angostura de Pelequén. Las características de esta zona son significativamente distintas a las del valle anterior, destacándose un clima más frío que permite la obtención de buenos vinos tintos y mejores blancos, y una gran superficie de viñedos (cerca de dos veces la del Cachapoal).

Hay claramente una mayor influencia marítima en este valle que en el del Cachapoal, debido a que la cordillera de la Costa es significativamente más baja, posibilitando la existencia de importantes áreas vitícolas en el sector

The Colchagua Valley is due south of the Cachapoal Valley, separated from it by a transverse chain of mountains which forms the Angostura de Pelequén. The characteristics of this zone are significantly different from those of the former valley, with a cooler climate that makes it possible to obtain good red wines and even better white ones, and a very large area of vineyards (almost double that of Cachapoal).

The sea obviously has a greater influence in this valley than in Cachapoal, because the Coastal Range is considerably lower, what allows there to be, larger vine-growing areas in the mountainous sector that we called "Pacific". It is important to remember that in the Cachapoal Valley there are almost no vineyards in the Pacific sector.

Valle de Curicó
The Curico Valley

Por su alta concentración de viñedos para vinos, más de 19.339 hectáreas, es considerado junto con el valle del Maule, vecino del Sur, como el verdadero "centro de gravedad" de la vitivinicultura chilena.

El valle de Curicó está dividido en las zonas del valle del río Teno y del valle del río Lontué. Ambas zonas son claros ejemplos de las características del valle Central, con una importante concentración de viñedos en esa zona y prolongaciones hacia el pie de monte andino. En el valle Central predomina el clima templado de tipo mediterráneo, con un período seco de cinco meses entre noviembre y marzo, y temperaturas medias de 20ºC, con máximas que alcanzan los 30ºC.

Because of its high concentration of vineyards for wines, over 19,339 hectares, this region is recognized as the real "center of gravity" of Chilean wine-growing, together with the Maule Valley, its neighbour to the south.

The Curicó Valley is divided into two zones: the valley of the Teno River and that of the Lontué River. Both zones are clear examples of the characteristics of the Central Valley, with a considerable concentration of vineyards in the central area, extending up towards the foothills of the Andes. It has the typical temperate, Mediterranean-type climate of the Central Valley, with a dry period of five months between November and March, with average temperatures of 68ºF, and maximum temperatures reaching up to 86ºF.

Viña San Pedro, Molina. Verano 2001.
Viña San Pedro, Molina. Summer 2001.

intermontano que denominamos Pacífico. Es importante recordar que en el valle del Cachapoal las plantaciones de viñedos en el sector Pacífico son casi inexistentes.

Su regadío proviene, fundamentalmente, del río Tinguiririca que se origina en la cordillera de los Andes y cuyas frías aguas corren a la altura de la ciudad de San Fernando, donde cruzan el valle Longitudinal. En su curso hacia el mar éstas se dirigen al nor-poniente, hasta encontrarse con el río Cachapoal y formar así el río Rapel.

Las comunas de San Fernando y Chimbarongo, que clasificamos como "Andes", son sectores particularmente fríos, con oscilaciones térmicas moderadas producto de las neblinas matinales originadas por la evaporación de las aguas del río Tinguiririca. Este particular rasgo posibilita la obtención de buenos vinos provenientes de cepas con ciclos de madurez cortos, como la Pinot Noir.

El sector Inter Andes-Pacífico, conformado por las comunas de Nancagua, Santa Cruz, Palmilla y Peralillo, concentra la mayor parte de la superficie de viñedos de este valle.

Irrigation comes basically from the Tinguiririca River, which rises in the Andes. Its cold waters run along near the town of San Fernando, crossing the Longitudinal Valley. On its way towards the sea, the river flows north-west up to the point where it joins the Cachapoal River to form the Rapel River.

The urban areas of San Fernando and Chimbarongo, which we classify as "Andes", are particularly cold sectors, with moderate temperature swings due to the morning mists caused by the water evaporation of the Tinguiririca River. This particular condition makes it possible to obtain good wines from grape varieties with short ripening cycles, such as Pinot Noir.

The Inter Andes-Pacific sector, consisting on the districts of Nancagua, Santa Cruz, Palmilla and Peralillo, contains most of the area under vine in this valley. The enclosed land crossed by the Tinguiririca River is renowned for its deep, fertile soils, which, together with the existence of subterranean aquifer layers, offers optimum conditions for large-scale grape production. The new approach of the producers in this area towards making better quality wines has developed in a strong tendency to move new plantings to the hillsides, where the poorer soils and better drainage give rise to wines with great personality. Before the invention of technified irrigation, these soils were not viable for vine-growing. The most well-known examples of hillside

Viña Casa Lapostolle, Apalta. Primavera 2001.
Viña Casa Lapostolle, Apalta. Spring 2001.

El plano encajonado, recorrido por el río Tinguiririca, se destaca por poseer suelos fértiles y profundos, que junto a la existencia de napas freáticas, crea condiciones óptimas para la producción de uva en grandes volúmenes. La nueva orientación de los productores de esta zona hacia vinos de mayor calidad ha generado un importante movimiento de las nuevas plantaciones hacia los faldeos de los cerros, donde los más pobres y de mejor drenaje originan vinos de gran personalidad. Antes de la existencia del riego tecnificado, estos suelos no eran viables para el cultivo de la vid. Los más conocidos ejemplos de plantaciones en faldeos son Apalta y Ninquén, donde se producen uvas para vinos de calidad sobresaliente.

El sector Pacífico está conformado por la comuna de Marchihue y Lolol. El sector de Marchihue corresponde a un valle intermontano relativamente caluroso, debido a una suave influencia marítima producto de la mayor altura de la cordillera de la Costa en esta área. Este sector tiene gran potencial para la producción de vinos tintos, en contraste con el sector de Lolol, Paredones y Pumanque, que con un clima más frío, producto de la entrada de vientos cargados de humedad desde el mar, es un potencial generador de buenos vinos blancos a pesar de no contar con fuentes de agua.

plantations are Apalta and Ninquén, where the grapes produced make wines of an outstanding quality.

The Pacific sector is made up with the district of Marchihue and Lolol. The Marchihue sector corresponds to a relatively hot valley between the mountains, where the influence of the sea is slight due to the greater height of the Coastal Range in this area. This sector has great potential for red wines production, by contrast with the Lolol, Paredones and Pumanque sector, where the climate is colder because of the moisture-laden winds blowing in from the sea. This could be a place for producing good white wines, although it has no sources of water.

This valley has a total of 17,701 hectares under vine, mainly with red grape varieties such as Cabernet Sauvignon (9,157 hectares), Merlot (2,793 hectares), Carménère (1,517 hectares), Syrah (670 hectares), and Cot (337 hectares). As regards to white varieties, there is a large area planted with Chardonnay (1,028 hectares) and a smaller one with Sauvignon Blanc (332 hectares).

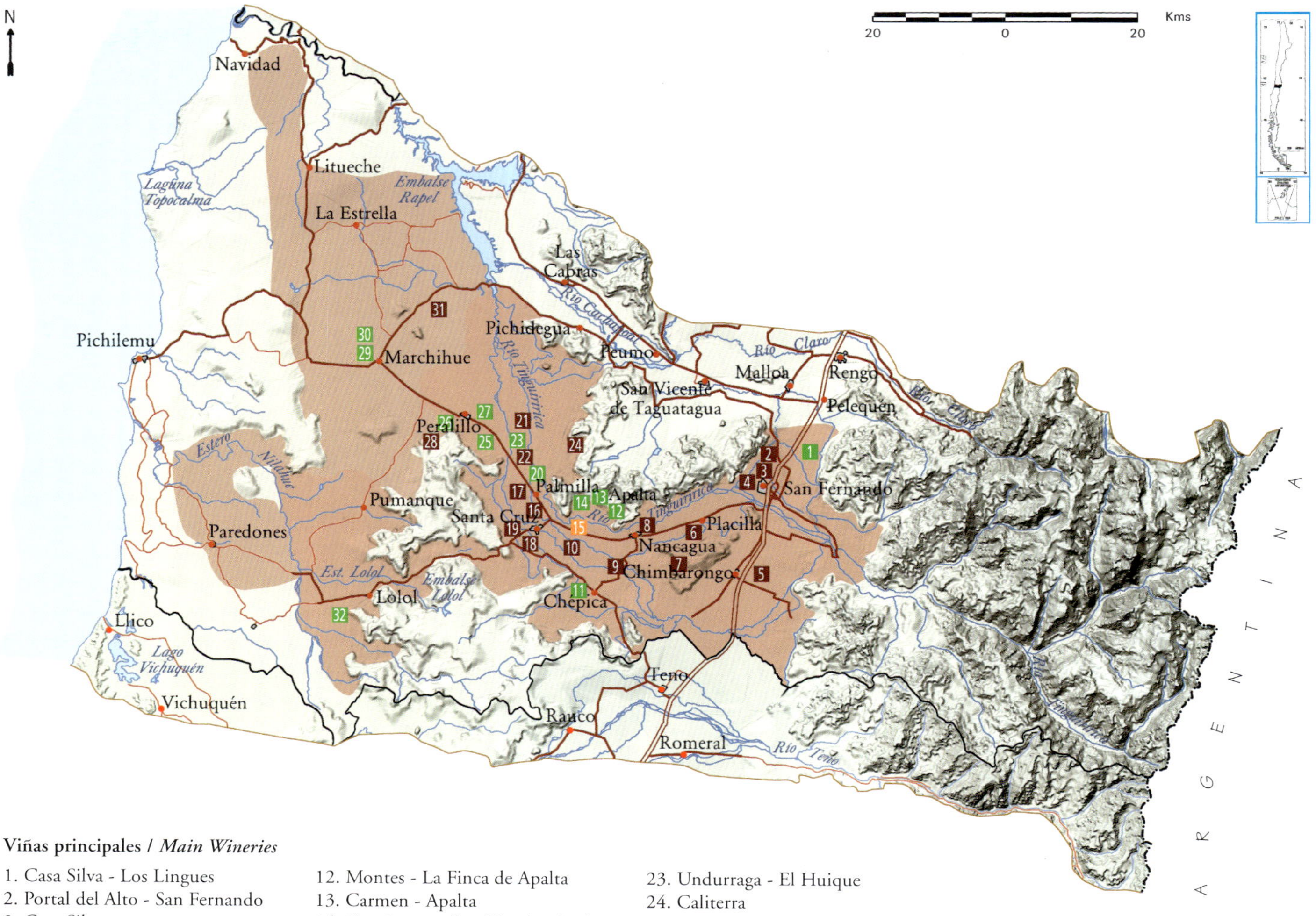

Viñas principales / *Main Wineries*

1. Casa Silva - Los Lingues
2. Portal del Alto - San Fernando
3. Casa Silva
4. Selentia
5. Cono Sur
6. Ravanal
7. Luis Felipe Edwards
8. Pueblo Antiguo
9. Santa Emiliana
10. Viu Manent - San Carlos
11. San Pedro
12. Montes - La Finca de Apalta
13. Carmen - Apalta
14. Casa Lapostolle - Viñedos Apalta
15. Casa Lapostolle - Bodega Cunaco
16. Santa Laura
17. MontGras
18. La Posada
19. Bisquertt - Chomedagüe
20. Undurraga - Colchagua
21. Santa Rita - Las Majadas
22. Siegel El Crucero
23. Undurraga - El Huique
24. Caliterra
25. Viu Manent - La Capilla
26. Viu Manent - El Olivar
27. Bisquertt - Lihueimo A y B
28. Los Vascos
29. Bisquertt - Marchihue
30. Montes - El Ángel
31. Errázuriz Ovalle
32. Casa Silva - Lolol

Viñas y Bodega / Winery
Viña / Vineyard
Bodega / Cellar
Ciudad, Poblado / City, Town
Límite Regional / Regional Border
Límite Fronterizo / Border Line

Este valle reúne 17.701 hectáreas plantadas con viñedos, principalmente de las cepas tintas como Cabernet Sauvignon (9.157 ha), Merlot (2.793 ha), Carménère (1.517 ha), Syrah (670 ha) y Cot (337 ha). En las blancas destaca la importante superficie de Chardonnay (1.028 ha) y en menor cantidad Sauvignon Blanc (332 ha).

Al margen de lo estrictamente vitivinícola, este valle destaca por disponer de un sistema organizado de visitas turísticas, llamado "Rutas del Vino". Posee un buen hotel para estos fines, en la ciudad de Santa Cruz, y un novedoso plan en desarrollo para restaurar y hacer funcionar regularmente antiguos trenes a vapor que transitarán el valle desde la ciudad de San Fernando, en el camino longitudinal, hasta la de Santa Cruz, 50 kilómetros hacia la costa. Ello permitirá un acceso casi directo a las diferentes viñas, además de brindar una hermosa visión panorámica del valle.

Por sus tradiciones y las características del valle, Colchagua se conoce como la provincia "huasa" de Chile.

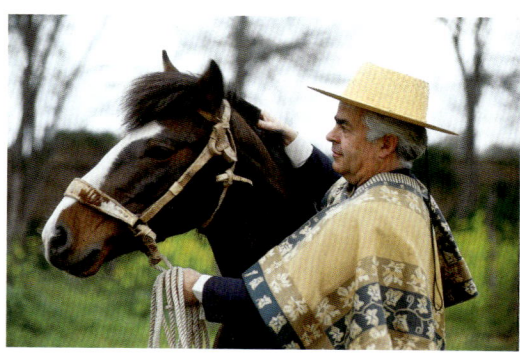

Huaso con su caballo chileno.
Countryman "Huaso" with his Chilean horse.

Apart from the strictly wine-producing aspect, this valley is outstanding for its organized system of tourist visits, called "Rutas del Vino". It has a good hotel serving this purpose in the town of Santa Cruz, and an original plan under way to restore old steam trains and start a regular service between the town of San Fernando, on the main north-south road, and Santa Cruz, 50 kilometers towards the coast. This will allow direct access to the different vineyards, in addition to providing a beautiful panoramic view of the valley.

Because of its traditions and the characteristics of the valley, the Province of Colchagua is known as Chile's "huaso" province.

Valle del Maule
The Maule Valley

Este valle, que junto con el anterior lo hemos calificado como "el centro de gravedad" de la vitivinicultura chilena, es también la frontera de la conversión vitícola en Chile. Reúne la respetable superficie de 25.446 ha de viñedos, donde se cultivan prácticamente todas las principales variedades existentes en el país, incluyendo otras de inusual presencia, como Carignan entre las tintas y Riesling entre las blancas. Es también la cuna de la emblemática cepa de Chile; Carmenérè, en el área de San Clemente.

El valle del Maule se caracteriza por presentar la mayor diversidad climática de todas las zonas vitícolas de Chile que,

We have called this valley, together with the previous one, the "center of gravity" of Chilean wine-production. It is also the frontier of Chile's vine-growing conversion. It also totals the respectable area of 25,446 hectares under vine, where almost all the main varieties existing in the country are grown, plus other less usual varieties, such as Carignan among the reds and Riesling among the whites. It is also the cradle of Chile's emblematic grape variety: Carménère, in the San Clemente area.

The Maule Valley is characterized by having the widest climatic diversity of all the vine-growing areas in Chile, which, in conjunction with a wide range of soils, produces an almost infinite range of combinations in which to find potential terroirs with distinctive features.

Viña Tabontinaja, camino a Constitución km 20, San Javier. Verano 2001.
Viña Tabontinaja, on the road to Constitución km. 20, San Javier. Summer 2001.

El valle del río Teno está compuesto por las comunas de Romeral (Andes), con una importante influencia de vientos fríos provenientes de la cordillera de los Andes, y Rauco (Inter Andes-Pacífico), donde predomina el clima templado de tipo mediterráneo. Este valle representa grandes posibilidades para nuevas plantaciones de cepas cultivadas en Chile.

El valle del Lontué es eminentemente vitícola, siendo el cultivo de uvas la principal actividad económica. En él se encuentran asentadas algunas viñas importantes, y casi todas las llamadas "grandes" poseen aquí extensiones significativas de viñedos y bodegas de vinificación. En este valle se encuentran además los viñedos de mayor superficie del país, concentrándose buena parte de ellos en ambos lados de la Carretera Panamericana. La producción de vinos es una actividad tradicional de esta zona y en ella aún se pueden encontrar viñas que datan de 1830. Está formado por las comunas de Molina (Andes) y Sagrada Familia (Inter Andes-Pacífico).

Las áreas de Molina y Sagrada Familia están protegidas por un cordón montañoso de nivel medio que aminora la in-

The valley of the Teno River is composed by the districts of Romeral (Andes), considerably influenced by the cold winds blowing off the Andes Mountains, and Rauco (Inter Andes-Pacific) where the temperate, Mediterranean-type climate predominates. This valley has great possibilities for new plantings of grape varieties grown in Chile.

The Lontué Valley is primarily a vine-growing area and it is the valley's main economic activity. Several important wineries are established there and almost all the so-called "big ones" have considerable areas of vineyards and vinification plants. This valley contains the largest areas of vineyards in the country, most of them being concentrated along the two sides of the Panamerican Highway. Wine-making is a traditional activity in this zone and it is still possible to find vineyards dating back to 1830. It is formed by the districts of Molina (Andes) and Sagrada Familia (Inter Andes-Pacific).

The areas around Molina and Sagrada Familia are protected by a chain of mountains of medium height which reduces the influence of the sea. This allows the Mediterranean climate to predominate in the area around Sagrada Familia, whilst there

fluencia marítima, permitiendo la predominancia de un clima mediterráneo en los alrededores de Sagrada Familia y sectores más fríos y de mayor oscilación térmica hacia el este de Molina. En los sectores más fríos del valle se dan condiciones climáticas óptimas para las cepas blancas, destacándose el Sauvignon Blanc (3.773 ha) con la extensión más grande de Chile y Chardonnay (1.523 ha), superada solamente por las plantaciones en el valle de Casablanca.

En ambos valles también se expresa la amplitud térmica propia de la zona central de Chile, pero se comienza a sentir una mayor cuota pluviométrica, cuyo promedio anual supera los 700 mm.

Desde el punto de vista hidrográfico, cabe mencionar el río Mataquito, formado por sus dos afluentes, los ríos Teno y Lontué, que nacen en la cordillera de los Andes y se unen al poniente de la ciudad de Curicó, para dar origen al citado río. Sus aguas son intensamente empleadas para el regadío, tanto en el valle central como en las áreas ribereñas a éste, por donde atraviesa el cordón cordillerano de la costa.

are cooler sectors with greater temperature swings towards the east of Molina. In the cooler sectors of the valley there are optimum climatic conditions for white grape varieties, especially Sauvignon Blanc (3,773 hectares) -the largest area in Chile-, and Chardonnay (1,523 hectares), exceeded only by the plantations in the Casablanca Valley.

In both valleys one also finds the thermal range typical of Chile's central zone, but heavier rainfall begins to make itself felt, with an annual average of over 700 mm.

From the hydrographic point of view, it is worth pointing out the Mataquito River, formed from two tributaries, the Teno and the Lontué, which rise in the high Andes and join to the west of the city of Curicó to give birth to that river. Its water is used intensively for irrigation, both in the Central Valley and in the areas along its banks where it flows through the Coastal Range.

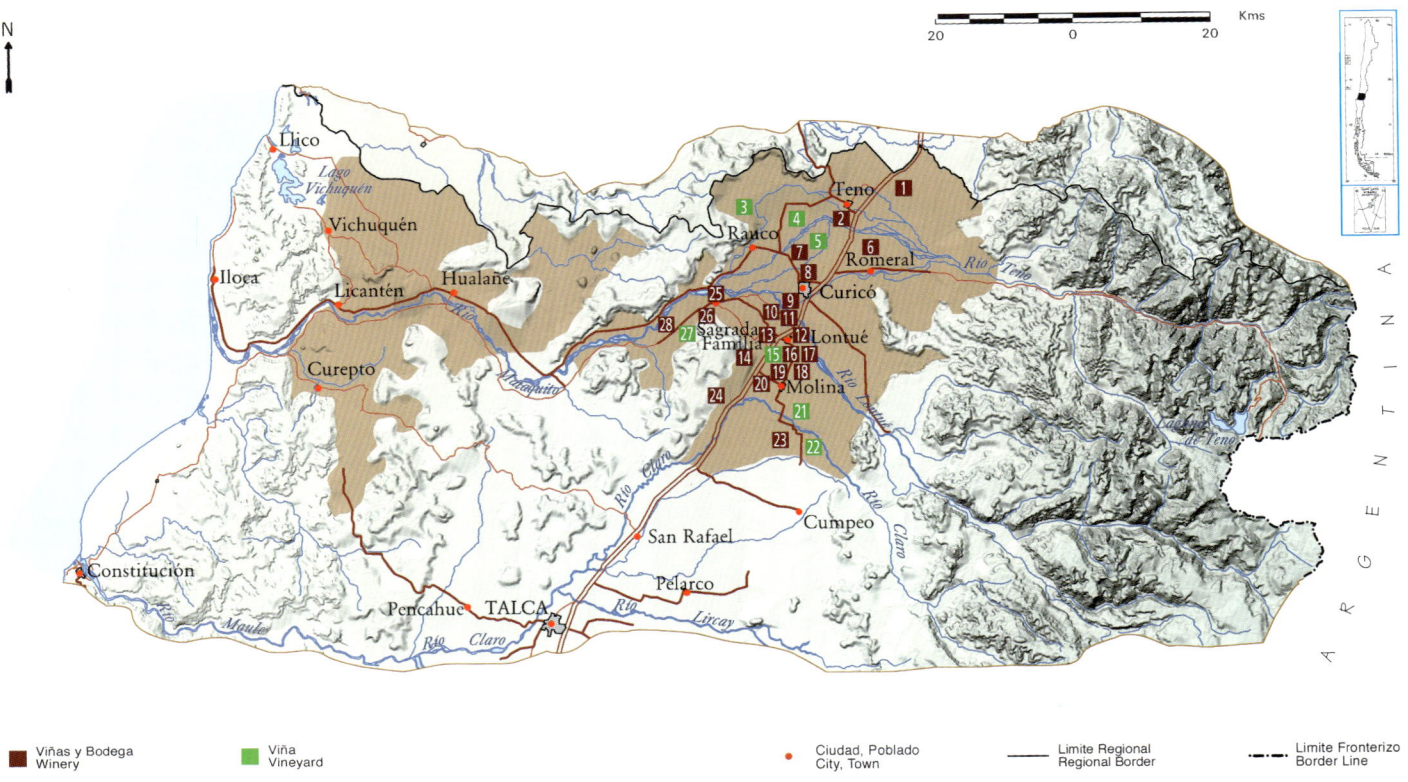

Viñas principales / *Main Wineries*

1. Alempué
2. Santa Helena
3. Concha y Toro - Rauco
4. Concha y Toro - San Manuel
5. Montes - Santa Marta
6. Benitez
7. Montes - Los Nogales
8. Los Robles
9. Miguel Torres
10. Cavas Shröder y Hanke
11. Osvaldo Astaburuaga Correa
12. Santa Rita - Pirhuín
13. La Fortuna
14. San Pedro
15. Montes - Micaella
16. Valdivieso
17. Concha y Toro - San Ignacio
18. Pirazzoli
19. Echeverría
20. Río Claro
21. Carmen - Molina
22. Santa Rita - San Antonio
23. Aresti
24. Astaburuaga
25. Correa Albano
26. Torrealba
27. Errázuriz - El Descanso
28. Inés Escobar

El río Mataquito atraviesa la cordillera de la Costa a través de un amplio valle hasta desembocar en el mar, al sur del lago Vichuquén. En este sector, de características que denominamos "Pacífico", conformado por las áreas costinas de Hualañé, Licantén y Vichuquén, existen algunos viñedos de secano, pero la fuerte influencia marítima hace que el cultivo de la vid sea escaso y que aún no se incluya en la legislación de Denominación de Origen.

Las principales cepas tintas cultivadas en el valle del Curicó son la Cabernet Sauvignon (6.495 ha), Merlot (3.575 ha), Carménère (652 ha) y Pinot Noir (204 ha). Las cepas blancas son también de una importancia significativa y claros generadores de excelentes vinos blancos.

La actividad vitivinícola en el valle de Curicó es el eje central de la economía de toda la región y, por lo tanto, define una forma de vida y tiene un impacto social importante.

The Mataquito River crosses the Coastal Range through a wide valley and flows out into the sea, south of Vichuquén Lake. In this sector, with characteristics which we have called "Pacific", and which consists of the coastal areas of Hualañé, Licantén and Vichuquén, there are a few non-irrigated vineyards, but the strong influence of the sea means that vine-growing is uncommon, and is not yet included in the Appellation legislation.

The main red grape varieties grown in the Curicó Valley are Cabernet Sauvignon (6,495 hectares), Merlot (3,575 hectares), Carménère (652 hectares) and Pinot Noir (204 hectares). The white grapes grown are also of significant importance and produce excellent white wines.

The wine-producing activity in the Curicó Valley is the central axis of the economy for the whole region and it, therefore, defines a way of life and exerts a very clear and far-reaching social influence.

Iglesia San Bonifacio, en honor a Don Bonifacio Correa, quién trajera las primeras cepas desde Francia al valle del Lontué a fines del siglo XIX.
San Bonifacio Church named after Don Bonifacio Correa, who brought the first grape-stocks from France to the Lontué Valley in the late 1800s.

Región del Sur
The South Region

Aunque históricamente la producción de vinos en Chile se inició en las zonas sur y centro norte, la verdad es que el comienzo de su desarrollo en volúmenes significativos comenzó en la región sur. En efecto, aquí todavía casi la totalidad de los viñedos son de secano (sin riego artificial) y por lo tanto pudieron prosperar cuando el regadío era una rareza en la zona central de Chile. La llamada "Región del Sur", se subdivide en los valles del Itata y del Bío Bío, y está cubierta por 12.047 hectáreas de viñedos.

El valle del Itata comprende cuatro áreas: Chillán (Andes), Quillón y Portezuelo (Inter Andes-Pacífico) y Coelemu (Pa-

Although historically wine production in Chile began in the southern and central northern zones, in fact the beginning of its development on a large scale took place in the southern region. Here almost all the vineyards are unirrigated (i.e. without artificial watering systems) and were therefore able to thrive when irrigation was a rarity in the central part of Chile. The so-called "Southern Region" is subdivided into the valleys of the Itata and the Bío Bío. Nowadays there are 12,047 hectares under vine in the whole region.

The Itata Valley includes four areas: Chillán (Andes), Quillón and Portezuelo (Inter Andes-Pacific) and Coelemu (Pacific). In this valley the thermal range that has such a strong effect on the big central valleys is particularly marked, which explains

en conjunción con una amplia gama de suelos, genera un abanico casi infinito de combinaciones donde encontrar potenciales terruños con características distintivas.

Es destacable la conversión total o parcial que se ha llevado a cabo en los últimos 10 años, entre muchos de los productores tradicionales de vinos a granel y de consumo masivo, hacia productores de vinos finos de exportación. También es importante la inversión realizada por las grandes viñas exportadoras de Chile y otras de origen extranjero, confirmando el potencial de esta zona para la producción de vinos finos.

Este valle está compuesto por las zonas del valle del Claro, valle de Loncomilla y valle del Tutuvén.

El valle del Claro está conformado por las áreas de San Rafael y San Clemente, determinadas por una clara influencia andina que se incrementa a medida que se acerca al pie de monte cordillerano, y las áreas de Talca, Maule y Pencahue con un clima templado. En el área de Talca el calor se va intensificando a medida que se acerca a la cordillera de la Costa, constituyendo los alrededores de Pencahue el lugar preferido para la producción de cepas tintas.

Un poco más al sur del río Claro se encuentra el valle de Loncomilla, zona con características muy especiales, ya que la gran amplitud térmica en su longitud caracteriza clara-

It is worth mentioning the total or partial conversion that has taken place over the past 10 years among many of the traditional producers of bulk wines for large-scale consumption, towards producing fine export-grade wines. The investment made by the great Chilean wine-exporters and other foreign investors is also important, confirming the potential of this area for fine wine production.

This valley is made up of three zones: the Claro Valley, the Loncomilla Valley and the Tutuvén Valley.

The Claro Valley comprises the areas of San Rafael and San Clemente, affected by an obvious Andean influence which increases as one gets closer to the foothills, and the areas of Talca, Maule and Pencahue, with a temperate climate. In the Talca area the heat increases as one approaches the Coastal Range, with the area around Pencahue being the place of choice for growing red grape varieties.

A little further south than the Claro River is the Loncomilla Valley, a zone with very special characteristics, because the great range of temperature along its length clearly indicates an Inter Andes-Pacific sector and one Andes sector. The Inter Andes-

mente un sector Inter Andes-Pacífico y otro Andes. El sector Inter Andes-Pacífico, conformado por las áreas de San Javier, Villa Alegre y Melozal, corresponde a un clima mediterráneo con suelos ocupados principalmente por arcillas, arenas y gravas de origen fluvio glacial y lacustre. En estas áreas predominan los cepajes tintos, ocupando un 80% de los suelos de la zona. El sector Andes está conformado por las áreas de Linares y Parral, con escasa superficie de viñedos, producto del clima frío que se acentúa a medida que se acerca hacia el pie de monte andino.

Hacia el poniente se encuentra el valle del Tutuvén, que incluye fundamentalmente el área de Cauquenes, conformando el sector que denominamos Pacífico. Los viñedos en esta zona son casi todos de secano (sólo regados por la lluvia), conducidos por el sistema de cabeza (que consiste en formar una suerte de arbusto con las parras) y con especial predominio de la rústica cepa País. La actividad vitícola aquí es de una importancia social absoluta, pues casi no existe ni se concibe otro tipo de actividad agrícola.

Pacific sector, made up of the areas round San Javier, Villa Alegre and Melozal, has a Mediterranean climate with soils made up mostly of clay, sand and gravel originated from glacial rivers and lakes. In these areas there is a predominance of red grape varieties, occupying an 80% of the land. The Andes sector consists of the area of Linares and Parral, with a small area under vine due to the cold climate, which is accentuated as one approaches the Andean foothills.

Towards the west is the Tutuvén Valley, which basically includes the Cauquenes area, making up the Pacific sector. The vineyards in this area are almost all unirrigated (watered only by the rain), trained using the "head" system (which consists of arranging the trained vines in a kind of bush) and grow predominantly the rustic grape variety, País. Vine-growing here is absolutely essential from a social point of view, because there is no other viable agricultural activity, and no other in view for the time being.

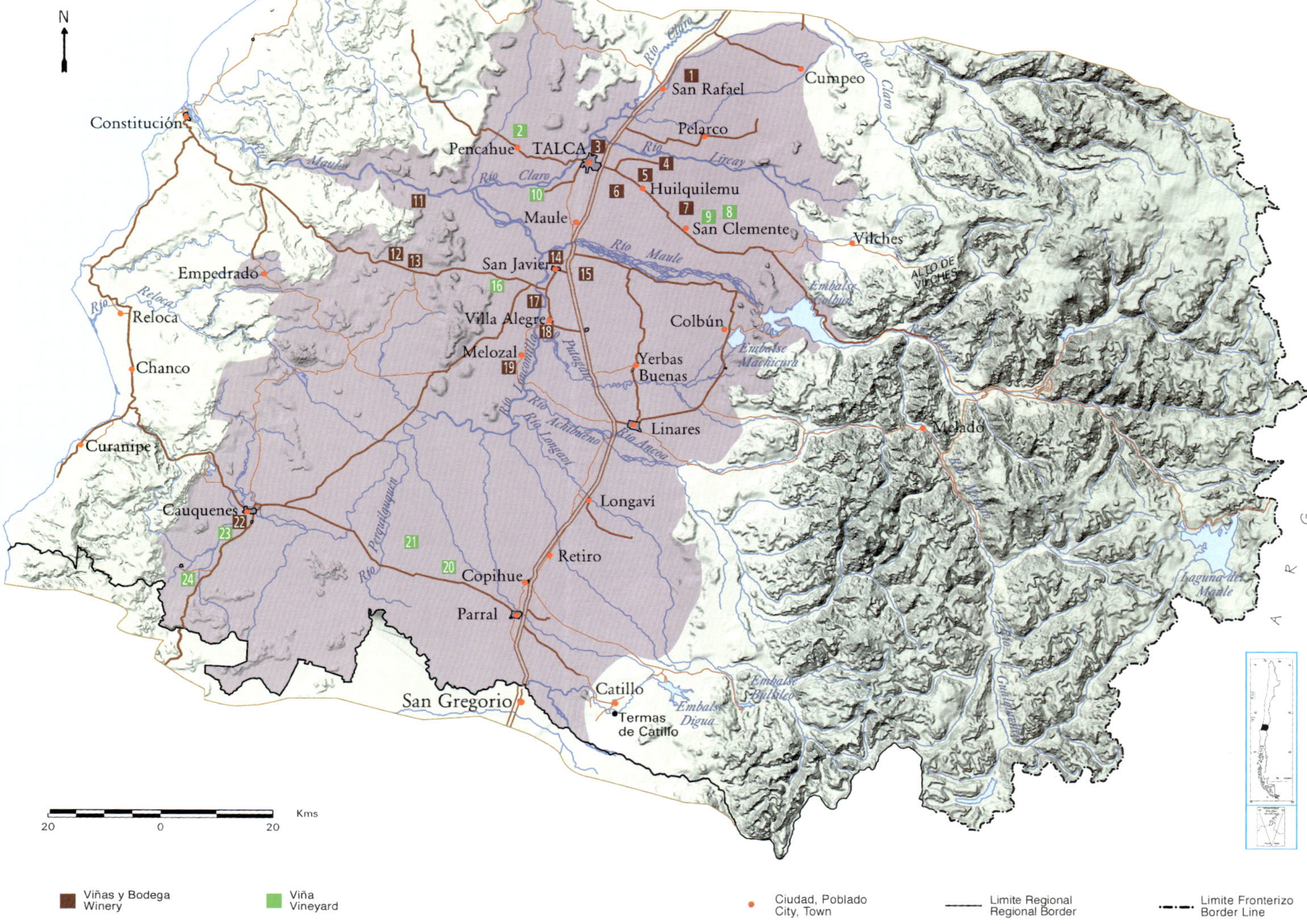

Viñas principales / *Main Wineries*

1. San Rafael
2. San Pedro
3. Viñedos del Maule
4. Calina - El Maitén
5. Casanova
6. Domaine Oriental
7. Viñedos Terranoble
8. Concha y Toro - Mariposas
9. Concha y Toro - Quebrada del Agua
10. Concha y Toro - Lourdesbo
11. Vinsur - Rucahue
12. J. A. Bouchon
13. Tabontinaja / Gillmore
14. Balduzzi
15. Cremaschi Furlotti
16. Concha y Toro - Villa Alegre
17. El Aromo
18. Carta Vieja
19. Segú
20. Portal del Alto - Riberalta
21. Portal del Alto - El Oriente
22. Lomas de Cauquenes
23. Calina - San Francisco
24. Calina - Valdivia

La disponibilidad de agua para riego en el valle del Maule es adecuada en los valles del Claro y Loncomilla, ya que depende fundamentalmente del río Maule, cuyo sistema hidrográfico es uno de los más importantes del país.

La caída pluviométrica varía de 700 a más de 1.000 mm, con la menor caída pluviométrica al oeste de la cordillera de la Costa y presentando mayores precipitaciones a medida que se avanza hacia la cordillera de los Andes.

La vitivinicultura se constituye en una forma de vida en todos los niveles sociales, por lo tanto su importancia socioeconómica es enorme. De la suerte o comportamiento de la actividad vitivinícola depende en gran medida el resultado económico de la región y, por ende, el bienestar de sus habitantes.

The availability of water for irrigation in the Maule Valley is adequate in the Claro and Loncomilla Valleys, because they depend mainly on the Maule River, whose hydrographic system is one of the most important in the country.

Rainfall varies from 700 to over 1,000 mm, depending on the proximity to the sea. It becomes heavier as one approaches the Andes range and the altitude increases. The sectors with least rainfall are those on the western slopes of the Coastal Range.

Río Loncomilla / *Loncomilla River*

Wine-production is a way of life at all social levels, so its importance is enormous from a socio-economic point of view. The economic success of the region, and therefore the welfare of its inhabitants, depends to a very large extent on the fate or prosperity of vine-growing and wine-production.

UVA MADRE DEL VINO
THE GRAPE: MOTHER OF THE WINE

Rodrigo Alvarado
Philippo Pszczólkowski

cífico). En este valle se aprecia claramente la amplitud térmica que afecta fuertemente a los valles centrales extensos, explicando que la comuna de Chillán sea una de las más calurosas de Chile, a pesar de estar cerca de 450 kilómetros al sur de Santiago. En general, las posibilidades de cultivo en este valle son similares para las diferentes cepas presentes en zonas de más al norte, predominando hoy en día las cepas País y Moscatel de Alejandría.

Tal vez las características más relevantes de este valle son la extrema subdivisión de los viñedos, los que, a su vez, alcanzan baja productividad unitaria (no son regados, salvo excepciones). Esto demuestra la importancia de esta actividad en el marco social de la región y la urgente necesidad de reemplazar las variedades actualmente predominantes como País (3.581 ha) y Moscatel de Alejandría (5.016 ha) que son muy rústicas y de difícil comercialización fuera de la zona.

El valle del Bío Bío comprende las áreas de Yumbel (Inter Andes-Pacífico) y Mulchén (Andes). La característica más relevante de este valle es que se registra una acumulación térmica significativamente menor, lo que determina su ap-

why the urban district of Chillán is one of the hottest in Chile, even though it is almost 450 kilometers south of Santiago. In general the possibilities for grape growing in this valley are similar to those for the various grape varieties present in the zones further north, with a predominance of País and Muscatel of Alexandria.

Perhaps the most relevant characteristic of this valley is that the vineyards are extremely fragmented and at the same time produce a low unit yield (they are not irrigated except in a few exceptional cases). This proves the enormous social significance for wine-production in this region and makes it an urgent necessity to replace the varieties that are currently predominant, such as País (3,581 hectares) and Muscatel of Alexandria (5,016 hectares) which are very rustic and difficult to market outside the zone.

The Bío Bío Valley includes the areas of Yumbel (Inter Andes-Pacific) and Mulchén (Andes). The most relevant characteristic of this valley is that the thermal accumulation is considerably lower, which makes it suitable for growing white varieties such as Chardonnay, Gewürztraminer and Riesling, with notable results. The red Pinot Noir also thrives here.

titud para variedades blancas como Chardonnay, Gewürztraminer y Riesling, con resultados notables. También se expresa en forma positiva la tinta Pinot Noir.

El área de Mulchén constituye uno de los sectores más fríos y lluviosos de todos los valles vitivinícolas en Chile. Esta área tiene condiciones climáticas muy similares a la famosa Medôc en Francia. Es interesante destacar que si en esta zona se cultivaran las variedades Cabernet Sauvignon, Merlot, Petit Verdot y Cabernet Franc serían necesarias las prácticas enológicas de chaptalizacion (agregar azúcar al mosto para suplir la baja graduación de las uvas) que se usan normalmente en la región del Medôc y que están prohibidas por la legislación vitivinícola chilena. La eventual flexibilización de la legislación hacia estas prácticas enológicas podría incentivar el cultivo de cepas tintas finas en esta área tan poco explotada, y la producción de vinos de carácter diferente y propios.

El área de Yumbel es un sector Inter Andes-Pacífico, protegido de los vientos marítimos cargados de humedad por la cordillera de Nahuelbuta. Este sector también está poco explotado y predominan pequeños viñedos de secano básicamente de la variedad País.

The Mulchén area is one of the coldest and ranier sectors of all the wine-producing valleys in Chile. This area has very similar climatic conditions to those of the famous Medôc in France. It is interesting to note that if the grape varieties Cabernet Sauvignon, Merlot, Petit Verdot and Cabernet Franc were to be grown in this zone, it would be necessary to use the enological techniques known as chaptalization (adding sugar to the must to make up for the low alcohol content of the grapes). These are used routinely in the Medôc Region and are forbidden by Chilean wine-production legislation. If the legislation were to be relaxed with regard to these enological practices, it might encourage the cultivation of fine red grape varieties in this very under-exploited area, and the production of wines with a different character, specific to this area of Chile.

The Yumbel area is an Inter Andes-Pacific sector, protected from the moisture-laden winds from the sea by the Nahuelbuta Range to the west. This sector is also under-exploited and consists mainly of small, unirrigated vineyards growing the País variety.

Viña Carpe Diem, Portezuelo. Verano 2001.
Viña Carpe Diem, Portezuelo. Summer 2001.

Viñas principales / *Main Wineries*

1. Calina - Cuzco
2. Viña del Alba
3. Viñedos del Itata
4. Vinsur - Nueva Aldea
5. Casas de Giner
6. Vinsur / Carpe Diem
7. Vinsur - Bulnes
8. Gracia
9. Porta
10. Cono Sur

Más al sur, hacia las áreas de Negrete, la gran altitud de la cordillera de Nahuelbuta permite tener calor y cultivar variedades tintas finas sin tener que chaptalizar. Desde este punto en adelante comienzan los vientos y se van acentuando hacia el sur.

El valle del Biobío es una puerta abierta al encuentro de nuevas características de climas no conocidos en las regiones tradicionales, aptas para variedades blancas novedosas y tintas como la Pinot Noir. En la actualidad existen en el valle del Bío Bío 450 hectáreas de Pinot Noir y 86 hectáreas de Cabernet Sauvignon.

Further south, towards the area of Negrete, the great height of the Nahuelbuta Range provides sufficient warmth to allow the cultivation of fine red grape varieties without the need to chaptalize. From this point onwards, the winds start blowing and becomes stronger towards the south.

The Bio Bío Valley is an open door to new climatic characteristics unknown in the traditional regions, suitable for new white varieties and reds such as Pinot Noir. At present there are 450 hectares of Pinot Noir in the Biobío Valley and 86 hectares of Cabernet Sauvignon.

Hay especialistas en vitivinicultura que definen a la uva como la determinante del 80%, o más, de la constitución y, en consecuencia, de la calidad del vino. La verdad es que resulta improcedente pretender fijar una cifra porcentual sobre este tema, pero al momento de tener que definirse es posible ser muy categórico: la calidad de la uva es claramente el factor más importante de toda la cadena productiva que encierra el vino. Es más, se afirma, y con mucha razón, que el buen vino se hace en la viña, y sólo su segunda etapa en la bodega. Dicho de otra manera: si no llega uva de buena calidad a la bodega para ser vinificada y poder así elaborar posteriormente el mosto que se obtenga, jamás se logrará un producto excelso, aunque la bodega sea la más moderna del mundo y sus enólogos genios casi sobrenaturales.

La uva es el fruto de la vid, una liana rastrera y trepadora de la familia de las Vitáceas (difundida originalmente por casi todo el mundo, menos Sudamérica) que tiene numerosísimos representantes, siendo la más importante la clasificada botánicamente como *Vitis vinifera*, especie difundida desde la Era Terciaria y que, según se ha demostrado, ya era conocida por el hombre en la Edad de Piedra. Adentrarse en los orígenes y en la historia de la evolución de esta especie es de por sí apasionante y materia de complejos análisis.

Nuestra intención al referirnos a este tema es poder responder las inquietudes y, al mismo tiempo, ilustrar al lector de la forma más didáctica que nos sea posible.

There are wine-producing specialists who claim that the grape contributes 80% or more of the make-up of the wine and its resulting quality. In fact it is wrong to try to fix a percentage figure in this case, but it is possible to be quite categorical when stating one's position: the quality of the grape is by far the most important factor in the whole chain of production entailed in wine-making. It has even been stated, with every reason, that good wine is made in the vineyard, and only in a secondary sense in the winery. To put it another way, if the grape is not of good quality when it reaches the winery for vinification and the subsequent processing of its must, it will never be possible to achieve a sublime product, even though the winery may be the most modern in the world and its enologists almost supernatural geniuses.

The grape is the fruit of the vine, a creeper or climbing liana of the Vitaceae family (originally found almost all over the world, except in South America), of which there are a vast number of types, by far the most important being the one classified botanically as Vitis Vinifera, a species that has been wide-spread since the Tertiary Era. It is even possible to prove that it was familiar to Stone-Age man. Doing research on the origins and history of the evolution of this species is fascinating in itself, and provides material for complex analyses.

Our intention in referring to the subject is simply to be able to answer queries and, at the same time, enlighten the reader in a way as educational as possible.

Vista desde la Finca de Apalta, Viña Montes, al valle de Colchagua.
View from the Finca de Apalta, Viña Montes, to the Colchagua Valley.

La vid, uva, cepa, parra o viña

Todos los términos expuestos se suponen sinónimos, pero, con el uso práctico de los conceptos y también desde el punto de vista semántico, hay ciertas variaciones en su expresión práctica. Una breve definición ayuda a aclarar conceptos:

Vid: Se refiere a la planta propiamente tal.

Uva: Se define como el fruto de la vid.

Cepa: Parte del tronco de cualquier árbol o planta que está sobre la tierra y unido a sus raíces. Tronco de una familia o linaje. De esta definición nace la costumbre de mencionar la expresión "cepa" para referirse a variedad, raza de una vid determinada (Clon es una subvariedad o variación de una cepa sin constituirse en otra distinta). De lo expuesto, se deduce también la costumbre, no escrita, de asimilar como sinónimos absolutos los conceptos de variedad, raza o estirpe con cepa, sin perjuicio de que también es válida la definición primaria de cepa, expuesta más arriba.

Parra: Vid que está levantada artificialmente y extiende mucho sus vástagos. La presencia conjunta de varias parras, en consecuencia constituye una viña, viñedo o parral, que se define como "terreno plantado con muchas vides".

Hechas las aclaraciones del caso, a continuación nos referiremos al concepto de cepa (variedad o raza, insistimos) para entender así, qué significan las expresiones Cabernet Sauvignon, Chardonnay, Pinot Noir y todas las otras que podemos ver en las etiquetas.

Por estimarla más hermosa y representativa usaremos la expresión "cepa".

The vine, grape, stock, grape vine or vineyard

All the above terms are often taken to be synonymous, but in the practical use of the concepts and also from the semantic point of view, there are certain variations in their practical expression. A brief definition will help to clarify concepts:

Vine: This refers to the plant as such.

Grape: It is defined as the fruit of the vine.

Stock or Grape Variety: This is the part of the trunk of any tree or plant which is above ground-level while being joined to its roots. The stock or lineage of a family. From this definition comes the habit of using the expression "stock" to refer to a variety or line of a particular vine (Clone is a sub-variety or variation in a "stock" which does not constitute a separate variety). As a result, it has also become an unwritten custom to assimilate the concepts of variety, pedigree or lineage as absolutely synonymous with "stock", though the primary definition of "stock", given above, is also valid.

Grape Vine: A grape vine is one which is artificially lifted and its shoots made to spread out widely. The presence of several grape vines together therefore constitutes a vineyard, which is defined as a "plot of land planted with many vines".

Having made the corresponding explanations, we shall refer from now on to the concept of "grape variety" (stock or lineage) in order to understand the meaning of the expressions Cabernet Sauvignon, Chardonnay, Pinot Noir and all the others we see on the labels.

Since we find the term "grape variety" the most attractive and accurate, we shall be using it from now on.

Las cepas

Algunos expertos creen que en el mundo existen varios miles de cepas distintas, pero en realidad las adecuadas para obtener buen vino o consumir como uva fresca (ésta también proviene de la especie *Vitis vinifera*) no superan las ciento cincuenta, y sólo cerca de treinta se consideran de primera línea. Sólo diez entre quince se incluyen dentro de los miembros de la "aristocracia".

Una cepa puede ser radicalmente distinta a otras; desde la vigorosa y grande Ribier, de color intenso y hollejuda que se usa como uva de mesa, hasta una Pinot Noir, pequeña y apenas coloreada, de vigor modesto. A modo de comparación, que explica esta diversidad dentro de una misma especie, permítasenos recordar que son perros tanto un estilizado galgo como un paticorto daschound. Igualmente chocante es la comparación de un "narigón" collie inglés de filudo hocico, frente a un "ñato" bulldog. En casi todas las especies vegetales o animales, especialmente donde interviene la "mano del hombre", ya sea para elegir o intervenir, el fenómeno se presenta con mayor intensidad.

Las cepas son clasificadas por especialistas llamados ampelógrafos (*ampelos* del griego=vid y *grafos*=descripción). Ahora también se recurre al ADN de la constitución genética para identificar cepas con mucha certeza, pero eso sin perjuicio de la necesidad e importancia de los ampelógrafos, es decir, especialistas en clasificar las cepas desde el punto de vista físico o visual.

Como elementos de clasificación visual se consideran, básicamente:

- El ápice y las 6 primeras hojuelas.
- Las características de las hojas adultas y particularidades de ellas (color de la nervadura, forma de los dientes, presencia y forma de senos).
- Las características del racimo y de las bayas.

The grape varieties

Some experts believe that there are several thousand different varieties of grape in the world, but only about a hundred and fifty of those are cultivated as suitable for obtaining good wine, or for eating as fresh grapes (which also come from the Vitis vinifera species), and about thirty are considered to be in the top class. Only about ten to fifteen of these are included as members of the "aristrocracy".

One grape variety can be very different from another; from the vigorous, huge, thick-skinned red table-grape, called Ribier, to the small, scarcely reddened grape with modest growth, called Pinot Noir. By way of comparison, and to explain this diversity within a single species, it is worth remembering that a slim greyhound and a short-legged dachshund are both dogs. An equally shocking comparison may be made between a "long-nosed" English collie, with its pointed muzzle, and a "snub-nosed" bulldog. The phenomenon exists in almost all plant and animal species, especially when the "hand of man" has intervened to select or interfere.

Grape varieties are classified by specialists called ampelographers (ampelos from the Greek=vine and graphos=description). Nowadays the DNA of the genetic make-up can also be consulted to identify varieties with a high degree of certainty, but this does not undermine the need and importance of ampelographers or specialists in classifying varieties from the physical or visual point of view.

Basically, the following visual classification aspects are used:

- *The tip and the first 6 small leaves.*
- *The characteristics of the adult leaves and their specific peculiarities (the color of the vein system, shape of the teeth, presence and shape of indentations).*
- *The characteristics of the cluster and of the grapes themselves.*

Forma de las bayas / *Shape of the grapes*

ELÍPTICA CORTA	ESFÉRICA	LIGERAMENTE APLASTADA	OVOIDE	TRONCOVOIDE
SHORT ELLIPTICAL	*SPHERICAL*	*SLIGHTLY FLATTENED*	*OVOID*	*TRUNCATED OVOID*

Forma de las hojas adultas / *Shape of the adult leaves*

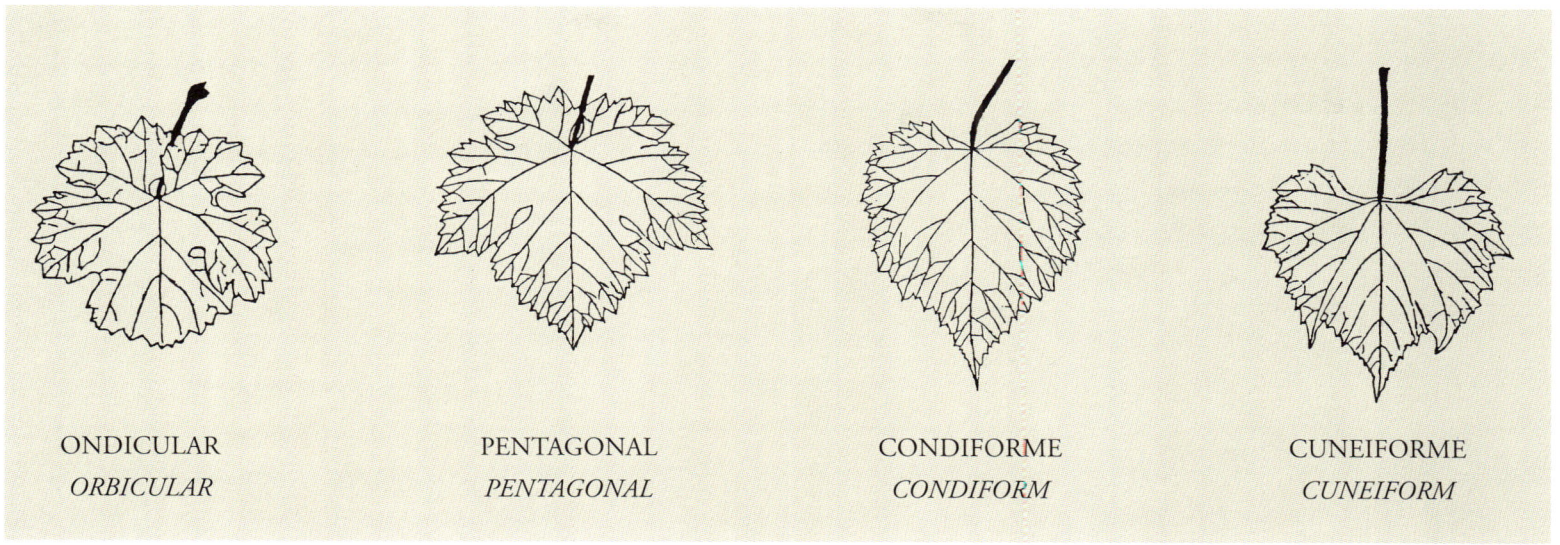

ONDICULAR — *ORBICULAR*   PENTAGONAL — *PENTAGONAL*   CONDIFORME — *CONDIFORM*   CUNEIFORME — *CUNEIFORM*

Número de lóbulos / *Number of lobes*

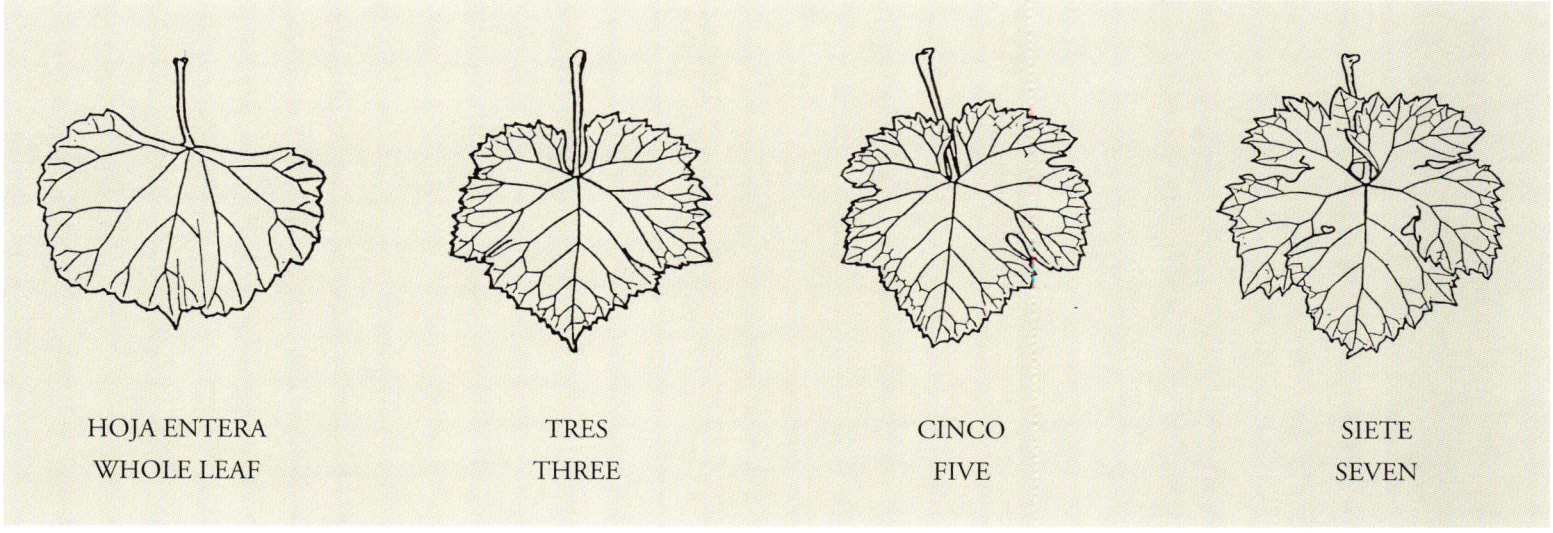

HOJA ENTERA — *WHOLE LEAF*   TRES — *THREE*   CINCO — *FIVE*   SIETE — *SEVEN*

Forma de los racimos / *Shape of the clusters*

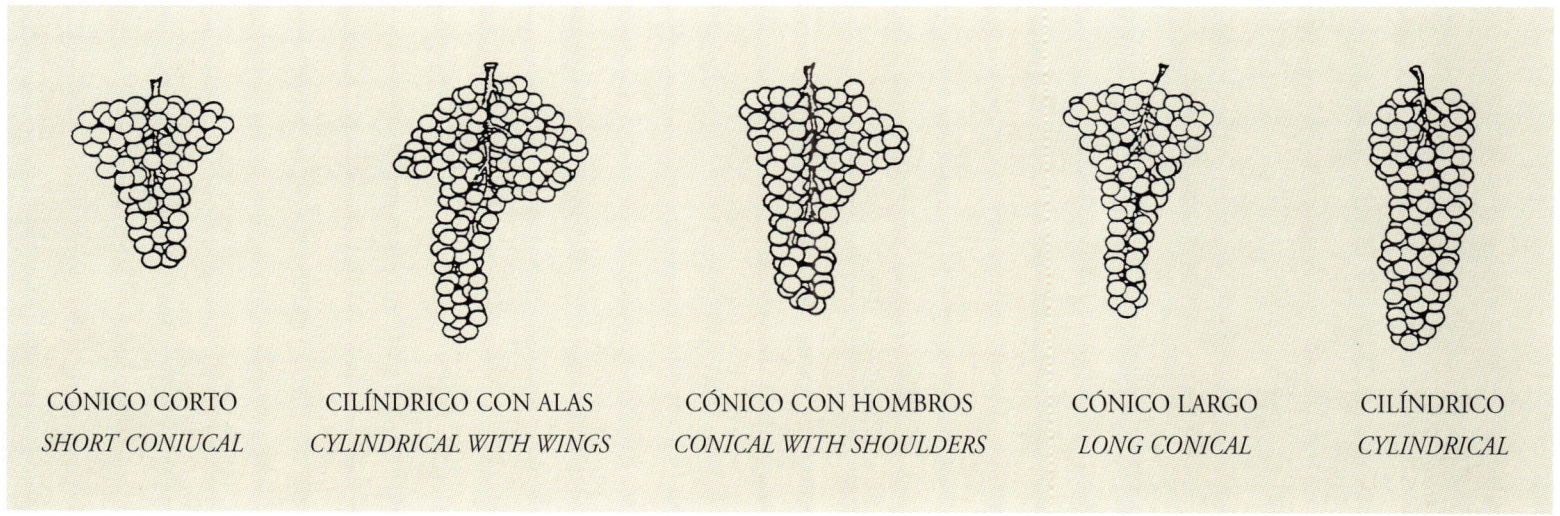

CÓNICO CORTO — *SHORT CONIUCAL*   CILÍNDRICO CON ALAS — *CYLINDRICAL WITH WINGS*   CÓNICO CON HOMBROS — *CONICAL WITH SHOULDERS*   CÓNICO LARGO — *LONG CONICAL*   CILÍNDRICO — *CYLINDRICAL*

Cabernet Sauvignon

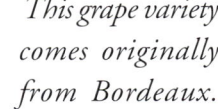

Ésta es una cepa de origen bordolés. Durante mucho tiempo se le denominó también como Vidure, Vindure, Petit Bouschet, y en España, Burdeos tinto. Sin embargo, la denominación Cabernet Sauvignon se ha impuesto sin contrapeso en todo el mundo.

Posee hojas orbiculares de tamaño medio, abultadas, brillantes, de color verde muy obscuro y claramente pentalobuladas (con 5 a 11 lóbulos). Se desarrolla en racimos pequeños de poco más de 10 cm de largo con un peso medio de entre 100 y 150 g. Las bayas (uvas) son pequeñas, esféricas y de piel dura.

Fue introducida en Chile durante el siglo XIX, junto con el resto de las cepas francesas que se cultivan actualmente en el país, pero desde un comienzo mostró un grado de adaptabilidad notable a las condiciones agro-climáticas de las zonas vitivinícolas de Chile, casi sin excepción. La presencia de 35.417 hectáreas determina que nuestro país sea uno de los principales productores de vinos del mundo que tienen en esta variedad la verdadera columna vertebral de sus vinos tintos.

A partir de esta uva se obtienen vinos de alta calidad, de gran aroma mientras jóvenes y gran bouquet cuando envejecidos, como también de extraordinaria estructura.

Su aroma, cuando se trata de vinos varietales con escasa evolución, se manifiesta con toques de frutas como frambuesas, frutillas maduras, higos secos y guindas. Además se descubren olores a pimiento verde, pimienta, y otros tan especiales como menta fresca y eucalipto. Sometido el vino a un proceso de elaboración más largo para alcanzar lo que se llama un Reserva, aparece el bouquet que se suma al enorme contingente de aromas descritos con los que aporta la madera. Se descubren, por ejemplo, olores a vainilla, aromas de frutas cocidas o mermeladas y otro tan particular como el humo.

Respecto al sabor, los vinos de esta cepa ofrecen una amplia y variada gama. Desde gustos vegetales como vainilla, café, chocolate, mentol, mora, pimentón y hierba seca.

This grape variety comes originally from Bordeaux. For a long time it was also known under the names Vidure, Vindure, Petit Bouschet, and in Spain, Burdeos Tinto. However, the name Cabernet Sauvignon has now been adopted everywhere without other counterbalance.

It has medium-sized, bulky, orbicular leaves, which are shiny and very dark-green in color and clearly penta-lobed (with between 5 and 11 lobes). The clusters are small, slightly over 10 cm in length, with an average weight of between 100 and 150 g. The grapes are small, spherical and hard-skinned.

It was introduced into Chile during the 19th century, together with the rest of the French varieties that are grown nowadays in this country, but right from the start it showed a remarkable ability to adapt to the agro-climatic conditions of the wine-growing areas of Chile, almost without exception. The presence of 35,417 hectares makes of Chile one of the main wine-producers in the world to use this variety as the real backbone of its red wines.

High-quality wines are obtained from this grape, with great aroma when new and bouquet when aged, and also with an extraordinary structure.

Its aroma, in the case of varietal wines with little maturing time, reveals itself in light touches of fruits, such as raspberries, ripe strawberries, dried fig and cherries. Scents such as green capsicum and pepper may also be found and other really special ones, like fresh mint and eucalyptus. When the wine is subjected to a longer preparation process to achieve Reserve status, the bouquet appears, adding the aromas contributed by the wood to the enormous range of aromas already described. Vanilla scents also emerge, for example, and aromas of cooked fruit or preserves, plus another special one: smoke.

The flavor of the wines from this grape variety offers a wide and varied range, including plant tastes like vanilla, coffee, chocolate, menthol, blackberry, pepper and dried grass.

Pinot Noir

Es una antigua cepa originaria de Borgoña que presenta muchos tipos de variedades y una gran variabilidad. Tiene numerosos sinónimos como Pinoz, Pinot fin y Petit plant doré.

Sus hojas son de tamaño mediano, orbiculares, de color verde oscuro, generalmente enteras o ligeramente pentalobuladas con un seno peciolar poco abierto o cerrado, con lóbulos oponiéndose hacia la cara inferior, formando una característica "cresta de gallo". En otoño el follaje adquiere un característico tono más o menos maculado de rojo.

Sus racimos son pequeños, cilíndricos, a veces alados y muy compactos. Las bayas son pequeñas, esféricas o ligeramente ovoidales, de color negro azulado o violeta obscuro.

Esta cepa, tal vez por su antigüedad y diversidad de difusión, presenta numerosos clones o subvariedades, siendo algunas de ellas altamente productivas. Es indispensable la búsqueda de un equilibrio en este sentido.

En Chile recién comienza a reconsiderarse como una variedad de interés para originar vinos tintos muy finos. Durante mucho tiempo se le cultivó en zonas muy calurosas, las que no son adecuadas para que se exprese bien. Además requiere ser vinificada (sus mostos) en condiciones muy especiales, lo que también ahora se respeta en Chile. Se ha demostrado la posibilidad de obtener excelentes resultados con plantaciones hechas en regiones frías como el valle de Casablanca y la muy sureña comuna de Mulchén. En la actualidad hay 1,607 hectáreas plantadas con Pinot Noir.

Su aroma se caracteriza por ser propio de frutos y flores, ambos con mucha intensidad. Evolucionan en forma positiva y delicada con la madurez. Se aprecian específicamente notas de frambuesa, guindas ácidas, y en general la sensación de flores secas.

En boca se pueden apreciar sabores tan variados como notas de jerez, tabaco y de distintas frutas; otros de carácter láctico que contrastan con diferentes mermeladas, una amplia gama de gustos herbáceos y también de frutas cocidas.

This is an old variety that came originally from Burgundy, with many types of sub-varieties that are in turn highly variable. It has numerous synonyms, such as Pinoz, Pinot Fin and Petit Plant Doré.

Its leaves are dark-green, medium-sized and orbicular, usually whole or slightly penta-lobed, with a petiolar indentation that is slightly open or closed, with lobes opposing each other on the under-side to form a typical "cockscomb". In autumn the foliage turns a characteristic, somewhat smudgy shade of red.

The clusters are small and cylindrical, occasionally winged, and very compact. The grapes are small, spherical or slightly ovoid and blue-black or dark violet in color.

This variety, perhaps because it is old and very widespread, presents numerous clones or sub-varieties, some of them being highly productive. It is essential to seek for a balance in this respect.

In Chile it is only recently being reconsidered as an interesting variety for creating very fine red wines. For a long time it was grown in very hot areas, which are unsuitable for allowing it to express itself well. It also needs very special conditions for its vinification (to obtain its musts), and these are now being respected in Chile. It is proven that it is possible to obtain excellent results with plantations in cold regions such as the Casablanca Valley and the area around Mulchén, away in the south. At present there are 1,607 hectares under vine of Pinot Noir in Chile.

It has a typical aroma of fruit and flowers, both very intense. They develop positively and delicately as they mature. Specific notes of raspberry and bitter cherry can be detected, and a general sensation of dried flowers.

On the palate the flavors are very varied, with notes of sherry, tobacco and a selection of fruits, with other lactic flavors which contrast with different types of jam, a wide range of herbal tastes and also cooked fruit.

Carménère

Esta cepa llegó a Chile junto con todas las otras traídas desde Francia, a mediados del siglo XIX. En ese país, a diferencia de lo que ocurrió con todo el resto de las cepas importadas y como consecuencia del ataque de la filoxera, desapareció como variedad conocida y cultivada sobre portainjertos americanos.

En Chile, durante los siglos XIX y XX, se la confundió con la cepa Merlot, y sólo recién en 1994 el ampelógrafo francés Jean Michel Boursiquot descubrió el error. Se la considera actualmente la variedad emblemática de Chile, dada su escasa presencia internacional y abundancia en el país. A partir de esa fecha se ha identificado correctamente un número elevado de hectáreas y se han plantado numerosas nuevas, contabilizándose en la actualidad más de 4.576 hectáreas con su denominación correcta.

Tal como se indicó, se la confundió con la Merlot, pero es ampelográficamente muy distinta. Sus hojas son orbiculares, con cinco lóbulos y un seno peciolar con bordes ligeramente sobrepuestos. Sus racimos son de tamaño pequeño y relativamente sueltos. Las bayas son esféricas, de color negro azulado.

Existen en nuestro país fundadas expectativas de buen éxito respecto a esta cepa, por ser un nuevo aporte al repertorio mundial de vinos tintos, ya que, virtualmente, casi no existe en ninguna otra parte del mundo, contándose con sólo cerca de 4.500 hectáreas en Italia y algunas plantaciones recientes en China. Pero su virtud no sólo es la de ser una novedad.

Es una cepa que presenta aromas característicos completamente novedosos y de gran persistencia, en comparación con la Merlot. Destacan intensos tonos a betarraga dulce y frutilla madura, y desarrolla interesantes olores en contacto con la barrica. Potencia aromas tostados, a cuero y vainilla, sin perjuicio de envolver gran frutosidad, buen cuerpo y permanencia.

En boca, lo que los catadores más destacan es un agradable sabor a tierra, contrastado por sabores metálicos tenues. También se describen sabores a café, diferentes frutas y especias como canela, pimentón verde y chocolate.

This variety also arrived in Chile together with the others brought in from France in the mid- 19th century. In that country, as a result of the phylloxera outbreak, it disappeared as a recognized variety and was cultivated on American graftstocks, unlike what happened with all the other imported varieties.

During the 19th and 20th centuries it was confused in Chile with the Merlot grape variety, and it was only in 1994 that the French ampelographer, Jean Michel Boursiquot, discovered the mistake. Today it is considered to be the emblematic Chilean variety, due to the fact that it is very scarce internationally and prolific in Chile. From that date on, a large number of hectares have been correctly identified and many new ones planted, with a total of 4,576 hectares existing now under the correct name.

As we have stated, it was confused with Merlot, but ampelographically speaking, it is quite different. Its leaves are orbicular, with five lobes and petiolar indentation with slightly overlapping edges. Its clusters are small, with a relatively loose structure. The grapes are spherical and blue-black in color.

There are well-founded hopes in this country of great success with regard to this variety, because it is a new contribution to the world repertoire of red wines. It exists almost nowhere else in the world except for approximately 4,500 hectares in Italy and a few new plantations in China, but its virtue lies not only in its novelty.

It is a variety with absolutely original aroma characteristics, which are very persistent compared to Merlot. There are outstanding, intense tones of sweet beetroot and ripe strawberries, and interesting scents occur in the contact with the barrel. Toasted aromas of leather and vanilla are released, without losing its great fruitiness, good body and persistence.

In the mouth, the feature highlighted by most tasters is a pleasant earthy flavor, contrasting with vaguely metallic touches. They also describe flavors of coffee, various fruits, spices such as cinnamon, green pepper and chocolate.

Merlot

Su origen es bordolés y corresponde denominarla más precisamente como Merlot Noir, pues también existe la Merlot Blanc, desconocida en Chile y muy diferente a la Merlot Noir. Antiguamente también recibió el nombre de Bigney Rouge y Vitraille, entre muchos otros.

Sus hojas son medianas o grandes, de color verde muy oscuro, en forma de cuña (cuneiformes) a heptalobuladas, provistas de senos laterales profundos e inferiores abiertos. Es común que su follaje enrojezca parcialmente en otoño.

Los racimos son cilíndricos, de largo mediano, entre 10 ó 15 centímetros, sueltos y a veces alados. Las uvas son esféricas pequeñas o medianas, de color azul negruzco.

En Chile la cepa Merlot es conocida también desde el siglo XIX, traída junto con todas las otras variedades francesas. Por muchos años se le estimó como un complemento para "suavizar" o permitir una evolución más rápida de la Cabernet Sauvignon. Al igual que la variedad Cot o Malbec, se le denominaba genéricamente como productora de vinos "Burdeos", es decir, tintos no Cabernet Sauvignon. Recién a partir de la década de los '80 del siglo XX se le reconoció su extraordinario valor como una variedad plenamente autónoma, lo que explica su auge al existir ahora 12.946 hectáreas plantadas en Chile.

Su aroma es significativamente más suave que el de la Cabernet Sauvignon, destacando los vegetales como betarraga y otros tan especiales como tierra húmeda, varios que evocan distintas flores y otros de origen animal. Son poco persistentes en el tiempo y un poco apagados.

En el paladar, son vinos redondos, ricos en alcohol, poco ácidos y con taninos suaves. Su sabor ofrece una amplia gama en la que se descubren tonos dulces de miel y frutos como ciruelas, mora, cerezas, bayas rojas y casis, además de frutos secos, mentol, pimentón y chocolate.

Merlot comes originally from Bordeaux and should be known more precisely as Merlot Noir, because there is also a Merlot Blanc, quite different from the Merlot Noir, which is unknown in Chile. It used also to be known as Bigney Rouge and Vitraille, among many other names.

Its leaves are medium or large, very dark-green in color and wedge-shaped (cuneiform), hepta-lobed and with deep lateral and lower open indentations. The foliage typically turns partially red in autumn.

The clusters are cylindrical, of medium length (between 10 and 15 cm), of loose structure and occasionally winged. The grapes are spherical, small-to-medium in size and blackish blue in color.

The Merlot variety has been known in Chile since the 19th century, brought in with the rest of the French varieties. For many years it was considered to be a complement, to make Cabernet Sauvignon "milder" or encourage it to mature more quickly. Like the varieties Cot or Malbec, it was known generically as a source of "Bordeaux" wines; in other words, not Cabernet Sauvignon. Only from the 1980s onwards has its extraordinary value as a fully autonomous variety been recognized, which explains its boom, with 12,946 hectares now planted in Chile.

Its aroma is considerably less intense than that of Cabernet Sauvignon, with plant aromas such as beetroot being the most obvious and other unusual ones, such as damp earth; several suggesting various flowers and others of animal origin. They are not persistent over time and are slightly attenuated.

In the mouth these wines are round, rich in alcohol, with low acidity and mild tannins. Their flavor offers a wide range in which sweet honey tones and fruits like plums, blackberries, cherries, red berries and cassis may be discovered, together with dried fruits, menthol, capsicum and chocolate.

Cot o Malbec

Esta cepa proviene del sudoeste de Francia donde se le conoce como Côt Rouge. Al introducirse en la Gironda, se le rebautizó con el nombre de Malbec. En realidad existen numerosos otros sinónimos, pero los que se han conservado han sido Cot o Malbec, sin que en definitiva se haya optado por un solo nombre.

Se caracteriza por tener hojas orbiculares enteras y a veces trilobuladas. Los racimos son de tamaño mediano, muy sueltos y a menudo alados. Las uvas son esféricas, medianas y de color negro azulado.

En Chile hay muestras que hacen que se considere como una cepa de vinos muy interesantes, aunque hay sólo 945 hectáreas plantadas con ella. Existen algunos proyectos de nuevas plantaciones ya que es, sin duda, una nueva alternativa para dar diversidad a nuestro repertorio de vinos tintos. Al igual que el caso de la Merlot, durante muchísimos años se la empleó como complemento de la Cabernet Sauvignon, para que ésta tuviera una evolución más rápida.

En Chile también comienza a ser reconsiderada, pues genera vino de muy buena acidez total, cuerpo aceptable y particular. Además, aunque de evolución rápida, también soporta bien una guarda prolongada.

Con el tratamiento adecuado puede generar interesantes e intensos aromas y sabores, lo que precisamente indujo a su comercialización como varietal, dejando de ser sólo el complemento obligado del Cabernet Sauvignon.

Sus aromas se caracterizan por oler a frutas rojas, cerezas, ciruelas y chocolate. También se han descrito aromas a licor de cereza, arándanos, pimiento y canela.

En cuanto a sus gustos, se describen principalmente los de fruta madura, mora, frambuesa y chocolate. Destacan además tonos dulces y acaramelados.

This variety comes from south-western France where it is known as Côt Rouge. When introduced in the Gironde, it was re-baptized Malbec. In fact there are numerous other synonyms, but those that have lasted are Cot and Malbec, without a decision ever having been taken as regards a definitive name.

It is characterized by its whole, obicular leaves, occasionally trilobed. The clusters are of medium size, very loose-structured and often winged. The grapes are spherical, medium-sized and blueish-black in color.

In Chile there are signs that this may turn out to be a variety which produces extremely interesting wines, even though there are only 945 hectares of it planted. There are certain projects for new plantings, because it is undoubtedly a new alternative to add diversity to our repertoire of red wines. As in the case of Merlot, it was used for many, many years as a complement to Cabernet Sauvignon, to enable it to mature faster.

In Chile it is also beginning to be reconsidered because it produces a wine with very good overall acidity and an acceptable and characteristic body. Also, although it matures quickly, it can also be kept for a long period.

Giving it the proper treatment, it can produce interesting, intense aromas and flavors, which are precisely what led it to be marketed as a varietal, instead of merely a compulsory complement to Cabernet Sauvignon.

Its aromas typically include red fruits, cherries, plums and chocolate. Aromas of cherry brandy, blueberries, pepper and cinnamon have also been described.

As regards flavors, the predominant descriptions are of ripe fruit, blackberries, raspberries and chocolate. There are also sweet caramel tones.

Syrah

No existe una única opinión respecto a su origen. Se ha cultivado desde la época de los romanos en el valle de Côtes du Rhône septentrional y en Dauphine cuando se autorizaron plantaciones en la Galia. Para algunos, es originaria de la población de Shiraz en Persia y también se dice que podría provenir de Siracusa en Sicilia, lo que explicaría algunos de sus sinónimos tales como Shiraz (en Australia), Siraz y Syrah, que es el más empleado en Chile.

Sus hojas son de tamaño medio, orbiculares, presentando senos profundos. Los racimos son medianos y cilíndricos, aunque a veces alados y muy compactos. Las bayas son ovoidales y pequeñas, de un bello color negro azulado, con una piel delgada pero resistente.

En Chile se puede considerar que fue reintroducida hace poco tiempo. Por tratarse de una variedad muy rústica y de notable vigor, que además se desarrolla bien en climas templados a calurosos, ya alcanza a las 2.007 hectáreas distribuidas entre el valle del Limarí hacia el norte y el del Maule al sur. Se concentra principalmente en el valle de Colchagua, con más de 670 hectáreas plantadas.

Su aroma característico recuerda a frutas rojas maduras y secas como la almendra y oliva, y especias agradables como la canela. Se describen también olores a chocolate.

Algunos catadores destacan en él su intenso sabor a chocolate, e incluso algunos mencionan "licores chocolatosos". Llaman la atención, además, sabores de frutas maduras, en especial de guindas y dulce de moras. A veces también se presenta un leve sabor a café y varios mencionan apreciar sabores a *toffee*. En su sabor aparecen notas tánicas y poco ácidas con buen cuerpo y persistencia. Origina vinos que permiten una evolución prolongada.

There is no definitive opinion as regards to its origin, but it has been grown since Roman times in the northern part of the Côtes du Rhône Valley and in Dauphiné when planting was first authorized in Gaul. Some people believe it came from the village of Shiraz in Persia and Syracuse in Sicily has also been suggested as a possible source, which would explain some of the synonyms, such as Shiraz (in Australia), Siraz and Syrah, which is the name most commonly used in Chile.

The leaves are of medium size, orbicular, with deep indentations. The clusters are medium-sized, cylindrical, occasionally winged, and very compact. The grapes are small and ovoid with a lovely blue-black color, with thin but resistant skin.

In Chile it may be said that it was reintroduced comparatively recently. Since it is a very rustic, highly vigorous grape variety, which flourishes in temperate to hot climates, there are already 2,007 hectares under vine, distributed from the Limarí Valley at the north and the Maule Valley at the south. It concentrates primarily in the Colchagua Valley, with over 670 hectares planted with it.

Its characteristic aroma is reminiscent of ripe red fruits and dried fruit such as almonds, olives and pleasant spices like cinnamon. Chocolate aromas have also been described.

Some tasters emphasize its intense chocolate flavor; in fact some even mention "chocolate liqueurs". There are also flavors of ripe fruit, especially cherries and blackberry jam. There are sometimes hints of coffee and some mention "toffee" flavors. There are tannic, non-acidic notes in the flavor, with good body and persistence. These are wines that can be aged over a long period.

Sauvignon Blanc

Originaria posiblemente del centro o sudoeste de Francia. En el mundo se le conoce también como Blanc Fumé, Sauvignon Fumé y Muskat Sylvaner en Alemania.

En el aspecto físico destaca por poseer hojas pequeñas a medianas, orbiculares y con 5 lóbulos. Se expresa en racimos pequeños y las bayas (uvas) son también pequeñas y ovoides. En su madurez alcanza un atractivo color amarillo.

Respecto a la presencia de esta cepa en Chile, es preciso aclarar que en realidad la que predominaba hasta hace poco tiempo era la Sauvignon Vert, también conocida como Tocai friulano. El error fue develado en la década de los setenta del siglo XX, y desde entonces las nuevas plantaciones se han hecho con la verdadera Sauvignon Blanc, cuyas plantas se trajeron desde Francia y California.

La Sauvignon Blanc recién comenzó a expresarse en Chile con su verdadero potencial, a principio de la década de los '80 del siglo XX, cuando junto con plantarse verdadero Sauvignon Blanc, sin mezclas con Semillón, se recurrió a las fermentaciones termocontroladas, factores que determinaron la obtención de resultados muy positivos. En nuestro país se encuentra también en casi todas las zonas vitivinícolas. La superficie total ocupada por ella alcanza las 6.944 hectáreas.

Los mostos obtenidos de esta cepa requieren de una fermentación muy cuidadosa pues posee gran potencia aromática, aunque menor que el Sauvignon Vert o Sauvignon Gris, especialmente cuando se cultiva en climas muy soleados.

Cuando se vinifica correctamente genera vinos con aromas que evocan cáscara de limón, pomelo, hierbas frescas y otros gustos herbáceos. Todos estos aromas se expresan con mucha intensidad.

Al ser degustados destacan sabores cítricos diferenciables, tanto limón como naranja o pomelo. Se describen también diferentes gustos herbáceos y de frutas como manzanas y membrillos. Además, destacan sabores a pimiento y avellana.

This variety may have originated in central or southwestern France. In other parts of the world it is also known as Blanc Fumé, Sauvignon Fumé and Muskat Sylvaner in Germany.

Physically speaking, its outstanding features are its small-to-medium, orbicular leaves with 5 lobes. The clusters are small and the grapes are small as well and ovoid. When ripe, they turn into an attractive yellow color.

With regard to the presence of this variety in Chile, it should be made clear that, in fact, until a short time ago, the predominant strain was the Sauvignon Vert, also known as Tocai friulano. The mistake was discovered in the 1970s and, since then new vineyards have been planted with the genuine Sauvignon Blanc, with plants brought from France and California.

Sauvignon Blanc only began to find expression with its true potential in Chile at the beginning of the 1980s, when genuine Sauvignon Blanc began to be planted, without mixtures with Sémillon, and at the same time, thermo-controlled fermentation procedures began to be used, determinating factors in obtaining highly positive results. In our country it is also found in almost all the wine-producing regions. The total area covered by this grape variety adds up to 6,944 hectares.

The musts obtained from this variety require extremely careful fermentation because they have great aromatic potency, though less than Sauvignon Vert o Sauvignon Gris, especially when grown in very sunny climates.

With a correct vinification process the resulting wines have aromas reminiscent of lemon peel, grapefruit, fresh herbs and other herbal tastes. All these aromas are expressed with great intensity.

On tasting, distinctive citric flavors predominate, in other words, lemon, orange or grapefruit. Other tastes of herbs and fruit are also described, including apples and quinces. There are also obvious pepper and hazelnut flavors.

Chardonnay

El origen de esta cepa blanca se encuentra en la Borgoña francesa. Algunos la ubican en el Maconnais, donde existe un pueblo llamado, precisamente, Chardonnay.

Con el transcurso del tiempo se ha extendido por toda Francia y posteriormente a distintos países vitivinícolas. El uso de la denominación Chardonnay se ha impuesto definitivamente. Pero también se le conoció como Pinot Blanc, Morillón Blanc, Weiss Silber (en Alsacia) y de otras maneras.

Se destacan como los aspectos más relevantes, hojas adultas orbiculares de tamaño mediano, generalmente enteras o con 5 lóbulos. Sus racimos son cilíndricos, pequeños o medianos y superan apenas los 15 centímetros de largo.

En Chile, a pesar que se trajo en el siglo XIX, recién se "redescubrió" en la década de los '80 del siglo XX, cuando se impusieron las fermentaciones termocontroladas de los mostos.

Actualmente su cultivo se encuentra orientado preferentemente hacia climas frescos (valle de Casablanca por ejemplo) donde expresa mejor todas sus virtudes.

Esta cepa augura vinos que se caracterizan por su buena complementación con las vasijas de maderas finas; de ahí que, en algunos casos, sus mostos se fermenten en barricas de roble americano o encina francesa, para obtener así vinos complejos. Existe otra tendencia, aunque menos común, de fermentarlos y criarlos sin contacto alguno con la madera, dando origen así a varietales propiamente tales.

Respecto a su aroma, generalmente destacan los que semejan durazno, plátano y otras frutas como piña, higos y papaya. En cuanto a sabor se descubren aspectos cítricos, notas de caramelo, *toffee*, vainilla y otra serie de variantes, sobre todo en aquellos que han tenido contacto con maderas nobles.

En la actualidad Chile posee la respetable cantidad de 7.786 hectáreas plantadas con esta variedad. Se concentra fundamentalmente en el valle de Casablanca, donde existen 1.861 hectáreas, circunstancia positiva pues se desarrolla mejor en climas frescos. Sin embargo, es preciso tener presente que se cultiva en casi todas las zonas vitivinícolas del país.

The origin of this white variety is found in French Burgundy. Some people place it in the Mâcon area where there is a village called, precisely, Chardonnay.

With the passing of time it has spread to all parts of France and subsequently to other wine-producing countries. The use of the name Chardonnay has definitely been adopted, but it was also formerly known as Pinot Blanc, Morillon Blanc, Weiss Silber (in Alsace) and other names.

The most relevant distinguishing aspects are orbicular adult leaves, of medium size, generally whole or with five lobes. The clusters are cylindrical in shape and small-to- medium in size, rarely over 15 centimeters long.

In Chile, although it arrived in the 19th century, it was only "rediscovered" in the 1980s, when thermo-controlled must fermentation came into use.

At present it is grown preferably in cool climates (such as the Casablanca Valley) where all its virtues are best expressed.

This grape variety promises wines that typically marry well with fine wooden casks, so the musts are sometimes fermented in barrels of American or French oak, in order to obtain complex wines. There is another less common trend to ferment and age them without any contact with wood, to produce true varietals.

As regards aroma, generally the most noticeable are those resembling peach, banana and other fruits such as pineapple, figs and papaya. On the palate there are citric touches, notes of caramel, toffee and vanilla, and another series of variants, especially in those that have been in contact with noble wood.

At present Chile possesses the respectable total of 7,786 hectares planted with this grape variety. These are mainly concentrated in the Casablanca Valley where there are 1,861 hectares, a positive fact because the vine gives of its best in cooler climates. However, it should be mentioned that it is grown in almost all the wine-producing areas of the country.

Semillón

Se le supone originaria de la región bordolesa de Sauternes, en Francia. Es una variedad muy difundida a través del mundo vitivinícola, y se ha denominado también como Saint Emillon, Semillón Roux, entre otros nombres.

En Chile fue durante muchos años la base fundamental para generar vinos blancos, al cubrir más de 20.000 hectáreas. Actualmente se encuentra en un agudo período de contracción por arranque o carencia de nuevas plantaciones. Hoy se contabilizan sólo 2.103 hectáreas.

La cepa se caracteriza por presentar hojas de color verde claro. Sus racimos son de tamaño mediano, cilíndricos y compactos. Las uvas son de color blanco dorado, que se tiñen de color rosa débil cuando alcanzan su completa madurez. Este proceso demora más que en otras variedades blancas cultivadas en Chile, como la Sauvignon Blanc y la Chardonnay.

Posee alto vigor y fertilidad; de ahí que para obtener un producto adecuado debe mantenerse dentro de niveles discretos de producción, lo que en Chile por mucho tiempo no se observó. Ello influyó de cierta manera en su desprestigio.

Últimamente existe también una suerte de "redescubrimiento" en ensamblajes con Sauvignon Vert y Chardonnay, y algunos buenos ejemplos de varietales puros. Además, ha demostrado ser una excelente alternativa para elaborar vinos de cosecha tardía, también conocidos como "Late Harvest".

Produce aromas menos intensos que la generalidad de las cepas blancas finas. Si se vinifica en condiciones de madurez adecuada, denota notas muy gratas, cítricas y de miel. También presenta aromas de pimentón y pasto verde.

En cuanto a sabores, la cepa Semillón destaca por ofrecer una amplia gama de hierbas finas. También se encuentran sabores a membrillo, miel, mantequilla, higos y cerezas, y una gama amplia de sabores florales.

It is thought that this variety came originally from the Bordeaux region of Sauternes, in France. It is a variety found throughout the wine-producing world and has also been called Saint Emillon, Sémillon Roux and other names.

For many years it was the fundamental basis for the production of white wines in Chile, covering more than 20,000 hectares. At the present time it is going through a period of acute contraction, with plantations being up-rooted and a lack of new plantings. At present it totals only 2,103 hectares.

The variety is typified by its light-green leaves. The clusters are medium-sized, cylindrical and compact. The grapes are golden white in color, turning a faint pink when fully ripe.

It ripens later than other white varieties grown in Chile, such as Sauvignon Blanc and Chardonnay.

It is a vigorous, fertile vine, so production must be kept at prudent levels in order to obtain an adequate quality. For a long time this was not done in Chile, and this accounts to a certain extent for its loss of prestige.

Recently there has been a kind of "rediscovery" in assemblages with Sauvignon Vert and Chardonnay, and some good examples of pure varietals. It has also been shown to be an excellent choice for making the wines known as "Late Harvest".

It produces less intense aromas than most fine white grape varieties. If vinification takes place at the appropriate stage of ripeness it produces very pleasant notes of citrus fruits and honey. Aromas of pepper and green grass can also be detected.

Sémillon offers a wide range of fine herbal flavors on the palate; there are also flavors of quince, honey, butter, figs and cherries, and a wide variety of floral flavors.

Gewürztraminer

El nombre de esta cepa, un verdadero trabalenguas, contrariamente a lo que generalmente se cree, no es originario de Alemania sino de una pequeña población del Tirol italiano llamada Tramin. Corresponde a la variedad rosada y aromática del Savagnin. Fue introducida en Alemania en el siglo XVI, donde se la denominó Fleischweiner (uva de color carne). El nombre de Gewürztraminer viene de la expresión alemana "gewürz", que significa condimento o especia; al denominarla con esta palabra la diferenciaron de la subvariedad "no condimentada" conocida como Savagnin rosado.

Sus hojas son orbiculares, de tamaño pequeño, trilobuladas y de textura gofradas. Los racimos son muy pequeños y sueltos. Su característica más notable es que, a pesar de ser una variedad que genera vinos blancos, sus uvas son de color rosa o rojo claro, muy particular.

Se trata de una cepa muy vigorosa pero sensible a la corredura (problema de fructificación) por lo que deben observarse normas especiales en su poda. Para expresar toda su elegancia y finura debe cultivarse en climas frescos.

En Chile hay sólo 133 hectáreas plantadas con esta variedad, a pesar que está presente desde el siglo XIX. Con la explotación vitivinícola del valle de Casablanca, y en regiones del extremo sur vitivinícola que se incorporarán en el futuro, se presume un porvenir interesante pues es una alternativa novedosa frente a las cepas blancas tradicionales y mayoritarias que se cultivan en Chile. Su expresión varietal también se ha visto favorecida con la generalización de las fermentaciones termocontroladas.

Su aroma es muy potente, original y característico. En efecto, se detecta el de la fruta china *litchi* y también notas que recuerdan duraznos y rosas; todo ello envuelto en un aire de gran frescura.

Una de las características más relevantes de los vinos de esta cepa es que la frescura de su aroma se aprecia con notable fidelidad en el gusto, donde se encuentran sabores cítricos florales y de rosas. Son gustos tan intensos, que merece ser llamada *"gewürz"* o condimento.

The name of this variety, which is a real tongue-twister, does not come from Germany, as is generally believed, but from a little town in the Italian Tyrol called Tramin. It corresponds to the pink, aromatic variety of Savagnin. It was introduced in Germany in the 16th century, where it was called Fleischweiner (meat-colored grape). The name Gewürztraminer comes from the German word "Gewürz" which means seasoning or spice; and giving it this name differentiated it from the "un-spiced" sub-variety known as Savagnin Rosé.

The leaves are orbicular, small in size, tri-lobed and goffered to the touch. The clusters are very small and loose-structured. Its most outstanding characteristic is that, despite being a variety that produces white wines, the grapes are pink or light-red in color, quite typical.

It is a very hardy variety but sensitive to overflow, (a problem with fructification) so that special procedures have to be observed when pruning. In order to express all its elegance and refinement, it must be grown in cool climates.

In Chile only 133 hectares are planted with this variety, though it has been in the country since the 19th century. With the wine-producing exploitation of the Casablanca Valley, and in the southernmost regions of the wine-growing area that will be included later on, there may well be an interesting future for this grape variety, because it is an original alternative to the traditional, majority white varieties grown in Chile. Also, of course, its varietal expression has been favored by the wide-spread use of thermo-controlled fermentation.

Its aroma is very strong, original and characteristic. In fact it is very similar to that of the Chinese fruit ly-chee, while notes reminiscent of peaches and roses are also commonly present, all surrounded by an evident air of great freshness.

One of the most relevant characteristics of the wine obtained from this grape variety is that the freshness of its aroma is faithfully reflected in the taste, where one finds floral citric flavors and some of roses. They are such intense tastes that they merit the name of "Gewürz" or seasoning.

FRUTO DE LA VID
Y LA MANO DEL HOMBRE

FRUIT OF THE VINE
AND THE HAND OF MAN

Alejandro Hernández

Thinning or elimination of clusters done when the grapes have completed their color change.

A ripe, healthy grape cluster.

Ripeness control of the must (sugar, acidity, pH and polyphenols).

Fruto de la vid: la materia prima

Las buenas cosechas y los vinos de calidad requieren uvas bien maduras y completamente sanas. Para lograr esto es necesario que durante el verano existan excelentes condiciones de clima. En este período de tiempo el grano de la uva crece, cambia de color y madura, y cuando los racimos adquieren la madurez óptima se inicia la vendimia.

Durante esta fase de maduración de las uvas, que dura alrededor de dos meses, se producen importantes cambios morfológicos y fisiológicos: los granos aumentan de tamaño y de peso, acumulan azúcares, materias colorantes y aromas, pierden acidez y olores y gustos herbáceos, reemplazándolos por aromas a frutas y gustos dulces y sabrosos.

En la producción de vinos finos se requiere un trabajo muy prolijo y técnico en la viña para mejorar la calidad de los racimos. En primer lugar, se ajusta la carga potencial de la parra eliminando los racimos tardíos o mal formados y, a veces, en la obtención de vinos tintos concentrados se deja sólo un racimo por brote. Además, se maneja el follaje de manera tal que los racimos queden ventilados y ligeramente asoleados, obteniéndose así una madurez óptima.

A partir de la "pinta", momento en que la uva cambia de color, aproximadamente dos meses antes de la cosecha, se analiza el avance de la maduración del fruto con muestreos periódicos de las uvas para determinar el aumento del azúcar y la disminución de la acidez. Al mismo tiempo los granos se prueban para conocer su gusto

Fruit of the vine: the raw material

Good harvests and quality wine require grapes that are fully-ripened and completely healthy. To achieve this, there should be excellent climatic conditions in summer. During that period the grapes grow, change color and ripen, and when the grape clusters reach their optimum ripening, the harvest begins.

During the grape ripening stage, which lasts about two months, important morphological and physiological changes occur: the size and weight of the grapes increase, they become rich in sugars, coloring matter and aromas, and they lose their acidity and their herbal flavors and tastes, replacing them with fruity aromas and sweet, tasty flavors.

The production of fine wine requires very meticulous technical work in the vineyard to improve the quality of grape clusters. In the first place, the potential load of the vine is adjusted by eliminating late or poorly-shaped clusters, and sometimes, in order to obtain concentrated red wines, only one cluster is left per shoot. The foliage is also adjusted so that the grape clusters are ventilated and slightly exposed to the sun, thereby reaching an optimum ripening.

As from the moment of the "pinta", when the grape changes color, approximately two months before the harvest, the ripening progress is checked by periodic sampling to measure the increase in sugar content and the decrease in acidity. At the same time, the grapes are tasted to determine their flavor and the changes that are taking place in their aroma. These processes are commonly called ripening control, and they indicate the right moment to begin harvesting.

Cosecha manual de racimos.

Manual grape harvesting.

Transporte de los racimos en cajas pequeñas.

Transporting the grapes in small boxes.

Acarreo de las cajas con uva hacia la bodega de vinificación.

Carrying the boxes with the grapes to the winery.

y los cambios de aroma que se van produciendo. A estos procesos se les llama comúnmente controles de madurez, y son los que indican el momento oportuno de iniciar la vendimia.

La cosecha de la uva se hace en la mayoría de los casos en forma manual: los racimos se cortan, se depositan en cajas de plástico y se llevan a la bodega de vinificación. En la producción de vinos finos el cuidado de las uvas es crítico, ya que el objetivo es comenzar la vinificación con uvas enteras y libres de daños producidos por el transporte a granel o por cosechadoras mecánicas mal reguladas.

La mano del hombre: vinificación y elaboración

La vinificación propiamente tal consiste en un conjunto de procesos que permiten transformar el jugo de uva, o mosto, en vino. Esta transformación de un líquido azucarado (mosto) en un líquido alcohólico (vino) es un fenómeno biológico llamado fermentación alcohólica. Sólo a partir del año 1860, gracias a las investigaciones de Pasteur, se sabe que son las levaduras alcohólicas, hongos microscópicos, las que transforman el azúcar de la uva en alcohol, gas carbónico y decenas de otros componentes.

En la obtención de vinos finos la primera labor consiste en pasar los racimos por una "mesa de selección", que en la práctica es una cinta rodante que arrastra los racimos desde su descarga a la máquina despalilladora-moledora y que permite seleccionar los racimos que van a la molienda. En esta cinta trans-

In most cases the grapes are picked manually: the clusters are cut and placed in plastic boxes which are taken to the winery. In the production of fine wines, grapes care is critical, since the aim is to begin the wine-making process with whole grapes free from any damage caused by bulk transportation or by badly-adjusted mechanical harvesters.

The hand of man: vinification and production

Vinification as such consists of a series of processes which allow the grape juice, or must, to be changed into wine. This transformation of a sugary liquid (must) into an alcoholic liquid (wine) is a biological process called alcoholic fermentation. It was only after the year 1860 that, thanks to the research of Louis Pasteur, it became known that it is the alcoholic yeasts, which are microscopic fungi, that change the sugar in the grapes into alcohol, carbon dioxide and dozens of other components.

To obtain fine wines, the first task is to pass the clusters of grape along a "selection table," which is actually a conveyor belt that takes the clusters from the unloading point to a stemming and crushing machine, allowing a selection to be made of the clusters to be crushed. Imperfect clusters, leaves and any other impurities are removed from this conveyor, so that only the crushed grapes from healthy, ripe clusters reach the fermentation vat. In very special cases, and for making ultra-premium wines, a selection of individual grapes is made before taking them to the crusher. This ultra-selective procedure has been used for decades in France to produce Sauternes, and is recently being introduced in Chile.

Cajas de uva entrando a la parte superior de la sala de cubas de fermentación.

Arrival of the boxes of grapes at the top of the fermentation vat room.

Descarga y selección de los racimos que van a la máquina despalilladora-moledora.

Unloading and selection of the clusters going to the stemming-crushing machine.

Granos molidos cayendo por gravedad dentro de la cuba de fermentación.

Crushed grapes falling by gravity into the fermentation vat.

portadora se eliminan los racimos imperfectos, las hojas y cualquier impureza para asegurar que sólo lleguen a la cuba de fermentación los granos molidos de uvas provenientes de racimos sanos y maduros. En casos muy especiales y en la obtención de vinos ultra premium, se realiza una selección de granos antes de su descarga a la moledora. Esta muy exquisita selección se ha usado en Francia hace décadas para la obtención del Sauternes y se está utilizando en Chile recientemente.

Vinificación de vinos tintos

La característica esencial de la vinificación de tintos reside en que el mosto fermenta en contacto con las partes sólidas del grano de uva: película y pepas. Es durante este tiempo de contacto que la materia colorante, taninos, materias minerales y olorosas pasan al mosto y permiten obtener un vino tinto.

Para poder obtener el vino y favorecer la maceración y fermentación, antes de ir a la cuba la uva sufre tratamientos mecánicos como la molienda y separación del escobajo.

La molienda consiste en reventar el grano de uva para que se mezclen sus diversas partes y se libere el jugo, produciéndose una aireación del mosto antes de la fermentación alcohólica. Se logra así una buena maceración de todo este conjunto y se contribuye a repartir las levaduras adheridas a la película.

La separación del escobajo es una práctica necesaria, pues de lo contrario el vino sale con mayor cantidad de taninos y es

The vinification of red wine

The essential characteristic in making red wine is that the must is allowed to ferment in contact with the solid parts of the grape: the skin and pips. It is during this period of contact that the coloring agents, tannins, minerals and fragrances pass into the must, making it possible to obtain a red wine.

In order to make wine and encourage maceration and fermentation, the grapes are subjected to mechanical processes of crushing and stemming before going into the vat.

Crushing consists in bursting the grapes so that their different components are mixed together and the juice is set free, causing aeration of the must prior to alcoholic fermentation. A good

Mesa de selección grano a grano para vinos ultra premium.
Grape by grape selection table for ultra premium wines.

Vista de las cubas de fermentación.

A view of the fermentation vats.

Panel de control automático de las temperaturas de fermentación.

Automatic fermentation temperature control panel.

Remontaje, mosto en fermentación cayendo sobre la masa de orujos (sombrero).

Remontage, fermenting must falling on the mass of grape residue (cap).

más astringente, incluso con gusto herbáceo. Las máquinas moledoras separan el escobajo y luego el mosto es vertido directamente en las cubas de fermentación o a través de tuberías usando la gravedad o motobombas.

Durante el encubado, proceso que dura desde el momento en que llega el mosto a la cuba hasta el final de la fermentación alcohólica, cuando se descuba, se producen importantes fenómenos físicos y químicos, siendo las levaduras las principales responsables de ello. Como todos los seres vivos, las levaduras tienen necesidades precisas en lo que se refiere a su nutrición y al medio en que viven. Ellas crecen y se multiplican, produciendo el vino, bajo ciertas condiciones de alimentación, temperatura y aireación. Su alimentación está asegurada sin problemas si el mosto proviene de uvas sanas y bien maduras. Se desarrollan bien entre 15° y 30°C y necesitan pequeñas aireaciones para disponer de oxígeno. Durante los 6 a 10 días que dura la fermentación alcohólica, la mano del hombre somete al mosto a las prácticas de remontaje, pisoneo, control de densidad y temperatura, y refrigeración (estos procesos están ilustrados en el esquema de vinificación de vinos tintos).

La duración del encubado debe adaptarse al tipo de vino deseado y dependerá de las condiciones de cosecha del año (madurez y estado sanitario de la uva) y del cepaje. El período de encubado influirá en el cuerpo, la cantidad de taninos, la astringencia, la evolución y la longevidad del vino. Para un vino de reserva el período total de encubado dura aproximadamente un mes, a diferencia de un vino de consumo joven o "varietal", para el que dura 6 a 10 días. El período más corto de encubado de los vinos

maceration of the whole mixture is achieved in this way, and the yeasts adhering to the skins are evenly distributed.

Separation from the stems is a practical necessity, otherwise the wine ends up with too much tannin, is more astringent, and may have a herbal taste. The crushers separate the stalks, and the must is then transferred directly to the fermentation vats by gravity or by pumps.

While in the vat, a process that lasts from the time when the must arrives until the end of the alcoholic fermentation, when it is removed from the vat, important physical and chemical phenomena take place, most of them caused by yeasts. Like all living creatures, yeasts have precise needs with regard to nutrition and the medium in which they live. They grow and multiply, producing wine, under certain conditions, concerning food, temperature and air supply. Their food-supply is assured with no problem at all, if the must comes from healthy and well-ripened grapes. They develop well between 59° and 86° F and need small amount of aeration to obtain oxygen. During the 6 to 10 days that alcoholic fermentation lasts, the must is subjected by man to the operations of remontage, tamping, density and temperature control, and cooling (these processes are illustrated in the diagram of red wine making).

The time in the vat has to be adjusted to the type of wine desired and will depend on the conditions of the year's harvest (the ripeness and health of the grapes), and on the grape variety. The period in the vat affects the body, the amount of tannin, the astringency, the evolution and the longevity of the wine. For a reserve wine, the total period in

Descube, trasiego del vino de gota terminado a una cuba nueva.

Decanting of the finished free run wine into a new vat.

Prensado de orujos: una vez que éstos han sido prensados y se ha obtenido el vino de prensa, se eliminan los orujos.

Pressing of the skins and pips, which are eliminated after the press wine has been obtained.

Degustación, control diario de la evolución del vino durante el período de postmaceración.

Tasting, daily control of the evolution of the wine during the post-maceration period.

"varietales" se debe a que no son sometidos a la maceración postfermentativa, que es necesaria en los vinos "reserva".

La postmaceración, que busca una mayor extracción de taninos para que el vino tenga más concentración y cuerpo, se prolonga de 1 a 4 semanas después de la fermentación alcohólica. Durante el período de postmaceración el vino debe degustarse diariamente para controlar el avance de la extracción de los taninos y de los aromas.

Después del descube, que generalmente es aireado, el vino inicia una fermentación secundaria o fermentación maloláctica, realizada por microorganismos específicos: las bacterias lácticas. La fermentación maloláctica da suavidad al gusto, complejidad de aromas y mejora la estabilidad del vino al transformarse el ácido málico, que es inestable, de sabor áspero y verde, en ácido láctico, que es estable y de sabor delicado, con lo que aumenta la armonía y amabilidad del producto. Por eso se dice que la fermentación maloláctica consiste en una desacidificación y una suavización de los vinos nuevos que beneficia y aumenta su calidad.

Después de trasegar el vino y obtener el vino de gota, los orujos escurridos se sacan de la cuba y se prensan para extraer el vino contenido en la masa de orujos; este vino se denomina "vino de prensa". El vino de prensa es de características físico-químicas y gustativas diferentes a las del vino de gota. En líneas generales, es mucho más coloreado, duro, astringente y áspero, y sus aromas suelen ser desagradables; sin embargo, pueden ser usados junto con el vino de gota para potenciar su color y cuerpo. Los vinos tipo reserva pueden contener vino de prensa en su composición.

the vat lasts about a month, compared with a "varietal" wine that has to be drunk young, for which it lasts 6 to 10 days. "Varietal" wines need a shorter time in the vat because they do not undergo the post-fermentation maceration which is necessary for "Reserve" wines.

Post-maceration, which is aimed at a greater extraction of tannin so that the wine will have more concentration and body, extends for 1 to 4 weeks after alcoholic fermentation. During post-maceration the wine must be tasted daily to check the progress of the tannin extraction and aromas.

After removal from the vat, which is generally aerated, the wine begins a secondary or malolactic fermentation, caused by specific micro-organisms called lactic bacteria. Malolactic fermentation contributes smoothness to the flavor, complexity to the aromas, and improves the stability of the wine, since malic acid, which is unstable and has a rough unripe flavor, is converted into lactic acid, which is stable and and has a delicate flavor, enhancing the product's harmony and accessibility. For that reason it is said that malolactic fermentation consists in de-acidifying and smoothing new wines, thereby improving and increasing their quality.

After racking the wine and obtaining the "free run" wine, the strained skins and pips are removed from the vat and pressed to extract the wine contained in the mass. This wine is called "press wine". Press wine has physical, chemical and taste characteristics that differ from those of free run wine. In general, it is much more highly colored, astringent and harsh, and its aroma is often unpleasant. However, it can be used together with free run wine to increase color and body. Reserve type wines may contain press wine, in their composition.

Vinificación de vinos tintos

La característica esencial de la vinificación de tintos reside en que el mosto fermenta en contacto con las partes sólidas del grano de uva (película y pepas). Es durante este tiempo de contacto que la materia colorante, taninos, materias minerales y olorosas pasan al mosto y permiten obtener un vino tinto. Después que los granos de uvas han sido molidos, comienza la fermentación alcohólica del mosto (jugo de uvas). Durante este proceso crítico se llevan a cabo las operaciones de remontaje, pisoneo, trasiegos y controles de temperatura. Una vez obtenido el vino, éste se embotellará si es un vino joven o se trasladará a barricas donde madurará por 10 a 18 meses antes de ser embotellado.

Winemaking for red wine

The essential characteristic for making red wine is that the must ferments in contact with the solid parts of the grapes (skin and pips). It is during that time that coloring agents, tannins, minerals and aromas pass into the must and make it possible to obtain a red wine.
Once the grapes have been crushed, alcoholic fermentation of the must (grape juice) begins. During this critical process remontage, tamping, racking and temperature control operations are carried out.
After the wine has been obtained, it is bottled if it is going to be a young wine, or tranferred to barrels in which it will age for 10 to 18 months before bottling.

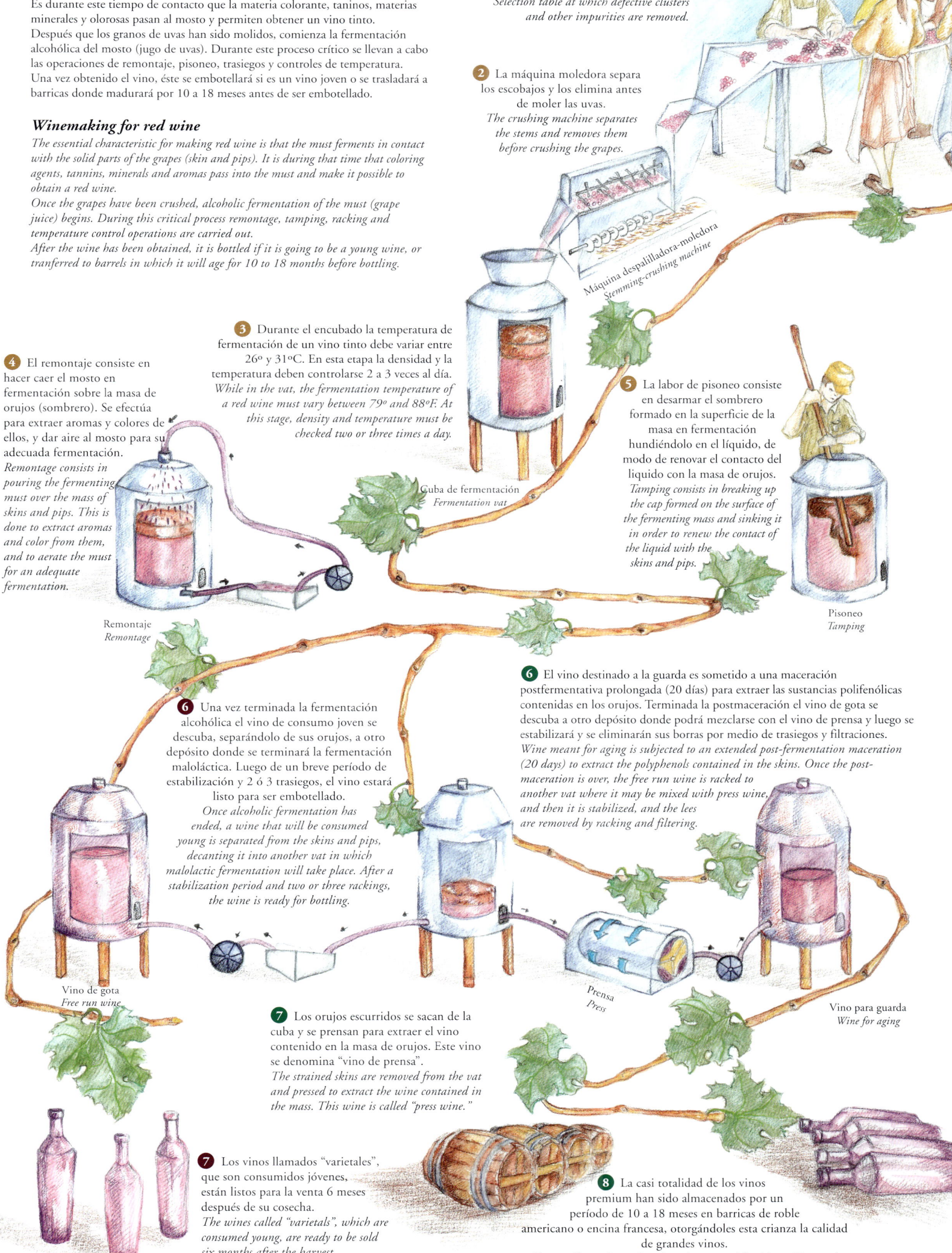

1 Mesa de selección donde se eliminan los racimos deficientes y cualquier otra impureza.
Selection table at which defective clusters and other impurities are removed.

2 La máquina moledora separa los escobajos y los elimina antes de moler las uvas.
The crushing machine separates the stems and removes them before crushing the grapes.

Máquina despalilladora-moledora
Stemming-crushing machine

3 Durante el encubado la temperatura de fermentación de un vino tinto debe variar entre 26º y 31ºC. En esta etapa la densidad y la temperatura deben controlarse 2 a 3 veces al día.
While in the vat, the fermentation temperature of a red wine must vary between 79º and 88ºF. At this stage, density and temperature must be checked two or three times a day.

Cuba de fermentación
Fermentation vat

4 El remontaje consiste en hacer caer el mosto en fermentación sobre la masa de orujos (sombrero). Se efectúa para extraer aromas y colores de ellos, y dar aire al mosto para su adecuada fermentación.
Remontage consists in pouring the fermenting must over the mass of skins and pips. This is done to extract aromas and color from them, and to aerate the must for an adequate fermentation.

Remontaje
Remontage

5 La labor de pisoneo consiste en desarmar el sombrero formado en la superficie de la masa en fermentación hundiéndolo en el líquido, de modo de renovar el contacto del liquido con la masa de orujos.
Tamping consists in breaking up the cap formed on the surface of the fermenting mass and sinking it in order to renew the contact of the liquid with the skins and pips.

Pisoneo
Tamping

6 El vino destinado a la guarda es sometido a una maceración postfermentativa prolongada (20 días) para extraer las sustancias polifenólicas contenidas en los orujos. Terminada la postmaceración el vino de gota se descuba a otro depósito donde podrá mezclarse con el vino de prensa y luego se estabilizará y se eliminarán sus borras por medio de trasiegos y filtraciones.
Wine meant for aging is subjected to an extended post-fermentation maceration (20 days) to extract the polyphenols contained in the skins. Once the post-maceration is over, the free run wine is racked to another vat where it may be mixed with press wine, and then it is stabilized, and the lees are removed by racking and filtering.

6 Una vez terminada la fermentación alcohólica el vino de consumo joven se descuba, separándolo de sus orujos, a otro depósito donde se terminará la fermentación maloláctica. Luego de un breve período de estabilización y 2 ó 3 trasiegos, el vino estará listo para ser embotellado.
Once alcoholic fermentation has ended, a wine that will be consumed young is separated from the skins and pips, decanting it into another vat in which malolactic fermentation will take place. After a stabilization period and two or three rackings, the wine is ready for bottling.

Vino de gota
Free run wine

Prensa
Press

Vino para guarda
Wine for aging

7 Los orujos escurridos se sacan de la cuba y se prensan para extraer el vino contenido en la masa de orujos. Este vino se denomina "vino de prensa".
The strained skins are removed from the vat and pressed to extract the wine contained in the mass. This wine is called "press wine."

7 Los vinos llamados "varietales", que son consumidos jóvenes, están listos para la venta 6 meses después de su cosecha.
The wines called "varietals", which are consumed young, are ready to be sold six months after the harvest.

8 La casi totalidad de los vinos premium han sido almacenados por un período de 10 a 18 meses en barricas de roble americano o encina francesa, otorgándoles esta crianza la calidad de grandes vinos.
Almost all premium wines have been stored for 10- to 18-month periods in American or French oak barrels, acquiring through this aging process the quality of great wines.

THE FRUIT OF THE VINE AND THE HAND OF MAN

Vinificación de vinos blancos

El vino blanco se elabora sólo con la fermentación del mosto, es decir, sin maceración de las partes sólidas. Desde el punto de vista técnico, en la vinificación del tinto el descube y el prensado siguen a la fermentación, mientras que en la vinificación del blanco la separación del mosto por escurrido y prensado la precede, es decir, para hacer el vino blanco primero se prensa y se trasiega el mosto y luego tiene lugar la fermentación alcohólica.

Las técnicas clásicas de vinificación en blanco, que realizan las operaciones de molienda y prensado con la mayor rapidez posible con el fin de limitar la duración del contacto del jugo con las partes sólidas y con el aire, tienden a no extraer los constituyentes de la película de la uva que contienen parte importante de los aromas varietales libres. Por este motivo se pierde una gran parte de los precursores de aromas que son la base misma de la expresión aromática de los vinos blancos.

Para conseguir más aroma en los vinos blancos se utiliza una técnica delicada llamada maceración prefermentativa (skin-contact), cuyo principio consiste en lograr la liberación enzimática de los aromas varietales a través de una ligera maceración de la película. Para alcanzar el punto óptimo entre la extracción de los aromas y la ausencia de polifenoles, se necesita disponer de una materia prima sana y de gran calidad, que se dejará macerar durante algunas horas (6 a 12), en lo posible a temperaturas bajas (5º a 10ºC), para evitar una difusión de las materias tánicas de la película que producen colores más oscuros y un sabor posiblemente amargo.

Esta técnica permite obtener vinos aromáticos que caracterizan bien el cepaje que les da origen o vinos interesantes provenientes de cepajes cuyo potencial aromático es débil.

Elaboración del vino blanco

La obtención de un vino reserva en algunos vinos blancos, especialmente Chardonnay, se logra utilizando barricas de roble americano o encina francesa o europea durante su vinificación y guarda. Para esto el mosto que ya ha iniciado su fermentación alcohólica se lleva a barricas, donde fermenta a una temperatura de 17° a 20°C durante ocho a doce días.

Terminado este proceso, el vino se mantiene en la misma barrica, sin trasiego alguno, por un período variable de 4 a 10 meses en contacto con sus borras o lías. Durante este tiempo se realiza un bastoneo, que consiste en remover el depósito de lías o borras del fondo de la barrica y ponerlo en suspensión en el vino, con lo que se logra un vino muy complejo en aroma y gusto. Después de este proceso el vino se trasiega, filtra y embotella. Contrariamente al vino tinto de reserva, la guarda del vino blanco embotellado es breve.

The vinification of white wine

White wine is made by the fermentation of the must alone, without maceration of the solid parts. From the technical point of view, in the making of red wine, racking and pressing follow fermentation, while in making white wine the separation of the must by straining and pressing comes first. In other words, to make white wine the must is pressed and decanted, and then alcoholic fermentation takes place.

The classical techniques for making white wine, in which the crushing and pressing operations are done as fast as possible in order to limit the time during which the juice is in contact with the solid parts and with the air, tend not to extract the constituents of the grapeskins which contain most of the free varietal aromas. So the precursors of those aromas that form the very basis of a white wine's aromatic expression are lost.

To obtain more aroma in white wine, a technique called prefermentation maceration (skin contact) is used; it is based on achieving an enzymatic release of the varietal aromas by means of a slight maceration of the skin. To reach the optimum point between extracting the aroma and the absence of polyphenols, healthy raw materials of the highest quality must be used. They are allowed to macerate for a few hours (6 to 12), if possible at low temperature (41º to 50ºF), to avoid the tannin from the skin spreading and producing a darker color and possibly a bitter taste.

This technique makes it possible to obtain aromatic wines which are truly characteristic of the grape variety from which they come, or interesting wines from grape varieties which have a weak aromatic potential.

The manufacture of white wine

The production of a reserve white wine, especially Chardonnay, is achieved using American or French oak barrels during its vinification and aging. For that purpose, the must that has already started its alcoholic fermentation is transferred to barrels in which it continues fermenting at a temperature of 63º to 68ºF for 8 to 12 days.

Once this process has ended, the wine is kept in the same barrel, without racking, in contact with its lees, for a period that may vary between 4 and 10 months. During this time the lees deposited at the bottom of the cask are stirred to suspend them in the liquid, producing a wine with a very complex aroma and flavor. After this process the wine is racked, filtered and bottled. Unlike a reserve red wine, aging of white wine in bottles is of short duration.

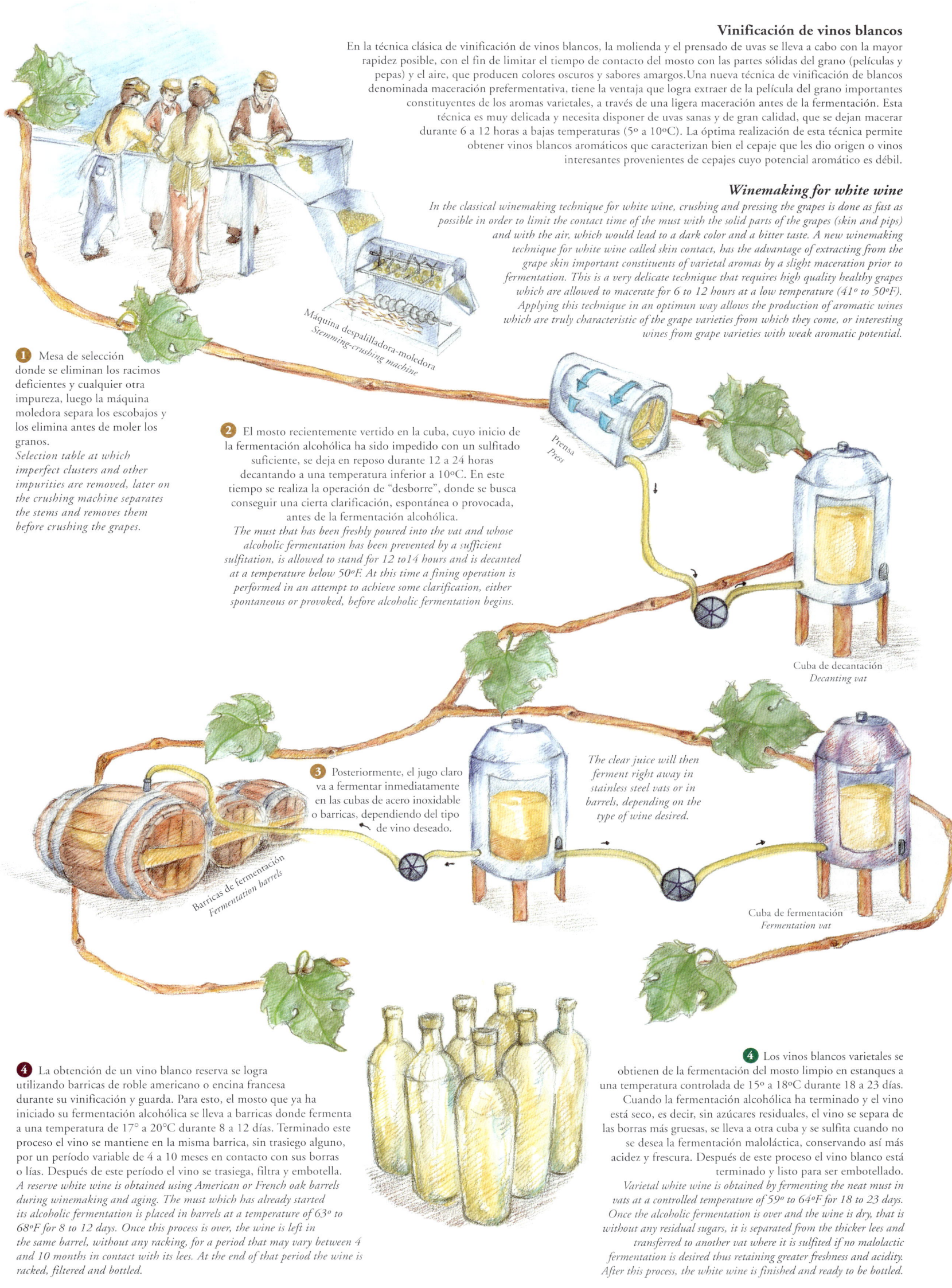

Vinificación de vinos blancos
En la técnica clásica de vinificación de vinos blancos, la molienda y el prensado de uvas se lleva a cabo con la mayor rapidez posible, con el fin de limitar el tiempo de contacto del mosto con las partes sólidas del grano (películas y pepas) y el aire, que producen colores oscuros y sabores amargos. Una nueva técnica de vinificación de blancos denominada maceración prefermentativa, tiene la ventaja que logra extraer de la película del grano importantes constituyentes de los aromas varietales, a través de una ligera maceración antes de la fermentación. Esta técnica es muy delicada y necesita disponer de uvas sanas y de gran calidad, que se dejan macerar durante 6 a 12 horas a bajas temperaturas (5º a 10ºC). La óptima realización de esta técnica permite obtener vinos blancos aromáticos que caracterizan bien el cepaje que les dio origen o vinos interesantes provenientes de cepajes cuyo potencial aromático es débil.

Winemaking for white wine
In the classical winemaking technique for white wine, crushing and pressing the grapes is done as fast as possible in order to limit the contact time of the must with the solid parts of the grapes (skin and pips) and with the air, which would lead to a dark color and a bitter taste. A new winemaking technique for white wine called skin contact, has the advantage of extracting from the grape skin important constituents of varietal aromas by a slight maceration prior to fermentation. This is a very delicate technique that requires high quality healthy grapes which are allowed to macerate for 6 to 12 hours at a low temperature (41º to 50ºF). Applying this technique in an optimun way allows the production of aromatic wines which are truly characteristic of the grape varieties from which they come, or interesting wines from grape varieties with weak aromatic potential.

1 Mesa de selección donde se eliminan los racimos deficientes y cualquier otra impureza, luego la máquina moledora separa los escobajos y los elimina antes de moler los granos.
Selection table at which imperfect clusters and other impurities are removed, later on the crushing machine separates the stems and removes them before crushing the grapes.

2 El mosto recientemente vertido en la cuba, cuyo inicio de la fermentación alcohólica ha sido impedido con un sulfitado suficiente, se deja en reposo durante 12 a 24 horas decantando a una temperatura inferior a 10°C. En este tiempo se realiza la operación de "desborre", donde se busca conseguir una cierta clarificación, espontánea o provocada, antes de la fermentación alcohólica.
The must that has been freshly poured into the vat and whose alcoholic fermentation has been prevented by a sufficient sulfitation, is allowed to stand for 12 to 14 hours and is decanted at a temperature below 50ºF. At this time a fining operation is performed in an attempt to achieve some clarification, either spontaneous or provoked, before alcoholic fermentation begins.

3 Posteriormente, el jugo claro va a fermentar inmediatamente en las cubas de acero inoxidable o barricas, dependiendo del tipo de vino deseado.
The clear juice will then ferment right away in stainless steel vats or in barrels, depending on the type of wine desired.

4 La obtención de un vino blanco reserva se logra utilizando barricas de roble americano o encina francesa durante su vinificación y guarda. Para esto, el mosto que ya ha iniciado su fermentación alcohólica se lleva a barricas donde fermenta a una temperatura de 17º a 20°C durante 8 a 12 días. Terminado este proceso el vino se mantiene en la misma barrica, sin trasiego alguno, por un período variable de 4 a 10 meses en contacto con sus borras o lías. Después de este período el vino se trasiega, filtra y embotella.
A reserve white wine is obtained using American or French oak barrels during winemaking and aging. The must which has already started its alcoholic fermentation is placed in barrels at a temperature of 63º to 68ºF for 8 to 12 days. Once this process is over, the wine is left in the same barrel, without any racking, for a period that may vary between 4 and 10 months in contact with its lees. At the end of that period the wine is racked, filtered and bottled.

4 Los vinos blancos varietales se obtienen de la fermentación del mosto limpio en estanques a una temperatura controlada de 15º a 18ºC durante 18 a 23 días. Cuando la fermentación alcohólica ha terminado y el vino está seco, es decir, sin azúcares residuales, el vino se separa de las borras más gruesas, se lleva a otra cuba y se sulfita cuando no se desea la fermentación maloláctica, conservando así más acidez y frescura. Después de este proceso el vino blanco está terminado y listo para ser embotellado.
Varietal white wine is obtained by fermenting the neat must in vats at a controlled temperature of 59º to 64ºF for 18 to 23 days. Once the alcoholic fermentation is over and the wine is dry, that is without any residual sugars, it is separated from the thicker lees and transferred to another vat where it is sulfited if no malolactic fermentation is desired thus retaining greater freshness and acidity. After this process, the white wine is finished and ready to be bottled.

THE FRUIT OF THE VINE AND THE HAND OF MAN

Sala de barricas con control de temperatura y humedad ambiente.
Barrel-room with controlled temperature and enviromental humidity.

Evolución del vino

Terminada la fermentación, el vino se denomina "vino nuevo". Durante los primeros meses se eliminan las borras, mediante el escurrido del vino entre una y otra cuba (trasiegos). Alternativamente se puede conseguir más rápidamente la limpidez y estabilidad del vino con procedimientos físico-químicos como filtración y clarificación.

Los vinos corrientes o comunes, especialmente los vinos blancos, tienen una evolución corta (menos de 10 meses), pues se consumen rápidamente. Se trata de "vinos jóvenes" que se beben antes de un año de vida. Estos vinos jóvenes en general tienen una estructura débil que no soporta un período de guarda prolongado. Si, por el contrario, se trata de un vino tipo reserva o premium, el vino se guardará embotellado por uno o varios años antes de ser comercializado.

Maduración del vino tinto

La crianza es un período de almacenaje del vino en barricas o en estanques o cubas, pero por costumbre se habla de crianza cuando el almacenaje es en barricas, y de guarda cuando se

The evolution of wine

Once fermentation is finished, the wine is called "new wine". During the first few months the lees are eliminated by running the wine from one vat to another (racking). As an alternative, clarity and stability can be achieved more rapidly through physical or chemical procedures such as filtration and clarification.

Ordinary or common wines, particularly whites, have a short evolution (less than ten months) because they are consumed rapidly. These are "young wines" which are drunk within a year. These young wines generally have a weak structure and will not survive an extended storage period, whereas if we are dealing with a reserve or premium wine, it will be stored in the bottle for one or several years, before being offered for sale.

The aging of red wine

Aging is a period during which the wine is stored in barrels, tanks or vats, but customarily the term "aging" is used when storage is in barrels (wooden casks) and "maturing" when it is in other containers. Storing the wine for extended periods of one or two years changes its organoleptical characteristics, (color, aroma

Añejamiento del vino en botellas

Durante la guarda del vino en botellas ocurre lo que se considera como segunda etapa del añejamiento del vino. En esta etapa el vino es conservado al abrigo del aire, en botellas dispuestas en posición horizontal.

El mecanismo de los fenómenos que se producen en esta fase del añejamiento no es habitualmente conocido. El hecho más apreciable es que los perfumes aumentan sensiblemente y confirman el bouquet en plenitud. Este hecho constituye el fenómeno más característico de esta fase de añejamiento y se atribuye al ambiente reductor, ya que si el vino queda expuesto al aire, rápidamente gran parte del perfume desaparece o se modifica en alto grado. El otro hecho importante es el cambio de color: el vino pierde intensidad de color y su tonalidad o matiz vira hacia colores más claros, apareciendo los colores tipo ladrillo o teja.

En esta etapa los vinos se vuelven más suaves y armónicos, debido fundamentalmente al fenómeno llamado polimerización de los taninos. Este hecho está también influenciado por una pequeña disminución de la acidez. Un vino tinto de buena constitución o estructura siempre mejora con un período de guarda en botella. Los vinos tintos de gran calidad alcanzan su plenitud después de 2 ó 3 años de embotellados; luego se mantienen estables durante 3 a 6 años más y posteriormente inician una curva de declinación cualitativa.

Special room for aging.
Sala para guarda de botellas.

trata de otros contenedores de vino. El almacenamiento del vino por períodos prolongados, 1 a 2 años, modifica sus características organolépticas, es decir, su color, aroma y gusto. Si la guarda se realiza en condiciones adecuadas estas modificaciones mejoran la calidad del vino; de lo contrario el vino sufrirá deterioro.

La casi totalidad de los vinos premium han sido almacenados por un período variable de 10 a 18 meses en barricas de roble americano o encina francesa. Este período de guarda en barrica les otorga la calidad de grandes vinos. El vino es embotellado luego de un período de guarda o crianza, el que variará dependiendo de la composición del vino y calidad deseada.

The aging of wine in the bottle

During the time that wine is stored in bottles, the second stage in the aging of the wine takes place. At this stage the wine is kept away from contact with the air, in bottles placed horizontally.

The mechanism of the phenomena that occur during this aging stage is not generally well-known. The most noticeable effect is an obvious intensifying of the perfumes, confirming the fullness of the bouquet. This is the most characteristic phenomenon at this stage of the aging process, and it is attributed to the reducing environment, because if wine is exposed to air, most of the perfume rapidly disappears or changes substantially. The other important fact is the color change: the wine loses the intensity of its color, its tone or shade shifting towards lighter colors, similar to those of bricks or tiles.

At this stage the wine becomes softer and more harmonious, mostly because of a phenomenon called tannin polymerization. This is also influenced by a slight decrease in acidity. A red wine with a good structure always improves with a period of aging in the bottle. Very high quality red wine reaches its climax after two or three years in the bottle. It then remains stable for another three to six years, and finally starts on a declining quality curve.

Almost all premium wines have been stored in American or French oak barrels for a period that goes from 10 to 18 months. This gives them the quality to become great wines. Bottling is done after a period of maturing or aging, and will vary depending on the composition of the wine and the quality desired.

deteriorate.
and flavor). If maturing takes place under appropriate conditions, these changes improve the quality of the wine, otherwise it will

Alvaro Espinoza
Juan Carlos Faúndez

EN BUSCA DE LO NATURAL
IN SEARCH FOR THE NATURAL

Existe actualmente, con especial énfasis en el mundo desarrollado, una búsqueda intensa y creciente por los alimentos naturales e incontaminados. El objetivo principal se centra en recurrir a la fuente alimenticia primaria, sin la intervención de manipulaciones genéticas que modifiquen la esencia natural del animal o planta, y un manejo agrícola libre de elementos químicos o síntesis.

La inquietud por producir bebidas orgánicas también ha llegado al vino y de hecho existen en el mercado productos que tienen el carácter de tales, regidos por normas internacionales muy estrictas y, casi siempre, difíciles de alcanzar.

Los vinos orgánicos se caracterizan, básicamente, por obtenerse de uvas provenientes de viñedos manejados respetando el medio ambiente, promoviendo la biodiversidad con cultivos asociados a la vid, para aprovecharlos como fertilizantes naturales u hospederos biológicos. Este concepto se hace extensivo al empleo de aves y animales que incorporados al medio natural ayudan a controlar plagas no deseadas, e incluso malezas que afectan a las vides. Además, se busca un equilibrio natural entre las plantas y los suelos que las sustentan, para lo cual se trata de respetar la existencia plena de diversos microorganismos, tales como hongos y bacterias.

La biodiversidad puede definirse como la búsqueda concertada para permitir una convivencia equilibrada de distintas especies vegetales y animales, tanto visibles como invisibles para el ojo humano, y así permitir un equilibrio biológico que, en definitiva, origine productos sanos, carentes de todo agente artificial como insecticidas, fungicidas, herbicidas o cualquier otro pesticida químico.

Para alcanzar estos objetivos se deben realizar prácticas de cultivo que promuevan la aireación e insolación adecuada de los racimos, reduciendo la presencia de enfermedades fungosas y reproducción de insectos. Entre ellas se recurre a la eliminación de follaje de manera tal de permitir una buena circulación del aire, e incluso, en algunos casos, se recurre a una suerte de ventiladores para secar el follaje de las vides después de ocurridas lluvias que lo humedecen.

Alpacas utilizadas para el control de malezas en el viñedo.
Alpacas used for controlling weeds in the vineyard.

At this present time, there is an intense and increasing search for natural and uncontaminated foodstuffs specially in the developed world. The main objective is to get back to the original food source, without the interference of genetic manipulation procedures which may modify the natural essence of the animal or plant, and to agricultural management that is free of chemical elements or synthesis.

The concern to produce organic beverages also includes wine, and in fact there are products on the market with these characteristics, governed by very strict international regulations. These are almost always, very difficult to achieve.

Organic wines are characterized basically by being obtained from grapes grown in vineyards that are managed with due respect for the environment, promoting bio-diversity with crops grown alongside the vines to provide natural fertilizers or biological hosts for beneficial insect-life. This concept extends to the use of birds and animals which, when included in the natural environment, help to control unwanted pests and even the weeds that affect the vines. A natural balance is also sought between the plants and the soil that supports them, and for that reason an attempt is made to respect the full existence of various microorganisms, such as fungi and bacteria.

Bio-diversity may be defined as a concerted effort to allow the balanced co-existence of different vegetable and animal species, whether visible or invisible to the naked eye, and thus permit a biological balance that will finally produce healthy products, without artificial agents such as insecticides, fungicides, herbicides or any other chemical pesticide.

In order to achieve these objectives, it is necessary to carry out cultivation procedures that provide the grape clusters with adequate air and sunlight, reducing the presence of fungal diseases and the reproduction of insects. Among these procedures is the elimination of excessive foliage to allow the air to circulate well and, in some cases, even the use of a type of fan to dry the vine-leaves if rain has left them damp. The use of technified or "drop-

La calidad de un vino orgánico puede ser tan buena como el mejor de los vinos no orgánicos y tan mala como cualquier vino vulgar. El futuro comercial de estos vinos dependerá en buena parte de la seriedad y excelencia de las viñas que los producen, las cuales tienen la difícil tarea de encontrar el equilibrio óptimo entre la producción de un vino fino y el cuidado y respeto al medio ambiente. El logro de este desafiante objetivo premiará sin duda a las viñas que lo logren, obteniendo el reconocimiento de los cultores y consumidores de productos orgánicos y los de vinos finos.

La principal característica sensorial (organoléptica) de un vino orgánico, es que en su carácter, personalidad o estilo, se expresan con más autenticidad las características del terruño donde provienen sus uvas. Esta característica les da una ventaja cualitativa a los vinos orgánicos cuando los integrantes de la biodiversidad (microorganismos, especies vegetales y animales) se comportan de acuerdo al objetivo del viticultor, pero cuando esto no ocurre para bien, puede resultar en una cosecha de inferior calidad, ya que no existe la posibilidad de usar elementos inorgánicos para resolver estos problemas.

En cuanto a los procesos de vinificación de los jugos de la uva orgánica y posterior elaboración de los vinos, se siguen casi los mismos procedimientos que son comunes a toda la enología moderna. Es decir, completa asepsia, uso de agentes físicos como frío, calor, filtraciones, microfiltraciones y clarificaciones con elementos inertes. El uso de agentes químicos es muy restringido y reducido casi exclusivamente al anhídrido sulfuroso, en proporciones inferiores a un tercio de las aceptadas para los vinos no orgánicos.

[...]

Fertilizante orgánico en base al compost de los subproductos de la vinificación (escobajos, pepas y pieles).

The brief description that we have given coincides almost exactly with the normal natural conditions in which Chilean vines are grown, in virtually all parts of the country. In normal years, when there is no rainfall in the spring, summer and autumn, or very little, the need to resort to pesticides is almost nil. Therefore, the use of a few additional, relatively simple practices would allow anyone who wished to do so, to produce grapes of organic standard with very little effort. For this reason, many people claim that all Chilean wines are "almost organic".

As regards the vinification processes applied to organic grape-juices and later the wine-making itself, almost exactly the same procedures are used as are common practice in all modern enology: in other words, absolute asepsis; the use of physical agents such as heat, cold, filtration, micro-filtration and clarification with inert substances. The use of chemical agents is very restricted and reduced almost exclusively to sulfur dioxide in proportions that are less than a third of those acceptable for non-organic wines.

The main sensory (organoleptical) characteristic of an organic wine is that the specific features of the terroir where the grapes originated are expressed more authentically in its character, personality or style. This characteristic gives organic wines a qualitative advantage when the components of bio-diversity (micro-organisms, plants and animal species) behave as the vine-grower intends, but when this does not happen, it may result in a poor-quality harvest, because there is no possibility of using inorganic means to solve the problems.

The quality of an organic wine may be as good as the best non-organic wine and as bad as any run-of-the-mill wine. The commercial future of these wines will depend to a large extent on the seriousness and excellence of the vineyards that produce them. These have the difficult task of striking the best balance between the production of a fine wine and the care and respect due to the environment. Achieving this challenging goal will undoubtedly bring rewards to the vineyards that manage it, gaining recognition both from the exponents and consumers of organic produce and from those who drink fine wines.

Vesna Rojic

THE ART OF WINING AND DINING
EL ARTE DE COMER Y BEBER

El vino, con su sola presencia, enaltece una comida, pero de manera más especial aún, si se sabe elegir la variedad adecuada para cada plato; en ese momento se alcanza un equilibrio, que transforma el comer y el beber en un placer muy especial. Aquí nace el "matrimonio entre vinos y comidas", en que cada cónyuge ayuda al otro a mostrar y dar lo mejor de sí para formar juntos una gran pareja en armonía.

Para lograr esta armonía entre vinos y comidas hay que partir de lo más básico y esencial: ¿qué es el vino?, ¿cómo se elabora?, ¿qué características muestra al degustarlo?, ¿qué caracteres nos impresionan y cuáles no?, etc. De igual manera, es fundamental conocer en profundidad la comida que acompaña el vino: ¿cómo se prepara?, ¿qué ingredientes lleva?, ¿qué aromas y sabores predominan?, ¿qué sensación y textura produce al paladar?

Hoy en día la enorme diversidad de vinos y comidas que ofrece el mercado exige a quien quiera llegar a conocer las mejores combinaciones, un entrenamiento especializado.

Es un hecho indiscutible que en las últimas décadas el mundo ha experimentado un notable avance en la elaboración de vinos, especialmente en países que no tenían tradición en la industria, los que hoy se denominan "vinos del nuevo mundo". Chile pertenece a esta categoría en el mercado mundial, en el que podemos apreciar nuevas cepas, diferentes estilos de elaboración y altos niveles de calidad en sus productos finales. Esta misma evolución y progreso se puede apreciar en la gastronomía mundial y local.

Hoy en día existe un gran desarrollo en el tema e interés especial del público por conocer más de preparaciones, de ingredientes específicos, de comidas regionales, de productos silvestres, combinaciones novedosas y todo lo que se asocie a la idea de experimentar.

Restaurant **Kilomètre 11.680**, Bellavista, Santiago.

Wine, simply by its presence, lifts a meal on to a higher level, but this is particularly true if one knows how to choose the right wine for that specific dish. The pleasant compatibility achieved between the two makes drinking and eating a special pleasure. This is the basis of the "marriage between wine and food" in which each of the spouses helps the other to show and give of their best, and to form together a great harmonious couple.

In order to learn how to achieve this harmony between wine and food, we must start from what is most basic and essential. What is wine? How is it made? What characteristics does it reveal when tasted? Which characteristics impress us and which don't?, etc. Similarly, it is of the utmost importance to have a thorough knowledge of the food that goes with the wine: How is it prepared?, What are its ingredients?, What aromas and flavors are predominant?, What feeling and texture does it produce on the palate?

Nowadays, the huge variety of wines and foods available in the market demands from whoever wants to get to know what the best combinations are, specialized training.

In the last few decades there has clearly been noteworthy progress in wine production around the world, especially in countries that had no tradition in the industry, something known today as "wines of the new world". Chile belongs to this category in the world market, where we can find new grape varieties, different manufacturing styles and high levels of quality in the end products. The same kind of evolution and progress can be seen in gastronomy at world and local levels.

Nowadays there is a great development of the subject and special interest on behalf of the public to learn more about preparation, specific ingredients, regional dishes, wild products, unusual combinations, and all what is related to the idea of experimenting.

Reglas generales en la combinación de vinos y comidas

Hay que conocer ciertas reglas generales que ayudan a formar estos "buenos matrimonios".

1º Debe haber siempre un conocimiento de las partes. Es muy importante conocer cómo se prepara el plato y qué ingredientes lo componen, y saber bien las características degustativas del vino que se escoge.

Estos conocimientos básicos sobre gastronomía y vinos son un requisito indispensable para aprender a manejarse en el tema.

En el área gastronómica debemos saber:

- Cómo preparar una receta en detalle.
- Los ingredientes de la receta.
- Los tipos de corte de carne a usar, puesto que ellos dan características de sabores y texturas muy diferentes.
- El tipo de cocción a emplear en la receta, pues los resultados finales en sabores cambian notablemente si la cocción es al vapor, dorada y cocida en su jugo, asada u horneada, a la parrilla, etc.
- Los tipos de aromas y sabores que predominan en la receta.
- Que el uso de salsas puede cambiar ostensiblemente la intensidad y textura del plato.

En el área de los vinos también debemos tener conocimiento suficiente de:

- Cómo catar un vino, para poder analizarlo en todos sus aspectos: aromas, sabores, cuerpo, persistencia y balance final.
- Poder evaluar qué sensaciones nos produce tomarlo: si acompaña como una bebida ligera y amable, pero de corta persistencia o bien si invade nuestros sentidos con un sabor marcado, buen cuerpo y gran persistencia.
- Saber servir el vino en forma adecuada: la temperatura es un factor importante a considerar, el tipo de copas adecuadas para favorecer las cualidades del vino, el momento en que debe ser servido en una comida, etc.

2º Deben primar la libertad y el sentido común en el momento de decidir qué integrantes formarán este "buen matrimonio". Nunca decir "este vino no va con este tipo de comida". Se debe probar personalmente qué resultado de gusto producen al combinarse.

De esta experiencia personal uno debe encontrar cuáles combinaciones son las más acertadas. Éste es un conocimiento que se va adquiriendo con el tiempo y la propia experiencia vivida y no se puede improvisar.

General rules for combining wine and food

It is essential to know a few general rules that help to achieve these "good marriages".

1º *There must always be a thorough knowledge of the components. It is very important to know how a dish is prepared and what ingredients go into it, and to be well-versed in the taste characteristics of the chosen wine.*

This basic knowledge of gastronomy and wine is an indispensable pre-requisite in learning how to handle the subject.

In the gastronomic area we must know:

- *The details of how to prepare a recipe.*
- *The ingredients of the recipe.*
- *The types of meat cuts to be used, because they give very different tastes and textures.*
- *The kind of cooking to be used in the recipe, because the final results in terms of taste change considerably if the food is steamed, browned and cooked in its juice, roasted or grilled in the oven, barbecued, etc.*
- *The types of aromas and flavors that predominate in the recipe.*
- *The use of sauces may substantially change the intensity and texture of the dish.*

In the area of wine we also need sufficient knowledge:

- *To know how to taste a wine in order to be able to analyze it in all its aspects: aromas, flavors, body, persistence and final balance.*
- *To be able to evaluate the sensations we receive when drinking it: whether it is like a light, pleasant drink accompanying a meal with short persistence, or if it floods our sense with a marked taste, good body and great persistence.*
- *To know how to serve the wine properly: temperature is an important factor to be considered, also the right kind of glass to enhance the quality of the wine, the point at which it must be served during a meal, etc.*

2º *Freedom and common sense must always prevail when deciding on the components of this "good marriage". Do not ever say "this wine does not go with this kind of food". One must personally find out what they taste like together.*

From this personal experience one must discover the most appropriate combinations. This knowledge is acquired with time and one's own experience and cannot be improvised.

3º Debe existir concordancia entre las partes; esta armonía entre el vino y la comida se da en dos aspectos:

a) Concordancia horizontal:
Significa buscar siempre el equilibrio y armonía entre las características del plato y vino elegidos. Estos equilibrios son necesarios para obtener como resultado una combinación acertada, en cuanto al conjunto de aromas y sabores que al sumarse se potencian y producen un placer mayor al degustarlos juntos que por separado. Así estamos logrando esta concordancia horizontal, vale decir, dentro de un mismo plano.

b) Concordancia vertical:
Significa mantener el equilibrio y armonía en el orden y secuencia al servir los diferentes platos y vinos durante una reunión o cena. Nunca debe ocurrirnos que "el vino que se sirva haga añorar el vino anterior", o sea, que "el vino anterior era mejor que éste". Durante el curso de una cena los vinos van subiendo en sus características y calidad.

3º There must be agreement between both parties, a harmony between wine and food that occurs on two planes:

a) Horizontal agreement:
This means to be always looking for balance and harmony between the characteristics of the chosen dish and the wine. These balances are necessary to achieve the right combination in terms of the total mingling of aromas and flavors which, when combined, enhance one another and produce more pleasure when tasted together than alone. In this way we are achieving this horizontal agreement or, in other words, placing them on a single plane.

b) Vertical agreement:
This means keeping balance and harmony in the order and sequence of serving the different dishes and wines during the meeting or meal. It must never happen that "the wine that is being served now creates nostalgia for the previous wine" or, in other words, that "the previous wine was better than this one". During the course of a meal, the characteristics and quality of the wines move in an ascending sequence.

Champagne

Aperitivo / *Aperitif*

Chardonnay

Entrada / *Entrée*

Cabernet Sauvignon

Plato de Fondo / *Main Course*

Late Harvest

Postre / *Dessert*

Hay varias normas generales que uno respeta en la concordancia vertical, tales como:
- Vino blanco precede al vino tinto.
- Vino seco precede al vino más dulce.
- Vino de cuerpo liviano o joven antes que vino de cuerpo pesado o más viejo.
- Vino simple antes que un vino complejo.
- Vino nuevo antes que un vino de guarda.
- Vino más frío antes que uno más temperado.
- Es bueno separar cada vino con un trago de agua.
- Mantener estas mismas consideraciones respecto de los platos o comidas que se van sirviendo.

There are several general rules that must be followed in the vertical agreement, such as:
- *White wine comes before red wine.*
- *Dry wine comes before a sweeter wine.*
- *A light-bodied or young wine comes before a full-bodied or older wine.*
- *A simple wine comes before a complex wine.*
- *A new wine comes before an aged wine.*
- *A colder wine comes before a warmer wine.*
- *It is a good idea to separate each wine with a drink of water.*
- *Keep these same considerations in mind with regard to the dishes or foods that are being served.*

Qué entendemos por vinos y comidas

Vinos livianos

Podemos definirlos, en líneas generales, como aquellos vinos cuyas uvas se han procesado buscando un estilo varietal; quiere decir, respetando al máximo sus características de frutosidad en aromas y sabores. Como resultado, son vinos de cuerpo liviano, de gran frescor, con una complejidad normal, buen carácter frutal en aroma y sabores, sin la intervención de maderas o barricas en su proceso.

Algunos de ellos son:
- Champagne Brut y Rose.
- Riesling, de preferencia joven.
- Gewürztraminer, nuevo.
- Rosado, seco.
- Sauvignon Blanc, nuevo y frutal.
- Chardonnay, nuevo y frutal.
- Pinot Noir, joven y frutal.
- Merlot varietal.
- Carménère varietal.
- Cabernet Sauvignon varietal.

Comidas livianas
- Ensaladas con aliños suaves.
- Verduras cocidas o salteadas sin aliños fuertes.
- Aves en general, todas las carnes blancas.
- Ternera y carnes rojas cocidas.
- Pastas con ingredientes suaves.
- Pescados de sabor delicado.

Chips de camote con puré de papa de hinojo y caracoles de viña. Hojas de endivia con centolla y caviar. Champagne.
Sweet potato chips with pureed fennel bulbs and grapevine escargots. Endive leaves with spider crab and caviar. Champagne.

Carpaccio de atún con jengibre caramelizado. Chardonnay.
Tuna carpaccio with caramelled ginger. Chardonnay.

What do we understand by wine and food

Light wines

These can be defined, in general, as those wines whose grapes have been processed with an eye to a varietal style; that is, respecting as much as possible its fruity characteristics in terms of aromas and flavors. As a result, they are light-bodied wines with great freshness, normal complexity, good fruity character in their aroma and flavors and without the intervention of wood or barrels in their processing.

Some of these wines are:
- *Champagne Brut and Rosé.*
- *Riesling, preferably young.*
- *Gewürztraminer, new.*
- *Rosé, dry.*
- *Sauvignon Blanc, new and fruity.*
- *Chardonnay, new and fruity.*
- *Pinot Noir, young and fruity.*
- *Merlot varietal.*
- *Carménère varietal.*
- *Cabernet Sauvignon varietal.*

Light dishes
- *Salads with mild dressing.*
- *Steamed, or sautéed vegetables without strong seasoning.*
- *Poultry in general, all white meat.*
- *Veal and red meat in light dishes.*
- *Pasta with mild ingredients.*
- *Delicate-flavored fish.*

Estofado de cordero. Cabernet Sauvignon.
Lamb stew. Cabernet Sauvignon.

Vinos de cuerpo

En líneas generales, podemos definirlos como aquellos vinos cuyas uvas se han elaborado buscando un estilo más pesado, de mayor concentración, éstos son llamados vinos reserva. En este caso se busca un rendimiento más bajo del viñedo, uvas de un mayor grado alcohólico y contenido de taninos, y se vinifican usando maderas y barricas. Como resultado, tenemos vinos de bouquet y sabores muy complejos, de gran cuerpo y persistencia que perduran bien en el tiempo.

Ellos pueden ser:
- Sauvignon Blanc reserva.
- Chardonnay reserva.
- Merlot reserva.
- Syrah reserva.
- Carménère reserva.
- Cabernet Sauvignon reserva.
- Vinos de cosecha tardía, dulces.
- Oporto.

Comidas pesadas
- Ensaladas con aliños fuertes (anchoas).
- *Foie gras.*
- Carnes rojas asadas.
- Cerdo y cordero.
- Pastas con ingredientes fuertes.
- Pescados grasos y ahumados.
- Mariscos crudos en general.

Full-bodied wines

In general, these can be defined as wines whose grapes have been processed with a view to a heavier style with greater concentration. These are the so-called reserve wines. In this case a lower yield is sought from the vineyard, having the grapes a greater alcohol and tannin content, and wood and barrels are used in the vinification process. As a result, we get wines with a very complex bouquet and flavors, with a full body and persistence, which keeps well over time.

These wines may be:
- *Sauvignon Blanc reserve.*
- *Chardonnay reserve.*
- *Merlot reserve.*
- *Syrah reserve.*
- *Carménère reserve.*
- *Cabernet Sauvignon reserve.*
- *Sweet Late Harvest wines.*
- *Port.*

Heavy dishes
- *Salads with strong dressing (anchovies).*
- *Goose-liver pâté.*
- *Roasted red meat.*
- *Pork and lamb.*
- *Pasta with strong ingredients.*
- *Oily and smoked fish.*
- *Raw seafood in general.*

Canelones de papayas con mandarinas. Late Harvest.
Papaya and tangerine cannelloni. Late Harvest.

Comidas difíciles de combinar

Existe un grupo de comidas o alimentos difíciles de combinar en forma armónica con los vinos, tales como: huevos, alcachofas, aceitunas, espárragos, endibias, espinacas y chocolates.

Esa dificultad radica en algunos casos en su alto contenido en minerales, como el hierro, o bien en otras por poseer un sabor tan marcado y untuoso como es el chocolate. Ellas serán un elemento complicado cuando su sabor puro y natural predomine en el plato por sobre los otros ingredientes o bien se presenten como elemento principal y único de una comida. En esos casos, su degustación junto al vino dará sensaciones ásperas, duras, metálicas, no agradables para combinar. Pero existen maneras de lograr una buena armonía entre ellas y el vino, como las siguientes:

- Preparar dichas comidas con ingredientes que atenúen su sabor como: limón, vinagretas, mantequillas, cremas, queso, salsas diversas y masas.
- Acompañar estas comidas con otro ingrediente principal importante, como: pescado, pollo, carnes, etc.

De esta manera uno logra transformar un sabor "complicado" de combinar con un vino, en un conjunto de sabores amables y armoniosos que necesitan del vino para expresar toda su potencialidad gustativa.

Sugerencias de vinos y comidas

Sauvignon Blanc - varietal: Es un vino blanco frutoso, de aroma intenso y persistente, de buena estructura en la boca, marcado por una buena acidez natural.
Combina muy bien con:
- Mariscos crudos como: almejas, machas, erizos y ostras.
- Mariscos cocidos: choritos, gambas, cholgas y locos.
- Caldillo de congrio.
- Pescados crudos: cebiches.
- Paella marinera.
- Quesos frescos, queso de cabra.
- Ensaladas simples y vegetales cocidos de sabor suave.
- Comida china.

Chardonnay - varietal: Es un vino blanco de aromas frutales intensos, en especial de variedades tropicales, buen sabor y persistencia en boca.
Combina bien con:
- Pescados de carne blanca y suave.
- Mariscos más condimentados: ostiones, locos.
- *Carpaccio* de carne.
- Pollo, pavo: preparados en forma suave.
- *Quiché* y masas suaves.
- *Soufflés* de verduras.
- Ensaladas con ingredientes más fuertes: griega.
- Tortillas.

Food that is hard to combine

There are certain foods which are hard to combine harmoniously with wine, such as eggs, artichokes, olives, asparagus, endives, spinach and chocolate.

The reason for the difficulty may, in some cases, be a high mineral content, such as iron, or in others a strong and over-sweet taste like that of chocolate. They become a complication when their pure, natural taste predominates in a dish over the other ingredients, or they appear as the main or single component of a meal. In those cases, tasting them together with wine will give rough, hard, metallic sensations which are not pleasant to combine. However, there are ways of achieving an harmonious relationship between them and the wine, such as:

- *Preparing such dishes with ingredients that attenuate their taste, such as lemon, vinaigrette, butter, cream, cheese, various sauces, and pastry.*
- *Serving these foods with another important main ingredient such as fish, poultry, meat, etc.*

In this way a taste that is "complicated" to combine with wine can be transformed into a combination of gentle and harmonious flavors that need the wine to bring out all their taste potential.

Wine and food suggestions

***Sauvignon Blanc - varietal:** This is a white fruity wine, with an intense, persistent aroma, good structure in the mouth, and distinctive good natural acidity.*
It goes very well with:
- *Mild tasting raw seafood: clams, wedge clams, sea urchins and oysters.*
- *Cooked seafood: mussels, shrimps and abalones.*
- *Conger eel (congrio) soup.*
- *Raw fish: "cebiches".*
- *Seafood Paella.*
- *Fresh cheese, goat cheese.*
- *Simple salads and mild tasting boiled vegetables.*
- *Chinese food.*

***Chardonnay - varietal:** This is a white wine with intense aromas of fruit, particularly tropical varieties, good flavor and persistence in the mouth.*
It goes well with:
- *Mild tasting white fish.*
- *More seasoned seafood: scallops, abalone.*
- *Meat carpaccio.*
- *Chicken, turkey: prepared with mild seasoning.*
- *Quiche and light pastries.*
- *Vegetable soufflés.*
- *Salads with stronger ingredients: Greek.*
- *Omelettes.*

Sauvignon Blanc

THE ART OF WINING AND DINING

Chardonnay - reserva: Es un vino blanco de gran fineza, aroma complejo a frutas, maderas, vainilla y mantequilla; de sabor amable en boca, de gran cuerpo y persistencia. Se considera un "vino de peso" entre los vinos blancos.
Combina bien con:
- Pescados grasos y carne roja: atún, salmón, albacora.
- Cremas y sopas de sabores fuertes: sopa de cebollas.
- Chupe de mariscos, pastel de centolla y de jaiba.
- Langostas – centollas – pulpo.
- Carpaccio de salmón y cebiches.
- Pastas con sabores fuertes: mariscos, champiñón.
- Quesos duros y maduros.

Pinot Noir: Es un vino tinto muy especial, de aromas frutales como cerezas, frutilla y grosellas, pero al mismo tiempo por su gran complejidad aparecen perfumes de rosas, sándalo y especias. Al paladar es de taninos suaves y amables, que lo hacen un vino delicado, elegante y de buena persistencia.
Combina bien con:
- Pescados grasos, como: albacora, atún, salmón.
- Carnes blancas de todo tipo.
- Aves de caza.
- Todo tipo de embutidos.
- Ensaladas con pollo, jamón, etc.

Merlot: Es un vino tinto que al ser elaborado como varietal presenta aroma y sabor frutal muy agradable, de textura suave y taninos amables, de cuerpo y persistencia media. Al ser elaborado como vino reserva, con crianza en barricas, presenta una gran riqueza aromática. En los sabores aparecen frutas rojas, tostado y especias. De textura media, con taninos amables y buena persistencia en boca.
Combina bien con:
- Pavo asado y pollo condimentado.
- Pato, codornices y tórtolas.
- Carpaccio de carne.
- Legumbres guisadas y guisos aliñados.
- Pescados grasos de todo tipo.
- Pastas rellenas con carne, hierbas y queso parmesano.
- Carnes rojas livianas: roast beef.
- Carnes blancas: ternera, cerdo.
- Queso brie y camembert.
- Pastel de centolla o chupe de mariscos.

Carménère: Es un vino tinto de color muy intenso, rubí violáceo. Su aroma es frutal, donde predominan las ciruelas, cerezas y moras. También presenta un aroma vegetal a pimiento rojo maduro.

Chardonnay - reserve: This is a very fine white wine, with a complex aroma of fruit, wood, vanilla and butter; gentle in the mouth, with a full body and great persistence. It is considered a "heavy weight" among white wines.
  It goes well with:
- Oily fish and red meat: tuna, salmon, swordfish.
- Creams and soups with strong taste: onion soup.
- Sea-food chowder, spider-crab and crab pie.
- Lobster – spider-crab – octopus.
- Salmon carpaccio and cebiches.
- Strong-flavored pasta: seafood, mushrooms.
- Hard and mature cheeses.

Pinot Noir: This is a very special red wine, with fruity aromas like cherries, strawberries and red currants, but at the same time, because of its great complexity, whith a whiff of roses, sandalwood and spices. On the palate it has smooth, gentle tannins, making it a delicate, elegant wine with good persistence.
  It goes well with:
- Oily fish: tuna, salmon, swordfish.
- All white meat.
- Gamebirds.
- Sausages of all kinds.
- Salads with chicken, ham, etc.

Merlot: This is a red wine which, when presented as a varietal, has a very pleasant fruity aroma and flavor. Its texture is supple with agreeable tannins and a medium body and persistence. When developed as reserve wine, aged in barrels, it has a great wealth of aroma. Red fruits, toasts and spices are among its flavors. It has a medium texture, with agreeable tannins and great persistence on the palate.
  It goes well with:
- Roast turkey and seasoned chicken.
- Duck, quail and doves.
- Meat carpaccio.
- Casseroled legumes, and other oven-baked dishes.
- All oily fish.
- Pasta stuffed with meat, herbs an parmesan cheese.
- Light red meat: roast beef.
- White meat: veal, pork.
- Brie and camembert cheese.
- Spider-crab pie, seafood chowder, etc.

Carménère: This is a red wine with a very intense purplish ruby color. It has a fruity aroma, loaded with plums, cherries and blackberries. There is a vegetal aroma of ripe, red pepper too. The flavor is complex with characteristics of jam, spinach and chocolate.

Chardonnay

Pinot Noir

De sabor complejo, con notas de mermelada, espinacas y chocolate. Al estar criado en barricas, aparecen agradables notas a tostado y ahumado, acentuando su carácter especiado. De textura suave, taninos redondos y cuerpo medio.
Combina bien con:
- Carne de vacuno o pollo preparadas en salsa con especias como jengibre, paprika o curry.
- Pastas con salsas especiadas que contienen vino tinto.
- Embutidos: salame y jamón crudo.
- Comidas tipo tailandesa y mexicana.

Cabernet Sauvignon - varietal: Es un vino tinto con agradable aroma y sabores a frutas rojas, buenos taninos y de cuerpo medio.
Combina bien con:
- Carnes en general.
- Masas calientes: empanadas.
- Cecinas de todo tipo: jamón, salame, arrollado.
- Tártaro.
- También puede usarse como aperitivo con quesos.

Cabernet Sauvignon - reserva: Éste es un gran vino tinto, de aromas complejos y sabores que muestran su envejecimiento prolongado en barricas, donde se funden los caracteres a vainilla, tostado, ahumado y frutas como ciruelas y frambuesas. De gran cuerpo y persistencia.
Combina bien con:
- Carnes rojas asadas y a la parrilla, también aquellas preparadas con condimentos fuertes.
- Interiores de vacunos como: riñones, guatitas.
- Comida oriental con aliños especiales como la tailandesa.
- Comida extranjera con mucho tomate, cebollas y ajo: como española, portuguesa, etc.

Late Harvest: Es un vino dulce de cosecha tardía; por lo general en nuestro país se elabora con uvas blancas sobremaduradas, que dan un vino licoroso, de color amarillo dorado, de mayor grado alcohólico que un vino seco, aromas frutales amielados y sabores a frutas secas y hongos; de gran untuosidad y persistencia.
Combina bien con:
- Foie gras.
- Jamón crudo con melón.
- Postres dulces y tortas.
- Preparaciones con chocolate.
- Queso roquefort.
- Todas las frutas.

When aged in barrels, pleasant toasted smoky notes appear, accentuating its spiced nature. It is supple in texture with round tannins and a medium body.
It combines well with:
- *Beef or chicken prepared in a sauce with spices such as ginger, paprika or curry.*
- *Pasta with spicy sauces containing red wine.*
- *Sausagess: salame and uncooked ham.*
- *Thai, Mexican, or other similar dishes.*

Cabernet Sauvignon - varietal: *This is a red wine with a pleasant aroma and a flavor of red fruit, good tannins and average body.*
It goes well with:
- *Meats in general.*
- *Hot pastries: "empanadas".*
- *All types of cured meat: ham, salami, "arrollado".*
- *Ground meat.*
- *It can also be used as an aperitif with cheese.*

Cabernet Sauvignon

Cabernet Sauvignon - reserve: *This is a great red wine with complex aromas and flavors which show its extended aging in barrels, in which touches of vanilla, and fruits like plums and raspberries, combine with toasted and smoked notes. It has great body and persistence.*
It goes well with:
- *Roasted and grilled red meat, as well as meat prepared with strong seasonings.*
- *Beef offal: kidneys, tripe.*
- *Oriental food such as Thai, with special seasoning.*
- *Foreign food with a lot of tomato, onion and garlic, such as Spanish, Portuguese, etc.*

Late Harvest: *This is a sweet wine harvested late; in general, in Chile it is made from over-ripe white grapes, which produce a liqueur-like wine with a golden yellow color, a greater alcohol content than a dry wine, fruity honeyed aroma and a flavor of dry fruits and mushrooms; very smooth and persistent.*
It goes well with:
- *Goose-liver pâté.*
- *Uncooked ham with melon.*
- *All sweet desserts and cakes.*
- *Chocolate preparations.*
- *Roquefort cheese.*
- *All kinds of fruits.*

Late Harvest

VINO: MEDICINA PARA EL ALMA Y EL CUERPO

WINE: MEDICINE FOR THE BODY AND SOUL

Federico Leighton
Inés Urquiaga

Hipócrates, padre de la medicina actual, sostenía hace más de 2.500 años: "el uso racional del vino ayuda al equilibrio interno necesario para mantenerse sano". También el Eclesiástico (cap. XXI, versículos 37 y 38) refiriéndose al vino dice: "El beberlo con templanza es salud para el alma y para el cuerpo. El demasiado vino causa contienda, iras y muchos estragos".

Lo que nuestros antepasados intuían sobre el consumo moderado de vino, en la actualidad ha sido científicamente demostrado: es bueno para la salud. La evidencia científica demuestra que mueren proporcionalmente más abstemios y bebedores excesivos que bebedores moderados. Lo anterior surge de estudios que analizaron la relación que existe entre el consumo de bebidas alcohólicas -especialmente vino- y la mortalidad por cualquier causa. En general, los bebedores moderados tienen un riesgo menor (entre un 10 y un 20%) de morir por alguna causa que los abstemios, y entre un 30 y un 40% menor riesgo de morir por enfermedad coronaria y cerebrovascular obstructiva.

La baja tasa de mortalidad por enfermedades cardiovasculares en los países de la cuenca mediterránea (España, Francia, Italia, Portugal y Grecia) fue lo que inicialmente llamó la atención de los científicos, atribuyéndosele al consumo moderado y

Hippocrates, the father of modern medicine, stated more than 2500 years ago that "the rational use of wine helps keep the internal balance that is needed to remain healthy". Also, Ecclesiasticus (chap. XXI, v. 37 and 38, in the Apocrypha) says, in relation to wine: "Drinking it in moderation is healthy for the soul and the body. Too much wine causes conflict, anger and much harm".

Our ancestors believed intuitively that the moderate consumption of wine was good for our health. This has now been proved scientifically. It has been shown that proportionally, more teetotalers and excessive drinkers die than moderate drinkers. This conclusion is the result of studies that analyzed the relation between the consumption of alcoholic drinks, especially wine, and mortality from any cause. In general, moderate drinkers have a lower risk (between 10 and 20%) of dying from any cause than teetotalers, and between 30 and 40% lower risk of dying from a coronary disease or from a stroke.

The low mortality rate from cardiovascular diseases in the countries around the Mediterranean Sea (Spain, France, Italy, Portugal and Greece) is what initially attracted scientists'

A partir de productos nativos básicos, como la vid, el aceite de oliva, el trigo, el cordero y el pescado, los pueblos mediterráneos asimilaron un sinnúmero de productos foráneos, desde el arroz y la pimienta asiática hasta los tomates americanos, para desarrollar a lo largo de los siglos platos que los identifican en el marco de una dieta casi perfecta.

From basic native products such as grapes, olive oil, wheat, lamb and fish, mediterranean peoples incorporated a countless number of foreing products, from the asian rice and pepper to the american tomatoes, in order to develop through the centuries, dishes that would identify them with an almost perfect diet.

regular de vino un papel importante. Estas poblaciones beben vino en forma regular con las comidas.

En Chile, el Proyecto Ciencia Vino y Salud de la Pontificia Universidad Católica, ha realizado estudios de intervención para investigar el efecto del consumo moderado de vino tinto y distintas dietas estándar sobre parámetros bioquímicos y clínicos relacionados con ateroesclerosis y otras enfermedades crónicas en personas sanas. Los resultados de estos estudios muestran que el vino tinto, frutas y verduras, aumentan la capacidad antioxidante de la sangre con sus consecuentes beneficios.

Beneficios del consumo moderado de bebidas alcohólicas

Está demostrado que todas las bebidas alcohólicas elevan los niveles de colesterol-HDL o colesterol "bueno" en la sangre y disminuyen los fibrinógenos. La función primaria de las HDL es remover el colesterol de los tejidos y devolverlo al hígado, donde es eliminado con la bilis al intestino. Es así como el efecto benéfico de niveles de HDL elevados se debe a su capacidad de eliminar colesterol. Por otro lado, concentraciones bajas de fibrinógeno son buenas porque significa que la sangre disminuye su capacidad de coagular, evitándose así la formación de trombos. Estos mecanismos explican una parte importante de la disminución del riesgo de mortalidad cardiovascular y cerebrovascular obstructiva en bebedores moderados.

Beneficios del consumo moderado de vino tinto

El vino tinto tiene efectos beneficiosos adicionales al de las demás bebidas alcohólicas debido a los compuestos polifenólicos antioxidantes, que son indispensables para preservar nuestra salud. Las principales causas de muerte en países desarrollados están relacionadas con enfermedades crónicas como ateroesclerosis y cáncer. Hay una relación directa con el daño en células y moléculas que produce la oxidación. Lo mismo ocurre con las complicaciones de otras condiciones patológicas como artritis, diabetes, nefropatías y demencias seniles junto al proceso biológico del envejecimiento.

Aproximadamente un 2% del oxígeno que respiramos va a la formación de especies reactivas del oxígeno capaces de producir daño. Estas especies dañinas también pueden provenir de los contaminantes del aire, el humo del cigarrillo y ser generadas por la exposición a la luz solar y a la radiactividad. Los antioxidantes nos protegen del daño molecular produci-

attention, and the moderate and regular consumption of wine was believed to be a key factor. The inhabitants of these countries drink wine with their meals, as a matter of course.

In Chile, the Science, Wine and Health Project of the Pontificia Universidad Católica has been carrying out participative studies to investigate the effect of a moderate consumption of red wine and various standard diets on biochemical and clinical parameters related with atherosclerosis and other chronic diseases in healthy persons. The results of these studies demonstrate that red wine, fruits and vegetables increase the antioxidant capacity of the blood, with the corresponding benefits.

The benefits of a moderate consumption of alcoholic beverages

It has been shown that all alcoholic beverages increase the levels of HDL cholesterol, or "good" cholesterol in the blood, and decrease those of fibrinogen. The primary function of HDL is to remove cholesterol from the tissues and return it to the liver, where it is eliminated with the bile into the intestine. Therefore, the beneficial effect of high HDL levels is due to its ability to remove cholesterol from the body. On the other hand, low concentrations of fibrinogen are good because it means that the blood's ability to clot is decreased, thereby preventing the formation of thrombi. These mechanisms explain to an important extent the decreased risk of death from cardiovascular disease and stroke in moderate drinkers.

The benefits of a moderate consumption of red wine

Red wine has beneficial effects in addition to those of other alcoholic beverages because of the presence of polyphenolic antioxidants, which are indispensable for the preservation of our health. The main causes of death in the developed countries are related to chronic diseases such as atherosclerosis and cancer. There is a direct relation with the cellular and molecular damage caused by oxidation. The same happens with the complications of other pathological conditions such as arthritis, diabetes, nephropathy and senile dementia with the biological process of aging.

Approximately 2% of the oxygen that we breathe goes into the formation of reactive species of oxygen which can cause damage. These harmful species can also come from air pollutants and cigarette smoke, or can be generated by exposure to sunlight and radioactivity. Antioxidants protect us from the molecular damage caused by these oxidizing species, preventing or delaying the development of disease and of aging.

do por estas especies oxidantes, previniendo o retardando el desarrollo de enfermedades y el envejecimiento.

Los compuestos polifenólicos del vino tinto son capaces de disminuir la oxidación de las LDL, o colesterol "malo", hecho clave en el desarrollo de la ateroesclerosis, ya que son las LDL oxidadas las que inician la formación de la placa ateroesclerótica que progresivamente obstruye el paso de la sangre generando infartos y un envejecimiento precoz de las arterias.

El consumo moderado y regular de vino tinto alarga y mejora la calidad de vida de las personas porque retrasa el daño irreversible producido por la oxidación a lo largo de los años, protegiendo al organismo de padecer enfermedades crónicas y retardando el envejecimiento.

Acción protectora del vino

Al beber vino con las comidas, su acción comienza en el tubo digestivo protegiendo de la oxidación a los distintos alimentos durante el proceso de digestión, especialmente las grasas. De modo que los ácidos grasos absorbidos por el intestino, que luego pasan a la circulación, no contribuyen con más daño oxidativo y sus consecuencias.

Todo sugiere que lo más saludable es beber una vez al día junto con la comida. Una copa de vino las mujeres y dos los hombres. Ésta es la forma de beber con la que se puede obtener el máximo de beneficios.

Vinos chilenos: especialmente ricos en antioxidantes

Los principales compuestos polifenólicos del vino son los ácidos fenólicos, ácidos cinámicos, derivados de tirosina, estilbenos, flavonoides y procianidinas o taninos. Éstos se encuentran especialmente en la película y en la pepa de la uva. Su cantidad presente en el vino dependerá del tipo de uva y del proceso de vinificación.

La diferencia entre los vinos tintos y blancos se debe principalmente a la distinta forma en que se realiza el proceso de vinificación. El vino tinto se prepara a partir del grano de uva completo, es decir, se fermentan juntas la pulpa, la película y las pepas. El vino blanco se hace sólo con el jugo de la uva, separándose al inicio del proceso la película y las pepas, es decir, antes de la fermentación. La concentración total de compuestos polifenólicos en el vino varía entre 1,80 y 4,00 g/L, equivalentes en ácido gálico para el vino tinto, y de 0,16 a 0,50 g/L, para el vino blanco.

The polyphenolic compounds in red wine can decrease the oxidation of LDL cholesterol, the "bad" cholesterol, a key element in the development of atherosclerosis, because it is the oxidized LDLs that start the formation of the atherosclerotic plaque which gradually blocks the passage of blood, leading to heart attacks and premature aging of the arteries.

A moderate, regular consumption of red wine increases and improves the quality of life because it slows down the irreversible damage caused by oxidation over the years, protecting the body against chronic diseases and slowing down the aging process.

The protective action of wine

When wine is drunk with food, its action begins in the digestive tract by protecting the different foods, especially fats, against oxidation during the process of digestion. In this way, the fatty acids which are absorbed in the intestine and then pass into the bloodstream do not contribute with any more oxidative damage and its consequences.

It all suggests that it is healthier for women to drink one glass and men two glasses of wine, once a day, during a meal. This is the way of drinking that will provide maximum benefit.

Chilean wines: particularly rich in antioxidants

The main polyphenolic compounds in wine are phenolic acids, cinnamic acids, tyrosine derivatives, stilbenes, flavonoids and procyanidines or tannins. These are found especially in the skin and seeds of the grape. Their content in the wine depends on the type of grape and on the winemaking process.

The difference between red and white wines is due mainly to differences in the winemaking process. Red wine is made from the whole grape, i.e. the pulp, the skin and the seeds are fermented together. White wine is made only from the juice of the grape, separating the skin and seeds at the beginning of the process, before fermentation. The total concentration of polyphenolic compounds in wine varies between 1.80 and 4.00 g/L of gallic acid equivalent for red wine, and between 0.16 a 0.50 g/L for white wine.

The higher the polyphenol concentration, the greater the antioxidant activity. One glass of red wine is approximately equivalent to the antioxidant activity of one liter of orange, grapefruit or tomato juice, or three liters of apple juice.

According to a recently published study carried out by Scottish scientists who compared 65 wines from a dozen different countries,

Cuanto mayor es la concentración de polifenoles, mayor es la actividad antioxidante. Una copa de vino tinto equivale aproximadamente a la actividad antioxidante de un litro de jugo de naranja, de pomelo o de tomate, o de tres litros de jugo de manzana.

Según un estudio recientemente publicado, realizado por científicos escoceses que compararon 65 vinos provenientes de una docena de países, los vinos tintos chilenos presentaron la mayor concentración de flavonoides, miricetina y quercetina. Además, en conjunto poseen una actividad antioxidante proporcionalmente más alta que la de vinos de otros países. Este hallazgo es de gran importancia, puesto que, como la capacidad antioxidante de un vino depende de su contenido en polifenoles, mientras mayor sea su concentración mayor será su efecto antioxidante.

Chile posee condiciones únicas que explican la preeminencia de los vinos nacionales. Son vinos preparados con uvas provenientes de un clima soleado que permite su apropiada maduración, con una gran diferencia de temperatura entre el día y la noche, característica de los valles vitivinícolas chilenos. Esto, junto con técnicas de tratamiento de las vides y los procedimientos utilizados en la vinificación son algunos de los factores que explican que nuestros vinos tengan tan alto contenido de polifenoles antioxidantes, convirtiéndolos así en los más saludables.

Chilean red wines have the highest concentration of the flavonoids myricetin and quercetin. They also have a proportionally higher overall antioxidant activity than that of wines from other countries. This is an important finding, because since the antioxidant capacity of a wine depends on its polyphenol content, the higher the concentration, the greater its antioxidant effect will be.

Chile has unique conditions which explain the pre-eminence of its wines. They have been prepared from grapes grown in a sunny climate which allows them to ripen properly and with wide temperature differences between day and night, characteristic of Chilean wine-growing valleys. Those conditions, together with the vine treatment techniques and the procedures used for winemaking, are just a few of the factors that explain such a high antioxidant polyphenol content in our wines, making them the healthiest of all.

La acción protectora de una copa de vino tinto equivale aproximadamente a la actividad antioxidante de un litro de jugo de naranja, de pomelo o de tomate, o de tres litros de jugo de manzana.

The protective action of a glass of red wine is approximately equivalent to the antioxidant effect of one liter of orange, grapefruit or tomato juice, or three liters of apple juice.

RUTAS DEL VINO
WINE ROUTES

Margarita Maino

Conocido en otras latitudes como el país al sur del mundo, Chile tiene además una geografía muy particular; largo y angosto, lo cruzan dos cordones montañosos que van de norte a sur, y goza de fronteras naturales de impresionante belleza: el océano Pacífico al oeste y la cordillera de los Andes al este. Esta formación tan singular permite encontrar valles con gran diversidad de climas y entornos, a pocos kilómetros entre sí.

El reconocimiento internacional de Chile como productor de vinos finos trajo, como consecuencia inesperada, el despertar de la curiosidad de los aficionados a estos vinos por conocer más de cerca sus orígenes.

Las viñas, la belleza de los valles donde se encuentran y los atractivos pueblos y ciudades cercanos a ellas, conforman un entorno óptimo para este nuevo potencial turístico, atrayendo a Chile a quienes buscan un lugar diferente. Recorrer los valles plantados de viñedos, admirar el paisaje desde alguna ladera de la cordillera de los Andes, y descubrir los olores, colores, texturas y sabores que entregan estas tierras generosas es una experiencia que despierta el interés creciente de viajeros y de los habitantes de otras regiones del país.

La mayoría de las viñas nacionales cuenta con antiguas casas patronales, rodeadas de grandes parques con añosas y exóticas especies. Algunas están abiertas a los turistas, permitiendo apreciar el estilo de vida tradicional que sus dueños todavía conservan. Al visitar una viña se puede ser testigo de todo el proceso de vinicultura, vinificación y elaboración del vino, recorriendo los viñedos y las bodegas, algunas de ellas subterráneas y construidas hace más de 100 años, donde envejecen los mejores vinos.

En nuestro país existen tres rutas del vino organizadas en los valles de Colchagua, Curicó y del Maule. Recientemente, algunos productores de vinos de estos lugares se asociaron para aportar un concepto turístico nuevo en Chile y abrieron las puertas de sus viñas a los visitantes, quienes pueden hoy recorrerlas y saber algo de su historia con la ayuda de guías expertos. Hemos incluido el valle del Maipo, ya que en él se encuentran prestigiosas viñas tradicionales y la ciudad de Santiago, que cuenta con excelentes hoteles, restaurantes, tiendas de vinos y variadas actividades. Esto lo hace una parada muy aconsejable para quienes quieren familiarizarse con los vinos chilenos antes de partir hacia las Rutas del Vino.

Known in other places as the country at the southern end of the world, Chile has a very unusual geography; long and narrow, set between two mountain ranges that run from north to south, and with natural boundaries of amazing beauty: the Pacific Ocean to the west and the Andes range to the east. This unique configuration allows for the presence of valleys with a great variety of climates and surroundings, within a few kilometers of one another.

The worldwide recognition of Chile as a producer of fine wines has had unexpected consequence, like the awakening curiosity on the part of wine enthusiasts who want to have a closer look at their origins.

The vineyards, the beauty of the valleys where they are situated and the attractive towns and villages nearby, provide an ideal environment for this new "tourist", drawing people to Chile, who are looking for something different. Travelling around the valleys rich with vineyards, admiring the scenery from the slopes of the Andes, and discovering the smells, colors, textures and flavors offered by this generous land, is an experience that arouses the increasing interest of travelers and of people who live in other parts of the country.

Most of Chile's vineyards have old manor-houses, surrounded by large parks with old and exotic trees. Some are open to visitors, giving them the chance to observe the traditional life-style still continued by their owners. When visiting a winery, one can watch the whole vine-growing and vinification process and see how the wine is made by going around the vineyards, the wineries and the cellars in which the best wines are aged, some of them underground and built more than 100 years ago.

In Chile there are three organized wine routes: in the Colchagua, Curicó and Maule Valleys. Recently, some of the wine producers of these areas have gone into partnership to provide a new concept of tourism in Chile, and opened the doors of their wineries to visitors, so nowadays they can visit them and learn something about their history, guided by experts.

We have included the Maipo Valley because traditional vineyards of great prestige are found there, and also the city of Santiago, which offers excellent hotels, restaurants, wine-stores, and a variety of other activities. This makes it a highly recommended stop for all those who wish to get acquainted with Chilean wines before setting off on the "Wine Routes".

Viña Concha y Toro, Pirque, valle del Maipo.
Viña Concha y Toro, Pirque, Maipo Valley.

Valle del Maipo

La imponente cordillera de los Andes invade el paisaje del valle del Maipo, con sus picos nevados y sus laderas bañadas por el torrentoso río del mismo nombre. Este valle nace en el Cajón del Maipo, en la precordillera de los Andes. En este lugar se disfruta de impactantes vistas panorámicas del valle, y se recorren pintorescos pueblos con variada oferta gastronómica.

En el valle del Maipo se ubican las viñas más conocidas y emblemáticas del país: Cousiño Macul, Undurraga, Concha y Toro, Santa Rita y Tarapacá ex Zabala. Ellas fueron fundadas por antiguas familias chilenas alrededor del 1900, y conservan hasta hoy las casas, jardines y bodegas de vinos construidas en esa época. Están abiertas al público, haciendo posible que el visitante conozca no sólo los

Viña Undurraga, Talagante.

procesos involucrados en la elaboración de sus vinos, sino también parte de la historia de Chile. Aunque el crecimiento de la ciudad pareciera haber invadido el paisaje que rodea estas centenarias viñas, lo cierto es que Santiago ha ido rindiéndose al embrujo del vino, el que hoy ocupa un lugar destacado en la carta de sus mejores restaurantes y en las preferencias de sus habitantes.

The Maipo Valley

The majestic Andes range dominates the landscape of the Maipo Valley, with its snow-covered peaks and its slopes watered by the rushing river of the same name. This valley is born in Cajón del Maipo, in the foothills of the Andes, a place where visitors can enjoy impressive panoramic views of the valley and travel through picturesque villages that offer a variety of gastronomic delights.

The country's best known and most representative vineyards are found in the Maipo Valley: Cousiño Macul, Undurraga, Concha y Toro, Santa Rita, and Tarapacá ex Zabala. Old Chilean families established these vineyards around the year 1900 and have preserved them with their houses, gardens and wine cellars built at the time. They are open to the public, allowing visitors to get to know not only the processes involved in winemaking, but also a part of Chilean history.

Viña Cousiño Macul, Peñalolén

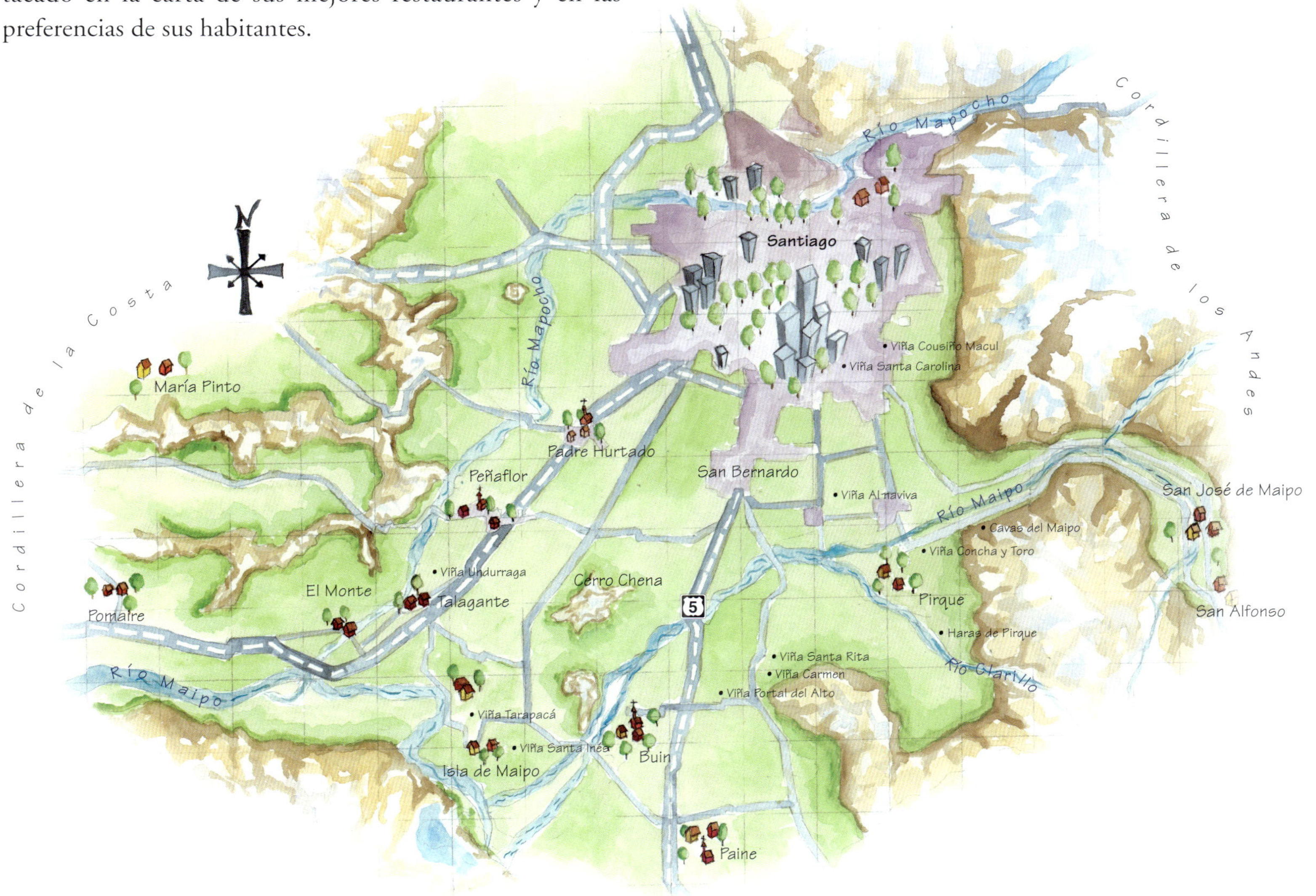

Although the city's growth seems to have invaded the landscape that surrounds these century-old vineyards, the truth is that Santiago has gradually surrendered to the enchantment of wines, which today have an important place on the menu of its best restaurants as well as being the preferred by its inhabitants.

Hotel Carrera, Santiago de Chile.

Santiago

Santiago, la capital de Chile, es un excelente destino turístico, así como el punto de partida para los distintos lugares de interés en la zona central del país. Sin embargo, en los últimos años este atractivo se basa en su cercanía a magníficos puntos de interés turísticos en el valle del Maipo, muchos de los cuales están asociados a la industria vitivinícola.

El prestigioso y tradicional **Hotel Carrera** es una excepcional alternativa para todos aquellos que desean permanecer por más tiempo y llegar a conocer los encantos de la noche santiaguina. Ubicado al costado del Palacio de la Moneda, ha sido testigo de gran parte de la historia de Chile desde la década de los '40. De estilo francés, con amplios recibos, salones señoriales y habitaciones de lujo, es un hotel clásico y elegante, famoso por sus visitas ilustres y su fina gastronomía.

En sus dos restaurantes de comida internacional y en su bar de estilo inglés se puede degustar una gran variedad de los mejores vinos chilenos. Su menú de cocina internacional se adapta permanentemente para incorporar exquisiteces del mar y la tierra, como la centolla austral, la langosta de la isla de Juan Fernández, corderos magallánicos y aves de caza.

Su personal está altamente calificado para atender a los clientes más exigentes y poder entregarles el máximo confort, los mejores servicios y toda la asesoría turística que el pasajero requiera. El Hotel Carrera entrega la más completa información respecto a las actividades relacionadas con el vino que se pueden realizar en la zona de Santiago; viñas cercanas que reciben visitas y hacen recorridos, catas de vinos, tiendas especializadas y otros eventos.

Santiago

Santiago, the capital of Chile, is an excellent tourist attraction in itself, as well as the starting point for various places of interest in the central region of the country. However, its greatest attraction in recent times is based on its proximity to magnificent sight seeing destinations like the Maipo Valley, many of which are associated with the winemaking industry.

The **Hotel Carrera**, *with its tradition of prestige, is an outstanding alternative for those who wish to stay longer and get to know Santiago's enchantment at night. Located in the city's civic center, facing the Palacio de la Moneda, it has witnessed most of Chile's history since the 1940s. Built in the French style, with ample lobbies, stately lounges and luxurious guest rooms, this is a classical, elegant hotel, famous for its illustrious guests and its fine gastonomic reputation.*

In its two restaurants, which serve international cuisine, and in its English-style bar, one can taste a wide variety of the best Chilean wines. Its menu of international dishes is constantly changing to include delicacies from both land and sea, such as the southern king crab, lobsters from the Juan Fernández Islands, lamb from Magallanes and game birds.

The Carrera's personnel is highly qualified to serve the most demanding customers and provide them with the maximum comfort, the best services and all the tourist advice the traveller may require. The Hotel Carrera gives out the most complete information on wine related activities that can be arranged in the Santiago area: nearby vineyards which receive visitors and organize tours, wine tastings, specialized wine stores and other events.

Copper Room Restaurant

Viña Santa Rita, una de las más grandes y antiguas de Chile, tiene su bodega principal a 30 minutos del centro de Santiago, en Alto Jahuel. En ese lugar destaca, además de sus viñedos, su bodega de barricas, construida en 1875 por arquitectos franceses con el sistema cal y canto. En ella todavía se envejecen los mejores vinos de la Viña, como el Casa Real y Medalla Real Cabernet Sauvignon. Sin embargo, la construcción más imponente del lugar corresponde a un exclusivo hotel donde alojan las visitas ilustres de Santa Rita. Tanto este hotel como su hermoso parque y la antigua bodega de barricas son Monumentos Nacionales de Chile.

El **Hotel Casa Real** fue construido hace más de 100 años, siendo originalmente la casa patronal de don Domingo Fernández Concha, fundador de Viña Santa Rita. Más tarde pasaría a manos de don Vicente García Huidobro, yerno del fundador y padre del famoso poeta chileno Vicente Huidobro.

Al llegar a la Viña se comienza a respirar una atmósfera que parece haberse detenido en el tiempo. Una pequeña laguna con cisnes, rodeada de blancas calas, adorna la entrada del hotel y la imponente fachada de la casona sorprende al visitante con su señorial estilo pompeyano.

Una vez adentro, 16 acogedoras habitaciones, elegantes salones y muebles de la época invitan al visitante a sumirse en un capítulo importante de la historia de Chile. La Sala del Obispo, donde antiguamente residía un religioso, es hoy un excelente lugar para reuniones. En la Sala de Juegos los invitados

The Viña Santa Rita, one of the biggest and oldest in Chile, has its main winery 30 minutes away from downtown Santiago, in Alto Jahuel. This place is a remarkable point of interest, not only for its vineyards, but also because of its barrel cellar, built in 1875 by French architects using the lime and rubble system. The wineries best wines, such as Casa Real and Medalla Real Cabernet Sauvignon, are still aged in that cellar. However, the most imposing building in the place is an exclusive hotel where distinguished visitors to Santa Rita are lodged. The hotel, as well as its beautiful park and the old barrel cellar are Chilean National Monuments.

The **Hotel Casa Real** *was built more than 100 years ago, and it was originally the home of don Domingo Fernández Concha, founder of the Viña Santa Rita. Later on it belonged to Vicente García Huidobro, the founder's son-in-law and father of the famous Chilean poet, Vicente Huidobro.*

On arriving at the winery, one breathes in an atmosphere that seems to have stopped in time. A small lake with swans, surrounded by white calla lillies, decorates the hotel entrance, and the imposing façade of the big house surprises the visitor with its stately Pompeian style.

Once inside, its 16 attractive guest-rooms, elegant salons and period furniture invite the visitor to become immersed in an important chapter of Chilean history. The Bishop's Hall, where a clergyman once lived, is today an excellent meeting room. In the Games Room the guests can enjoy playing billiards on the beautiful table brought specially from England by don Domingo Fernández

Entrada al Hotel Casa Real, Viña Santa Rita, Alto Jahuel.
Entrance to the Hotel Casa Real, Viña Santa Rita, Alto Jahuel.

En Santiago, junto con visitar los museos y otros lugares históricos de interés, vale la pena conocer los restaurantes especializados en vinos finos, antes de visitar las viñas cercanas y emprender viaje hacia las rutas al sur del valle del Maipo. En la bohemia noche del barrio Bellavista, y la vida nocturna de otros barrios como Providencia, Las Condes y Vitacura se pueden encontrar excelentes alternativas, como las que presentamos a continuación.

Kilomètre 11.680
Dardignac 0145, Bellavista.
Bar de vinos con cocina francesa al estilo bistro, visitado por enólogos y expertos del vino de todas partes del mundo. Cuenta con una carta de 140 etiquetas, tanto chilenas como francesas.

A wine bar with bistro-style French cuisine, visited by enologists and wine experts from all over the world. It has a wine selection of 140 labels, both Chilean and French.

Cava de Dardignac
Dardignac 0191, Bellavista.
Ambientado como bodegón de vinos, este restaurante ofrece comida mediterránea, con especialización en la cocina portuguesa. Posee una variada carta de vinos con más de 170 etiquetas.

With the atmosphere of a wine cellar, this restaurant offers Mediterranean food, specializing in the Portuguese cooking. It has a varied wine selection with more than 170 labels.

Centro de Santiago

Bellavista

Cerro Santa Lucía

In Santiago, together with visiting the museums and other interesting historic sites, it is worth getting to know the restaurants specialized in fine wines before moving on to the nearby wineries and the routes south of the Maipo Valley. In the Bohemian night of the Bellavista quarter and the nightlife of other sectors such as Providencia, Las Condes or Vitacura it is possible to find an excellent choice of restaurants, including those shown here.

Astrid y Gastón
Antonio Bellet 201, Providencia.
En un sofisticado y elegante ambiente, con su cocina a la vista, se presenta la refinada carta de platos internacionales. Tienen una selecta carta de vinos nacionales y extranjeros.

In a sophisticated and elegant environment, with its kitchen in full view, it offers an exquisite menu of international dishes. It has a good wine selection, both Chilean and foreign.

Sommelier
Dardignac 0163, Bellavista.
Elegante restaurante inspirado en antiguas bodegas de guarda, con una gastronomía desarrollada en torno al vino de clase mundial, y una amplia carta enológica de 115 etiquetas nacionales.

An elegant restaurant inspired by old aging-cellars, with world-class gastronomy designed around wine and an extensive wine selection of 115 Chilean labels.

Cuerovaca
El Mañío 1659, Vitacura.
En el paseo El Mañío de Vitacura se encuentra este sofisticado restaurante especializado en carnes premium a la parrilla. Ofrece más de 20 cortes de carne Angus y una muy buena selección de 100 vinos chilenos.

This sophisticated steak house is located in the El Mañío walk in Vitacura. It specializes in Angus meat, offering more than 20 cuts and a good wine selection of 100 Chilean labels.

Cava del Río
Monseñor Escrivá de Balaguer 6400, Vitacura.
Elegante y acogedor lugar de reunión para amantes del vino, posee una impresionante carta enológica con más de 230 etiquetas que van desde varietales nacionales hasta vinos franceses ultra premium. Su gastronomía mediterránea es el perfecto complemento para sus excelentes vinos.

An elegant and attractive meeting place for wine lovers, it has an impressive wine selection of more than 230 labels which go from Chilean varietals to ultrapremium French wines. Its Mediterranean food is the perfect complement for its excellent wines.

Aquí está Coco
La Concepción 236, Providencia.
Entre mascarones de proa, reliquias del mar y redes de pesca, se puede disfrutar de una original gastronomía marina preparada por el famoso chef Coco Pacheco. Posee una buena selección de vinos tradicionales chilenos que se pueden degustar en su cava subterránea especialmente diseñada para esto.

Between figureheads, relics of the sea and fishing nets, one can enjoy original seafood dishes prepared by famous chef Coco Pacheco. It has a fine selection of traditional Chilean wines and an underground cellar specially designed for their tasting.

Osadía
Tobalaba 477, Providencia.
La gastronomía fina es la protagonista del ecléctico ambiente del restaurant Osadía. Gracias a la cocina de autor del reconocido chef Carlo von Mühlenbrock, surge lo mejor de los ingredientes chilenos en platos que se combinan con una variada carta de vinos nacionales y un winekeeper de 16 etiquetas que permite degustar diferentes cepas durante la comida.

Fine food plays the main role in the eclectic environment of Osadía Restaurant. Thanks to the original cuisine of well-known chef Carlo Von Mühlenbrock, the best of Chilean ingredients can be tasted in dishes combined with a varied list of Chilean wines, and a 16-label "winekeeper" that allows different varieties to be tried during the meal.

Pinpilinpausha
Av. Isidora Goyenechea 2900, El Golf.
Restaurant inspirado en la gastronomía y el estilo español, que goza de una larga tradición en nuestro país. Sus deliciosos platos acompañados de vinos chilenos y riojanos invitan a sus comensales a disfrutar del encanto del barrio El Golf.

A restaurant inspired in the Spanish cuisine and style with a long tradition in Chile. Its delicious dishes served with Chilean wines invite its guests to enjoy the charm of the El Golf neighborhood.

Más cerca de la cordillera de los Andes, en pleno barrio financiero y empresarial de Santiago, se encuentra el **Hotel Radisson**, en el conocido edificio "World Trade Center". En este moderno barrio se ubican las oficinas de las principales empresas del país, incluyendo las de importantes viñas.

Con un estilo único y eficiente, este Hotel entrega todos sus servicios con un toque de calidez y amabilidad que lo han distinguido desde sus inicios. En su Brick Restaurant se puede gozar de excelente comida internacional, preparada por el famoso chef Joel Solorza, conocido por sus sorprendentes innovaciones gastronómicas, como por ejemplo su Entrecote de cordero con salsa Carménère, o su Carpaccio de atún con emulsión de limón y jengibre. Éstas y otras delicias culinarias son siempre acompañadas por la mejor carta de vinos, demostrando la constante preocupación del Hotel por este aspecto.

La ubicación estratégica del Hotel Radisson permite al visitante estar a pasos de las mejores tiendas de vinos del país y de una variedad importante de restaurantes de gran nivel, muchos de ellos en la conocida Avenida El Bosque.

Hotel Radisson, El Golf, Santiago de Chile.

Chef Joel Solorza.

Brick Restaurant

*Closer to the Andes mountains, and right in the heart of Santiago's financial and business sector, is the **Radisson Hotel**, located in the famous "World Trade Center" building. The offices of the country's main companies are to be found in this modern sector, including those of some important wineries.*

With a style and efficiency of its own, this Hotel delivers all its service with a touch of warmth and friendliness which has made it different right from the start. In its Brick Restaurant one can delight in excellent international cuisine prepared by the famous chef Joel Solorza, renowed for his startling gastronomic innovations, such as his Lamb Entrecote with Carménère sauce, or his Tuna Carpaccio with lemon and ginger glaze. These and other culinary delicacies are always accompanied by the best wine-list, showing the Hotel's constant concern for that aspect of its service.

The strategic location of the Radisson Hotel allows the visitor to be just a few steps away from the best wine-stores in the country and from a wide variety of outstanding restaurants, many of them on the well-known "Avenida El Bosque".

pueden disfrutar de la hermosa mesa de billar que don Domingo Fernández Concha trajera especialmente desde Inglaterra. En el Salón Principal se encuentran los retratos de las familias Fernández Bascuñán y García Huidobro Fernández, las primeras generaciones propietarias de la Viña. Cada rincón de la hermosa casona tiene algún elemento que es capaz de transportar a quien la recorra al esplendor del Chile del siglo XIX.

Un magnífico parque de 30 hectáreas rodea la imponente arquitectura del Hotel Casa Real. Éste fue diseñado en 1882 por el paisajista francés Guillaume Renner, y cuenta con una variedad de árboles centenarios. Entre las especies autóctonas hay olmos, palmas y araucarias, y entre las introducidas hay castaños de la India, olivos, cedros, magnolios, jazmines y almendros. Todos ellos visten y perfuman los senderos y los escondidos jardines del parque, adornados también con hermosas estatuas que representan mitos o estaciones del año, y acompañan a quien recorra este lugar.

A un costado del hotel se encuentra la Capilla, diseñada por el arquitecto Teodoro Burchard en el estilo neogótico. La construcción es una obra de arte muy bien conservada, ya que en 1995 uno de los expertos de la Capilla Sixtina viajó desde Florencia para su restauración. En esta Capilla ocasionalmente todavía se realizan ceremonias.

Por último, fuera de las inmediaciones del Hotel Casa Real, se encuentra la casa que perteneciera a doña Paula Jaraquemada hace más de 200 años. Hoy es Monumento Nacional de Chile y alberga el restaurante "La Casa de Doña Paula". Aquí se ofrece comida tradicional chilena e internacional, con una completa carta de vinos de las viñas Santa Rita y Carmen. "La Casa de Doña Paula" es perfecta para comenzar o finalizar un recorrido por los viñedos de Santa Rita.

Salón principal del Hotel Casa Real.
Main hall of Hotel Casa Real.

Concha. The main hall has portraits of members of the Fernández Bascuñán and García Huidobro Fernández families, the first generations to own the vineyard. Every corner of the beautiful house has something that can transport the visitor to the splendor of Chile in the 19th century.

Thirty hectares of magnificent parkland surround the imposing architecture of the Hotel Casa Real. It was designed in 1882 by the French landscape architect Guillaume Renner, and includes a wide variety of century-old trees. Among the native species there are elms, palm trees and araucarias, and among the imported ones there are horse chestnuts, olive trees, cedars, magnolias, jasmines and almond trees. All of them decorate and perfume the paths and hidden gardens of the park, which are also adorned with beautiful statues, representing myths or the seasons, and accompany those who stroll around the place.

Adjacent to the hotel is the chapel, designed by the architect Teodoro Burchard in neogothic style. The building is a very well-preserved work of art, because a Sistine Chapel expert came from Florence in 1995 to work on its restoration. Services are still held occasionally in this chapel.

Finally, beyond the immediate neighborhood of the Hotel Casa Real one can find the house that belonged to doña Paula Jaraquemada more than 200 years ago. Today is a Chilean National Monument and houses the restaurant, "La Casa de Doña Paula". This restaurant offers international and traditional Chilean food with a complete selection of Santa Rita and Carmen wines. "La Casa de Doña Paula" is the perfect place to start or end a visit to Viña Santa Rita.

Patio interior del Hotel Casa Real.
Interior patio of Hotel Casa Real.

Valle de Colchagua

Visitar Colchagua es acercarse a lo más genuino de la identidad del Chile campesino de la zona central. En este valle aún perviven las tradiciones y la arquitectura del Chile colonial; chupallas, medialunas, comidas típicas y casas con alero que han sobrevivido varios terremotos, como las de Lolol, dan a la región un sabor típico que se funde con la intensidad del sol y la frescura de las viñas.

Zona huasa por excelencia, el valle de Colchagua ofrece interesantes alternativas turísticas. Su ruta del vino fue la primera en constituirse y cuenta con atractivos adicionales como la existencia de museos, antiguas casas patronales y, a partir de fines del año 2002, la posibilidad de recorrerla de San Fernando a Peralillo en el "tren del vino", por el mismo ramal que antiguamente unía San Fernando y Pichilemu.

La ruta del vino de Colchagua consiste en un recorrido de 20 kilómetros, durante el cual se visitan las prestigiosas viñas Casa Silva, Viu Manent, Santa Laura, Casa Lapostolle, Montgras, Siegel, Luis Felipe Edwards, Montes y Bisquertt. En el mismo trayecto se pueden conocer el Museo de Colchagua, museo privado con la colección de objetos más grande de Chile y que recupera gran parte de la historia de la zona, y el antiguo Museo San José del Carmen de El Huique.

Colchagua Valley

To visit Colchagua means getting to the heart of Chile's most rural identity in the central zone. In this valley, the traditions and architecture of colonial Chile are still alive; straw hats or "chupallas", rodeos or "medialunas", typical food, and houses with eaves that have survived several earthquakes, like the ones in Lolol, give to this region a typical flavor that merges with the intensity of the sun and the freshness of the vineyards.

A traditional country zone par excellence, the Colchagua Valley offers interesting alternatives for tourists. Its wine route was the first one to be created and has additional attractions like the existence of museums, old manor-houses and, from the end of the year 2002, the possibility of travelling from San Fernando to Peralillo in the "tren del vino", by the same branch line that long ago joined San Fernando and Pichilemu.

Viña Santa Laura, Santa Cruz.

The Colchagua wine route is a 20-kilometer excursion, in which one can visit the prestigious vineyards of Casa Silva, Viu Manent, Santa Laura, Casa Lapostolle, Montgras, Siegel, Luis Felipe Edwards, Montes and Bisquertt. On the same trip it is also possible to visit the Colchagua Museum, the private museum with the largest collection of artefacts in Chile, and the old museum of San José del Carmen of El Huique.

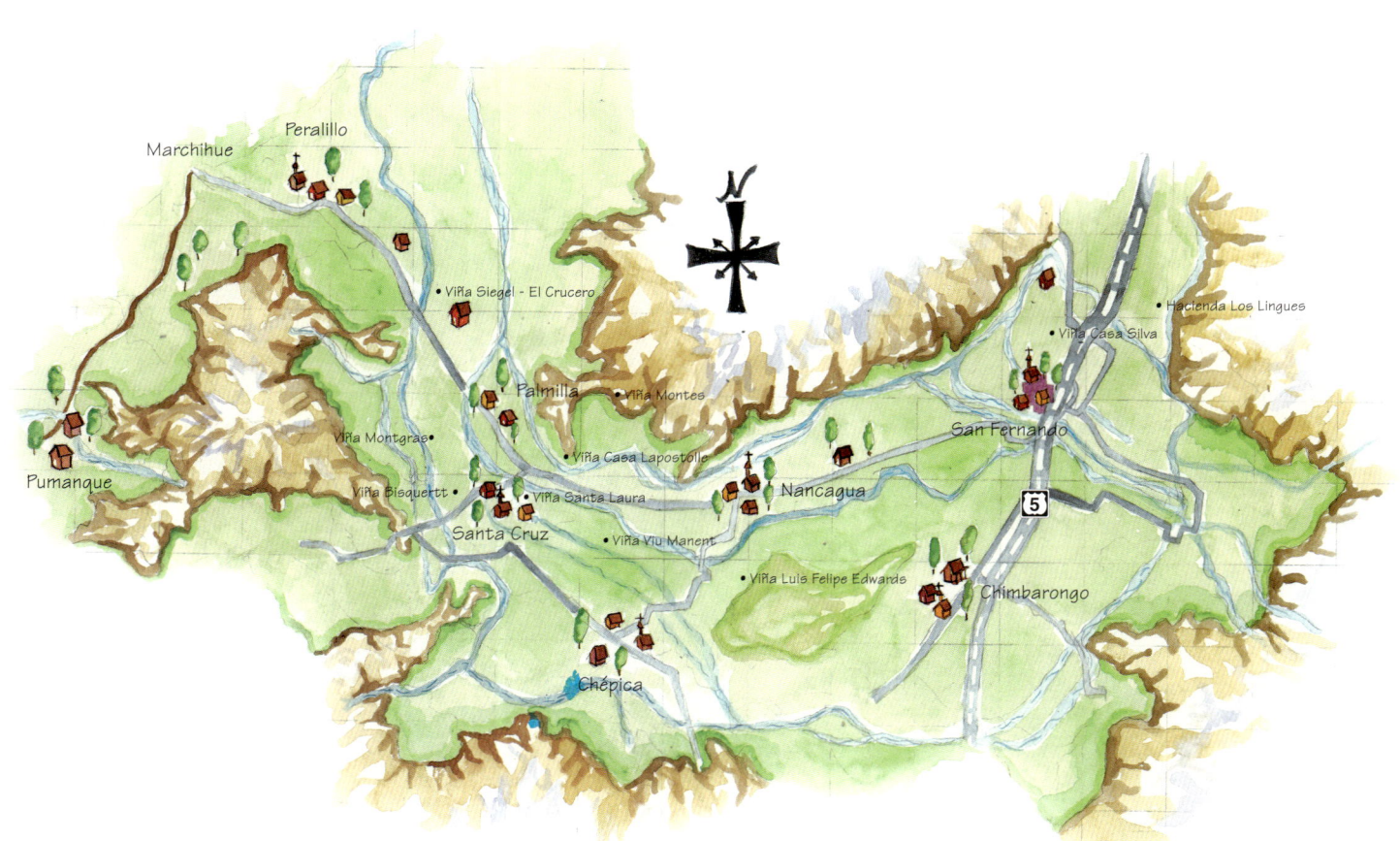

El valle de Colchagua cuenta con excelentes alternativas hoteleras, entre ellas la Hacienda Los Lingues, ubicada a los pies de la cordillera de los Andes, y el Hotel Santa Cruz Plaza, en el centro de la ciudad de Santa Cruz.

El recorrido del valle de Colchagua comienza 126 kilómetros al sur de Santiago, en la **Hacienda Los Lingues**. Visitar esta gran casona es hacer un viaje hacia el pasado colonial de Chile. En el interior, sus lujosos salones están distribuidos a través de largos corredores; por fuera está rodeada de un maravilloso parque con flora autóctona. Una romántica capilla donde aún se realizan misas, y caballerizas que albergan a premiados caballos chilenos, completan el entorno de esta aristocrática casona que ha permanecido en manos de la familia fundadora por más de 400 años.

Hacienda Los Lingues.

The Colchagua Valley has excellent hotel accommodation, including the Hacienda Los Lingues, at the foot of the Andes mountains, and the Santa Cruz Plaza Hotel, located right in the center of the town of Santa Cruz.

*The journey along the Colchagua Valley starts 126 kilometers south of Santiago, at the **Hacienda Los Lingues**. To visit this old manor-house is like taking a trip to Chile's colonial past. In the interior, its luxurious salons are distributed along long corridors, and it is surrounded by a wonderful park with native plants. A romantic chapel where religious services are still held, and stables that house prize-winning Chilean horses, complete the surroundings of this aristocratic manor-house, which has remained in the hands of its founding family for over 400 years.*

Cristo tallado en marfil del siglo XVI, en la capilla de la Hacienda.
Ivory carved Christ from the XVI century, in the Hacienda Chapel.

La atención hospitalaria de sus anfitriones hace del recorrido a la Hacienda un deleite para aquellos que gustan de la historia, el arte, la buena mesa y de las actividades al aire libre, todo bajo el influjo de la tranquilidad que entrega el campo. No es de extrañar que la Hacienda Los Lingues sea el único hotel con categoría de *Relais* & *Châteaux* en Chile.

El visitante podrá degustar una excelente variedad de comida tradicional chilena, con una particular influencia de la cocina europea. Todo es preparado en sus cocinas, desde el pan amasado hasta los más sofisticados platos. Un día típico en el hotel comienza con champagne al desayuno, continúa con distintas variedades de vinos según las comidas y culmina al anochecer con exquisitas degustaciones de vinos Reserva apropiadamente envejecidos en su centenaria cava.

El servicio hotelero cuenta con 10 habitaciones y 3 casas de huéspedes, todas con su mobiliario original, permitiendo al visitante sentirse transportado a un romántico espacio de nuestra historia.

Además de las viñas, se puede visitar el Museo de Colchagua, ubicado en la ciudad de Santa Cruz. Es el museo privado más

The hosts' personal attention makes the tour of Los Lingues a delight for anyone who is fond of history, art, good food and outdoor activities, all in a peaceful country setting. Not surprisingly, Hacienda Los Lingues is the only hotel in Chile with the rating of Relais & Châteaux.

Comedor subterráneo junto a la cava de vinos en Hacienda Los Lingues.
Underground dining-room next to the wine-cellar at Hacienda Los Lingues.

Museo de Colchagua ubicado en la ciudad de Santa Cruz.
Colchagua Museum located in the town of Santa Cruz.

grande y variado de Chile, emplazado en una gran casona colonial. En un recorrido bien organizado -en orden cronológico de los objetos- se pueden apreciar muestras de arte y reliquias históricas de gran valor. El visitante puede conocer objetos de la prehistoria, del período precolombino y de la Conquista, Colonia, Independencia y la República en Chile. También hay algunos objetos litúrgicos provenientes de los talleres jesuitas del siglo XVIII y reliquias de la Guerra del Pacífico como uniformes, armas y condecoraciones.

Destaca también la completa colección folclórica, con atuendos y aperos de huaso, coches de la época y una impresionante muestra de maquinaria agrícola antigua, mucha de la cual estuvo presente en los orígenes del vino chileno de esta región.

En las afueras de Santa Cruz se encuentra el Museo San José del Carmen de El Huique, interesante muestra que retrata la vida de las familias aristocráticas chilenas de siglos pasados. La hacienda perteneció a las Familias Echenique y Errázuriz hasta el año 1975, en que fue donada al Ejército de Chile, el que luego de usarla como casa de huéspedes la destinó al Departamento de Conservación de Patrimonio. Una casa patronal con capilla y once patios forman este importante conjunto de arquitectura rural, dentro del que destaca la habitación del ex presidente de Chile Federico Errázuriz Echaurren, conservada intacta como reliquia.

Visitors can try an excellent variety of traditional Chilean cookery, with a special European influence. Everything is made on the premises, from the hand-kneaded bread or "pan amasado", to the most sophisticated dishes. A typical day at the hotel begins with champagne at breakfast, continues with different varieties of wines depending on the meals, and culminates at night with exquisite tastings of Reserve wines optimally aged in the ancient cellar.

The hotel has ten bedrooms and three guest houses, all with their original furniture, giving the guests the sensation of being transported to a romantic period of our history.

In addition to the vineyards, the Colchagua Museum in the town of Santa Cruz can be visited. It is the largest and most varied private museum in Chile, located in a big colonial manor-house. In a well organized visit, following the chronological order of the objects, valuable samples of art and historic relics can be seen. Visitors may see objects from the prehistoric, and pre-Columbian period, as well as from the Conquest, Independence and Republican periods in Chile. There are also some liturgical objects from the 18th century Jesuit workshops, and relics from the Guerra del Pacífico, such as uniforms, guns and medals.

Of particular interest is the complete folklore collection, with "huasos" outfits, coaches of the period, and an impressive collection of old farming machinery, much of which was used in the early days of Chilean winemaking in this region.

On the outskirts of Santa Cruz, it is possible to find the museum of San José del Carmen of El Huique, which gives an interesting picture of the life of aristocratic Chilean families in days gone by. The estate belonged to the Echenique and Errázuriz families until 1975, when it was donated to the Chilean Army. After using it as a guest house, they turned it over to the Patrimonial Conservation Department. A manor-house with a chapel and 11 courtyards constitute this important example of rural architecture, in which the room of the former President of Chile, Federico Errázuriz Echaurren, has been preserved intact as a museum piece.

Museo San José del Carmen de El Huique, Santa Cruz.
San José del Carmen de El Huique Museum, Santa Cruz.

El **Hotel Santa Cruz Plaza** fue construido recientemente con el objetivo de atender a las más exigentes visitas de las viñas de Colchagua con un servicio de 5 estrellas. Se encuentra frente a la Plaza de Armas de Santa Cruz, a pasos del museo de esta ciudad, imponiéndose con su elegante fachada y singular estilo que mezcla la arquitectura chilena con un alegre colorido y original mobiliario colonial.

En su interior resalta la preocupación por decorar con obras de arte, piezas de arqueología y objetos alusivos al tema vitivinícola, que van desde un vitral con imágenes de la vendimia hasta maquinaria agrícola que adorna el parque.

Sus empleados, vestidos elegantemente a la usanza criolla, atienden a sus clientes con la calidez propia del campo y su restaurante "Los Varietales" mantiene las tradiciones culinarias de la zona. El ambiente cosmopolita del Hotel atrae tanto a extranjeros como a la sociedad local, quienes han hecho de este lugar un excelente punto de encuentro.

El Hotel Santa Cruz Plaza cuenta con 44 habitaciones, salones para eventos, un quincho, una piscina, un elegante bar y una delicada vinoteca, que ofrece una variada selección de los mejores vinos de la zona. En ella se realizan periódicamente degustaciones, guiadas por expertos de las distintas viñas pertenecientes al valle de Colchagua.

The **Santa Cruz Plaza Hotel**, offering five-star service, was built recently in order to receive the most demanding visitors to the Colchagua wineries. It faces the Plaza de Armas of Santa Cruz, a short distance away from the museum, with an imposing, elegant frontage and an unusual style that mixes Chilean architecture with lively colors and original colonial furniture.

Inside, their care in decorating with works of art, archeological pieces, and objects related to winemaking is evident, from a stained-glass window showing a grape harvest, to farming machinery decorating the gardens.

Its personnel, elegantly dressed in local costume, look after the guests with the warmth characteristic of rural areas, and its restaurant, "Los Varietales", preserves the culinary traditions of the zone. The hotel's cosmopolitan atmosphere is attractive both to tourists and to the locals, who have adopted it as an excellent meeting place.

The Santa Cruz Plaza has 44 guest-rooms, large meeting rooms, a barbecue area, a swimming pool, an elegant bar, and a refined winehouse which offers a varied selection of the zone's best wines. Wine tasting events are organized periodically under the guidance of experts from the different wineries of the Colchagua Valley.

Restaurant "Los Varietales" del Hotel Santa Cruz Plaza.
Restaurant "Los Varietales" at the Santa Cruz Plaza Hotel.

Hotel Santa Cruz Plaza, ubicado frente a la Plaza de Armas en la ciudad de Santa Cruz.
Santa Cruz Plaza Hotel, located opposite to the "Plaza de Armas" (Main Square) in the town of Santa Cruz.

Valle de Curicó

En la parte norte de la región del Maule, a 200 kilómetros de Santiago, se encuentra el valle de Curicó. Esta zona fue heredada a fines del siglo XIX por don Bonifacio Correa Albano, quien la convirtió en región vitivinícola al unir con sus plantaciones de viñedos las zonas de Teno, Rauco y Romeral, en el subvalle vitivinícola de Teno, y Lontué, Molina y Sagrada Familia en lo que se conoce como el subvalle de Lontué.

Es aquí donde funciona la "Ruta del Vino, valles de Curicó", agrupando importantes viñas de la zona: San Pedro, Miguel Torres, Astaburuaga, Aresti, Benítez, Cavas Shröder y Hanke, Correa Albano, Echeverría, Inés Escobar, Osvaldo Astaburuaga, Río Claro, Pirazzoli, La Fortuna, Los Robles, San Rafael, Torrealba y Valdivieso.

Esta Ruta del Vino nace para mostrar a Chile y al mundo la tradición y calidad de estos valles, invitando a vivir la cultura del vino a través de las visitas a las viñas integrantes, conociendo la tecnología de los procesos de producción de vino de hoy y de antaño, degustando los vinos y participando en actividades que involucran el folclor, la gastronomía y la artesanía del Valle.

Además de visitar las viñas ya mencionadas, el turista puede conocer atracciones naturales como el Lago Vichuquén, la reserva Siete Tazas y la propia ciudad de Curicó.

Curicó Valley

In the northern part of the Maule region, 200 kilometers south of Santiago, lies the Curicó Valley. This zone was inherited in the 19th century by don Bonifacio Correa Albano, who turned it into a vine-growing area more than 100 years ago by incorporating into his own vineyards the Teno area, with Rauco and Romeral in the sub-valley of Teno and the Lontué Valley with Molina and Sagrada Familia, in what is known as the sub-valley of Lontué.

This is where the "Curicó Valleys Wine Route" operates, grouping together important vineyards of the zone: San Pedro, Miguel Torres, Astaburuaga, Aresti, Benítez, Cavas Shroder y Hanke, Correa Albano, Echeverría, Inés Escobar, Osvaldo Astaburuaga, Río Claro, Pirazzoli, La Fortuna, Los Robles, San Rafael, Torrealba and Valdivieso.

This Wine Route was designed to show the tradition and quality of these valleys to Chile and the world, inviting visitors to experience wine culture by walking through the vineyards, getting to know past and present winemaking technologies, tasting wines, and participating in activities that involve the valley's folklore, gastronomy and handicrafts.

In addition to visiting the vineyards, tourists can get to know natural beauty-spots such as Lake Vichuquén, the Siete Tazas Nature Reserve, and the city of Curicó itself.

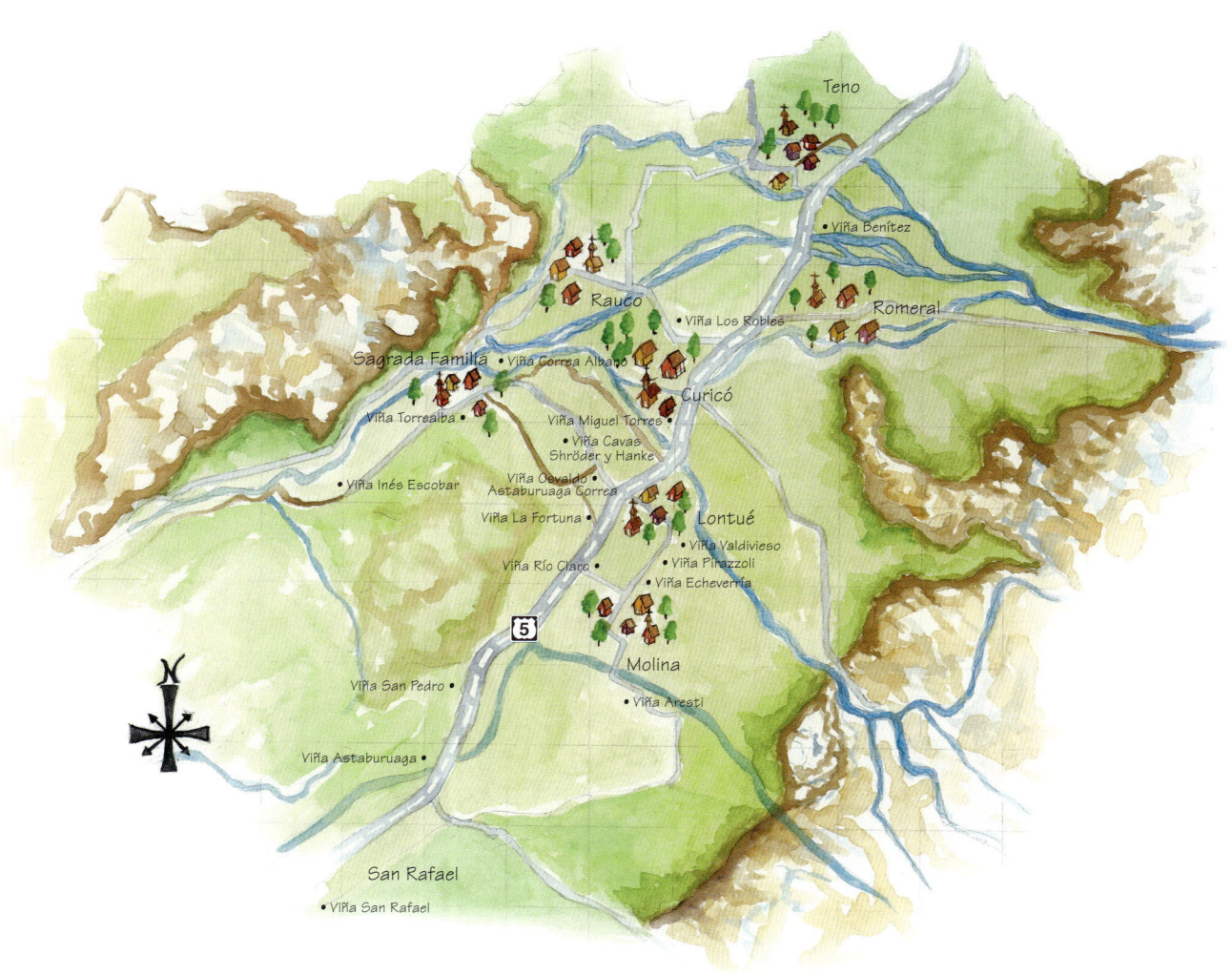

En el recorrido de esta ruta destaca Viña San Pedro como la más grande de la zona, con el paño continuo de viñedos más extenso de Chile. También se puede visitar la prestigiosa Viña Miguel Torres, que adquirió terrenos vitivinícolas en esta zona en 1978 y fue pionera en la producción de vinos finos.

En otra parte de la Ruta están Viña Aresti -que aunque nueva en el rubro es digna de visitar, tanto por el buen gusto de su arquitectura, como por la modernidad de sus instalaciones- y Viña Valdivieso, emplazada en la antigua Viña Lontué, una de las primeras productoras de vino de la zona, con cultivos que datan de alrededor del año 1830.

Esta zona ha sido influenciada por las viñas de tradición familiar, que se mantienen vigentes a través de la presencia de sus casonas patronales y bodegas: "La Fortuna" de la familia Guell, "Correa Albano" de la familia Astaburuaga, "Torrealba" y "Cavas Shröder y Hanke" de las familias del mismo nombre, por mencionar sólo algunas.

En el valle de Curicó se encuentra el lago Vichuquén, a poco más de dos horas de Santiago, con sus agradables playas rodeadas de flora nativa y una tradición cultural ligada a las leyendas de brujas, a la buena gastronomía y los buenos vinos.

Hacia la cordillera de los Andes está la Reserva Natural Siete Tazas, a 50 kilómetros de Molina. Esta Reserva tiene siete pozones naturales de aguas cristalinas, cascadas majestuosas como "El Velo de la Novia" y "El Salto de la Leona". A 9 kilómetros de la Reserva se encuentra el Parque Inglés, lugar ideal para realizar caminatas y cabalgatas por la montaña, acampar y realizar actividades de turismo aventura.

La ciudad de Curicó -palabra que en lengua mapuche significa "agua negra"- ofrece interesantes atractivos como la Plaza de Armas, conocida también como la Plaza de las Palmeras, la Alameda Manso de Velasco y el Cerro Condell.

Casacada "Velo de la Novia", Reserva Natural Siete Tazas.
"Velo de la Novia" waterfall, Siete Tazas Natural Reserve.

Along this route, Viña San Pedro stands out as the largest in the area, with the most extensive single vineyard in Chile. The highly prestigious Viña Miguel Torres, which bought grape vine-growing land in this area in 1978, and pioneered fine wine production, can also be visited.

Elsewhere along the route we find Viña Aresti which, although new in the field, is worth a visit because of its excellent architectural taste and its ultra-modern facilities, and Viña Valdivieso, located on the site of the old Viña Lontué, one of the first wine producers in the area, with plants dating back to about 1830.

This area has been influenced by vineyards with a family tradition, which are still active through the presence of their manors-houses and wine cellars; to mention just a few, "La Fortuna", belonging to the Guell family, "Correa Albano", from the Astaburuaga family, and "Torrealba" and "Cavas Shröder y Hanke", belonging to the families after which they are named.

Lake Vichuquén lies in the Curicó Valley, about two hours away from Santiago, with pleasant beaches surrounded by native flora, and a cultural tradition linked to legends of witchcraft, good food and good wine.

Further into the Andes is the Siete Tazas Nature Reserve, 50 kilometers from Molina. This Reserve has seven natural pools of crystal-clear water with majestic waterfalls such as "El Velo de la Novia" and "El Salto de la Leona". Parque Inglés is 9 kilometers away from the Reserve, an ideal place for hiking, horseback riding, camping and taking part in adventure tourism.

The city of Curicó, whose name in the Mapuche language means "black water", has its own attractions, such as the Plaza de Armas, also known as the "Plaza de las Palmeras", Manso de Velasco Avenue and Condell Hill.

Plaza de Armas, Curicó.
"Plaza de Armas" (Main Square), Curicó.

Valle del Maule

En la parte más austral de la zona central de Chile se encuentra el gran valle del río Maule, que se extiende paralelo entre las cordilleras de los Andes y de la Costa. Comienza en la ciudad de Talca, a 240 kilómetros de Santiago y termina en Cauquenes en el valle del Tutuvén. Los viñedos se distribuyen a lo largo de dos valles más pequeños, el Claro y el Loncomilla, y cubren gran parte de las tierras agrícolas, convirtiéndola en la zona vitivinícola más grande y variada de nuestro país.

Viña J.A. Bouchon, Santa María de Mingre.

En San Javier y sus alrededores existe también la posibilidad de explorar el agroturismo en entretenidos circuitos de pesca, equitación y mountainbike, disfrutando de un paisaje cuya vegetación evidencia ya la proximidad de la zona sur.

En ese mismo pueblo están las oficinas de "Ruta del Vino: valle del Maule", donde los visitantes pueden obtener información relacionada con el turismo de la zona -hoteles, restaurantes, comercio, y otros lugares de interés- y, por supuesto, información específica de todas las actividades relacionadas con el vino: visitas a los viñedos y bodegas, cursos básicos de cata, eventos en las viñas, etc.

Maule Valley

In the southernmost part of Chile's Central Zone lies the great Maule Valley, which runs between the Andes and the Coastal Range. It starts in the city of Talca, 240 kilometers south of Santiago, and ends at Cauquenes in the Tutuvén Valley. The vineyards lie all along two smaller valleys: Claro and Loncomilla, that cover most of the farm land in the area, making it the largest and most varied wine-producing region of the country.

In the town of San Javier and the surrounding area, it is possible to take advantage of outdoor tourism with exciting fishing tours, horseback riding and mountainbiking, while enjoying the lush green landscape of the region.

The offices of the "Maule Valley Wine Route" are in that same town, there visitors can obtain information related with tourism in the area -hotels, restaurants, shops and other places of interest- and, of course, specific information on all activities related to wine: visits to vineyards and wine cellars, basic tasting courses, events at the vineyards, etc.

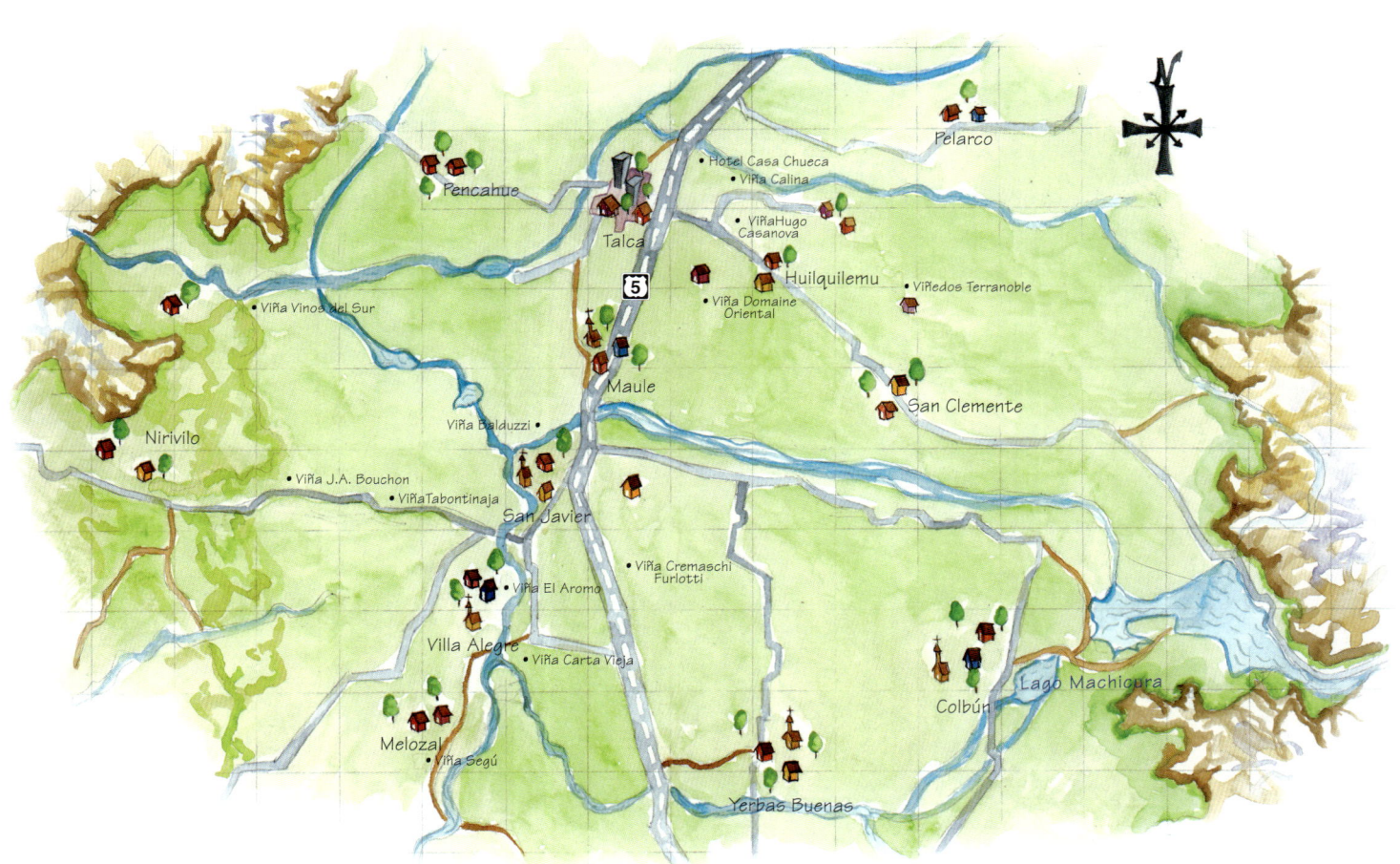

Típica calle en la ciudad de Villa Alegre.
Picturesque street in the town of Villa Alegre.

De norte a sur, las viñas que componen esta ruta son: Calina, Hugo Casanova, Viñedos Terranoble, Domaine Oriental, Vinos del Sur, Tabontinaja, J.A. Bouchon, Balduzzi, Cremaschi Furlotti, El Aromo, Carta Vieja y Segú. Todas y cada una aportan su singularidad para hacer este recorrido muy atractivo. Se producen contrastes como la modernidad de Calina, de Kendall Jackson, que tiene tecnología de punta tanto en su bodega como en sus viñedos, maravillando a quien la visita, y la tradición de otras como J.A. Bouchon, Balduzzi y Tabontinaja, que han hecho de la producción del vino un negocio centenario.

Al recorrer la Ruta del Vino del valle del Maule el turista conoce los viñedos de cada productor, sus casas, sus bodegas y también sus procesos productivos, para luego degustar y apreciar la excelente calidad de los vinos maulinos.

El recorrido pasa por lugares históricos, pueblos coloniales, casas patronales, museos y reservas forestales, y se puede realizar tanto en vehículo como en bicicleta, dado que existen ciclovías paralelas a los caminos tradicionales.

Existe en la zona un antiguo tren de trocha angosta (construido en 1856) que sale diariamente desde Talca con destino a Constitución, bordeando en gran parte del trayecto el famoso río Maule. Este río fue un importante eje fluvial navegable en el siglo XIX.

From north to south, the vineyards that are part of this route are: Calina, Hugo Casanova, Viñedos Terranoble, Domaine Oriental, Vinos del Sur, Tabontinaja, J.A. Bouchon, Balduzzi, Cremaschi Furlotti, El Aromo, Carta Vieja and Segú. Each and every one of them adds its own unique contribution to make this a very attractive journey. There are contrasts such as the modernity of Calina, owned by Kendall Jackson, where state-of-the-art technology is used both in its wine cellar and in its vineyards, to the amazement of visitors, and the tradition of others like J.A. Bouchon, Balduzzi and Tabontinaja, which have made winemaking a century-old business.

As tourists travel along the Wine Route of the Maule Valley, they also get to know each producer's vineyards, their houses, wine cellars and production processes, finally tasting and

Viña Balduzzi, San Javier.

Hotel "Casa de Huéspedes" en Gillmore Estate, Viña Tabontinaja.
"Casa de Huéspedes" (Guest House) Hotel at Gillmore Estate, Viña Tabontinaja.

El valle del Maule ofrece diferentes alternativas hoteleras. Una de ellas es La Casa Chueca, que en una interesante propuesta integra al pasajero a una aventura ecológica a orillas del río Lircay. Dentro de sus ofertas se encuentran osados paseos a la cordillera de los Andes, visitando volcanes, cascadas y bosques milenarios.

Saliendo de San Javier hacia la costa, cruzando la Ruta de los Conquistadores, se llega a Gillmore Estate de Viña Tabontinaja, que ofrece la alternativa hotelera más novedosa de la zona.

Francisco Gillmore, un empresario de gran creatividad y visión del futuro, construyó en esta Viña un hotel muy singular, al que modestamente llama "Casa de Huéspedes". Se ubica dentro del parque natural de la Viña, y está conformado por dos casas de 8 habitaciones cada una, llamadas Merlot y Cabernet Franc, como las cepas que se cultivan a su alrededor.

Estas casas están dispuestas de tal manera que no se topan sino que sólo se acercan en un punto, produciendo una ilusión óptica muy particular. Sus techos de cobre refulgen con el sol y mirados desde lo alto parecen una mariposa con sus alas desplegadas.

La Casa de Huéspedes tiene tres pisos y cada dormitorio, decorado con un estilo sencillo y austero, tiene vista panorámica a una gran piscina. Ésta evoca una pequeña laguna muy bien ambientada,

appreciating the excellent quality of the Maule wines.

The journey includes places of historical interests, colonial towns, manor-houses and museums, that can be visited by car or bicycle, since there are separate cycle-tracks alongside the traditional roads.

In the area there is an old narrow-gauge locomotive (built in 1856), which sets out daily from Talca to Constitución, running most of the way beside the famous Maule River. This was an important navigable river in the 19th century.

There are various hotel alternatives in the Maule Valley. One of them is "La Casa Chueca", which presents the traveller with the interesting possibility of joining an ecological adventure on the banks of the Lircay River. Among its offers are daring excursions to the Andes, visiting volcanoes, waterfalls and thousand-year-old forests.

Going from San Javier toward the coast, crossing the "Ruta de los Conquistadores", one reaches Gillmore Estate of Viña Tabotinaja, which offers the most original hotel accomodation in the area.

Francisco Gillmore, a highly creative businessman with great vision for the future, built a very unusual hotel in this vineyard which he modestly called "Casa de Huéspedes" (Guest House). It lies within the vineyard's natural park and consists of two eight bedroom houses, called Merlot and Cabernet Franc, like the varietals grown around them.

These houses are arranged in such a way that they do not touch, but only approach at one point, producing a very special optical illusion. Their copper roofs shine in the sun, and seen from above they look like a butterfly with outspread wings.

The Guest House has three floors, and each bedroom, decorated in a simple, austere style, has a panoramic view of the large swimming pool. This is reminiscent of a small, very well appointed lake, giving visitors a sense of peace and renewed contact with nature. In the garden there are two pudus, very shy little native deer, which peep out at passers-by from among the trees. There is also an artificial lake

Hotel Casa Chueca.
"Casa Chueca" Hotel.

provocando en los visitantes una sensación de paz y reencuentro con la naturaleza. En los jardines se pueden ver dos pudúes, animales autóctonos muy tímidos que miran al paseante por entre los árboles. También hay una laguna artificial con variedad de patos y hermosos cisnes de cuello negro.

A pasos del hotel hay un "muestrario de cepas" con 26 hileras de distintos cepajes que incluye, entre otras, las variedades Cabernet Franc, Carménère, Merlot, Carignan, Pinot Gris, País y Semillón. Es aquí donde el turista tiene la oportunidad de ver y comprender las diferencias de las uvas con que se producen los distintos vinos. También es posible entrar a un cultivo orgánico de vides y -entre alpacas, gansos y ovejas- entender las ventajas de esta nueva forma de cultivar uvas para producir vinos orgánicos.

Francisco Gillmore tiene como proyecto para el año 2002 crear un pequeño pueblo artesanal, donde los lugareños participen en las actividades propias de la iniciativa turística rural.

Muestrario de cepas con 26 variedades.
Grape variety showcase with 26 stocks.

with a variety of ducks and some lovely black-necked swans.

A short distance from the hotel there is a grape variety showcase with 26 rows of different grape varieties including, among others, the Cabernet Franc, Carménère, Merlot, Carignan, Pinot Gris, País and Sémillon varietals. This is where the tourist has the opportunity to see and understand the differences between the grapes with which the various types of wines are made. It is also possible to go into an organic grape-growing plot and begin -among the alpacas, geese and sheep- to grasp the advantages of this new way of growing grapes to produce organic wines.

Francisco Gillmore's project for the year 2002 is to build a small handicrafts village, where local people can participate in typical activities as part of the rural tourist initiative.

Vista a la piscina tipo laguna del Hotel "Casa de Huéspedes" en Gillmore Estate.
View of the lagoon-type swimming pool of the "Casa de Huéspedes" Hotel at Gillmore Estate.

Para quienes quieran tener un panorama general de las rutas del vino hasta aquí descritas, la agencia de viajes **Turavión**, especializada en turismo no convencional, ha creado un completo programa "Para Amantes del Vino". Dura 8 días y combina visitas a prestigiosas viñas en los valles del Maipo, Cachapoal, Colchagua, Curicó y Maule, con una selección de excelentes restaurantes y hoteles, donde degustar premiados vinos y comida tradicional chilena. El recorrido es acompañado por un enólogo bilingüe, quien guía a los turistas por los distintos aspectos referentes a la elaboración del vino, historia de las viñas visitadas y la de las ciudades en los alrededores cercanos.

El programa comienza en Santiago, visitando las bodegas de Viña Santa Carolina. Luego, hacia la cordillera de la Costa, se visitan las Viñas Undurraga y Tarapacá, que sorprenden a los turistas con sus parques, bodegas y viñedos, y donde se pueden degustar sus mejores vinos. En el camino se almuerza en el pintoresco pueblo de Pomaire, destacado por su artesanía en greda y comida típica chilena. Al día siguiente se recorren las viñas en el área de Alto Jahuel. En Viña Portal del Alto el destacado enólogo y profesor Alejandro Hernández recibe a los visitantes. Más adelante en Viña Santa Rita, se recorre la bodega y se puede disfrutar de una grata degustación en los jardines de su casona colonial. Finalmente se llega a la viña familiar Cavas del Maipo, ubicada en el sector del Cajón del Maipo, donde sus dueños reciben y guían a los turistas a través de su bodega.

Camino al sur se visita Viña La Rosa, ubicada en el valle del Cachapoal. Sus viñedos se encuentran rodeados de milenarias palmas nativas que han sobrevivido a los rigores de la naturaleza y constituyen hoy una importante reserva natural de esta especie nativa. Después de alojar en la ciudad de Santa Cruz, valle de Colchagua, se visita el Museo Histórico Las Casas del Huique, continuando luego hacia la Viña Bisquertt. Aquí se recorren sus elegantes salones y bodegas y se degustan sus premiados vinos. El almuerzo es servido en Viña Viu Manent, para luego recorrer sus viñedos y partir hacia el valle del Maule.

En el valle del Maule se visitan diferentes pueblos coloniales como Niribilo y Hierbas Buenas, el Museo de Huilquilemu y las viñas Gillmore, J. Bouchon, La Calina y Cremaschi Furlotti entre otras. El nuevo Agro-resort de lujo en Gillmore Estate, sorprenderá con su ecológico entorno compuesto de flora y fauna nativas, un muestrario de cepas y actividades de esparcimiento. Después de pasar la noche en este resort, los visitantes regresan a Santiago. El programa finaliza con una cena de despedida en el Restaurante Camino Real, ubicado en el Cerro San Cristóbal, con una magnífica vista nocturna de la ciudad.

*For those who would like to experience the wine routes described here, **Turavión**, a travel agency that specializes in unconventional tourism, has created a complete program "For Wine-Lovers". It lasts 8 days and combines visits to well-known vineyards in the Maipo, Cachapoal, Colchagua and Curicó Valleys with an excellent selection of hotels and restaurants in which to sample prize-winning wines and traditional Chilean cookery. The tour is guided by a bilingual enologist, who takes the tourists through the various aspects involved in wine-making, the history of the vineyards visited and that of the towns nearby.*

Viña Undurraga, valle del Maipo.
Viña Undurraga, Maipo Valley.

The program starts in Santiago, with a visit to Viña Santa Carolina. Then, travelling towards the Coastal Range, there are visits to Viña Undurraga and Viña Tarapacá, which never fail to surprise tourists with their parks, wine cellars and vineyards, where their best wines can be tasted. Lunch is provided on the way, in the picturesque village of Pomaire, outstanding for its handmade pottery and its typical Chilean food. The following day there are visits to the vineyards in the Alto Jahuel area. At Viña Portal del Alto, visitors are welcomed by the distinguished enologist and professor Alejandro Hernández. Later on at Viña Santa Rita there is a tour of the winery and an opportunity to enjoy a pleasant wine tasting in the gardens of its colonial manorhouse. The final destination is the family vineyard, Cavas del Maipo, in the Cajón del Maipo sector, where the owners receive tourists and guide them through their wine cellar.

Viña Viu Manent, valle de Colchagua.
Viña Viu Manent, Colchagua Valley.

On the road south, there is a visit to Viña La Rosa, located in the Cachapoal Valley. Its vineyards are surrounded by thousand-year-old native palm-trees which have survived the rigors of nature and now constitute an important Nature Reserve for this native species. After spending the night in the town of Santa Cruz, in the Colchagua Valley, there is an opportunity to visit Las Casas del Huique Museum, before moving on to Viña Bisquertt. Here visitors can tour its elegant reception rooms and wine cellars and taste its prize-winning wines. Lunch is served at Viña Viu Manent, after which there is a tour of the vineyards before setting off for the Maule Valley.

In the Maule Valley, there are visits to different colonial towns such as Niribilo and Hierbas Buenas, the Huilquilemu Museum and vineyards including Gillmore, J.A.Bouchon, Calina and Cremaschi Furlotti, among others. The new luxurious Agro-resort on the Gillmore Estate, takes one by surprise with its ecological environment composed of native flora and fauna, a grape-varieties showcase and various recreational activities. After spending the night at this resort, visitors return to Santiago. The tour ends with a farewell dinner at Camino Real Restaurant, on San Cristóbal Hill, with a magnificent view of the city by night.

Gillmore Estate, valle del Maule.
Gillmore Estate, Maule Valley.

Cocha, la agencia de turismo más grande de Chile, ha estructurado diversos programas que recorren importantes viñas ubicadas en el valle Central. Estos programas tienen duraciones que van desde un día completo por el valle del Maipo, Casablanca o Colchagua, hasta 3 y 7 días, para aquellos pasajeros que quieran conocer más de un valle vitivinícola durante su estadía. Los recorridos más largos consideran alojamiento en exclusivos hoteles, destacándose entre ellos el Hotel Casa Real de Viña Santa Rita -en Alto Jahuel, valle del Maipo- y el Hotel Santa Cruz Plaza, en la ciudad de Santa Cruz, valle de Colchagua. Los distintos programas consideran guías bilingües especializados en vinos chilenos.

El programa de 7 días de duración comienza en Santiago con visitas a dos de las más tradicionales viñas del país. Concha y Toro, que tiene su bodega principal en Pirque, y Cousiño Macul, que se encuentra ubicada a minutos del centro de Santiago, en los faldeos de la cordillera de los Andes. Sus bodegas están rodeadas de un hermoso parque conservado desde los inicios de la Viña en 1856.

Al día siguiente se visita el famoso valle de Casablanca ubicado a 80 km del centro de Santiago. Está emplazado entre los cerros de la cordillera de la Costa y su influencia marítima la hace una de las zonas más apreciadas para la producción de vinos blancos. En el extremo oriente del valle se ubica Viña Veramonte, con una bodega construida especialmente para recibir turistas, que cuenta con amplios salones y una tienda de vinos. Luego se recorre Viña Cuvée Mumm y se degustan sus mejores Champagne, para seguir a almorzar en la casa de Viña Santa Emiliana. El recorrido continúa hacia la ciudad de Viña del Mar, donde se aloja en un hotel frente al mar.

Siguiendo la ruta costera se visita la casa-museo del célebre poeta chileno Pablo Neruda, ubicada frente al mar en la ciudad de Isla Negra. Volviendo hacia el valle Central se visita Viña Undurraga en el sector de Talagante, para más tarde viajar hacia Viña Santa Rita, en Alto Jahuel, donde se aloja en su exclusivo Hotel Casa Real. Después de un completo día en Viña Santa Rita, se viaja hacia la ciudad de Santa Cruz en el valle de Colchagua, alojando en el Hotel Santa Cruz Plaza. A la mañana siguiente y después de visitar el importante Museo de Colchagua, que atesora la muestra privada más grande de objetos pre-colombinos de Chile, se visitan las Viñas Pueblo Antiguo y La Posada, para finalmente regresar a Santiago.

Cocha, the largest tourist agency in Chile, has designed various programs to tour important vineyards situated in the Central Valley. These programs vary in length, from a one-day trip along the Maipo, Casablanca or Colchagua Valleys, to excursions lasting from 3 to 7 days for travellers who wish to get to know more than one wine-producing valley in the course of their stay. The longer tours include lodging in exclusive hotels, outstanding among these being the Hotel Casa Real belonging to Viña Santa Rita – in Alto Jahuel, Maipo Valley – and the Santa Cruz Plaza Hotel in the town of Santa Cruz in the Colchagua Valley. The different programs include bi-lingual guides who are expert in Chilean wines.

Viña Cousiño Macul, valle del Maipo.
Viña Cousiño Macul, Maipo Valley.

The seven-day program starts off in Santiago with visits to two of the country's most traditional vineyards. Concha y Toro, which has its main winery in Pirque, and Cousiño Macul, which is only a few minutes from the center of Santiago in the foothills of the Andes Mountains. Its wine cellars are surrounded by a beautiful park, preserved from the time the Viña started in 1856.

On the following day there is a visit to the famous Casablanca Valley, located 80 km from the center of Santiago. It is situated among the hills of the Coastal Range, and the influence of the sea makes it one of the most highly-valued areas for the production of white wines. At the eastern end of the valley is Viña Veramonte,

Viña Veramonte, valle de Casablanca.
Viña Veramonte, Casablanca Valley.

with a winery built specially to receive tourists, with generous reception rooms and a store for purchasing wine. There is then a visit to Viña Cuvée Mumm to taste their best champagnes, followed by lunch at the house of Viña Santa Emiliana. The tour continues towards the city of Viña del Mar, where visitors spend the night at a hotel on the sea-front.

Following the coast-road, there is a chance to visit the house -now a museum- which belonged to famous Chilean poet, Pablo Neruda, facing the sea at Isla Negra. Returning towards the Central Valley, there is a visit to Viña Undurraga, in the Talagante sector, and

later the journey continues to Viña Santa Rita, where guests stay at its exclusive Hotel Casa Real. After a whole day at Viña Santa Rita, the tour continues towards the town of Santa Cruz in the Colchagua Valley, where lodging is at the Santa Cruz Plaza Hotel. On the following morning and after visiting the important Colchagua Museum, which possesses the largest private collection of pre-Columbian artefacts in Chile, there are visits to Viña Pueblo Antiguo and Viña La Posada, before finally returning to Santiago.

Museo de Colchagua, Santa Cruz.
Colchagua Museum, Santa Cruz.

AUTORES DEL VINO

WINE AUTHORS

Paola Doberti

Víctor Costa

Víctor Costa bien puede ser conocido como el "El policía del vino". Este gran señor de la escena vitivinícola es conocido por su rectitud, seriedad y asertividad en sus juicios. Su delicada misión en la Comisión Nacional para el desarrollo de la vitivinicultura del Ministerio de Agricultura y su manejo administrativo en la difícil labor que desempeña en el Servicio Agrícola y Ganadero, lo sitúan como una verdadera garantía del buen comportamiento de las viñas chilenas.

Víctor Costa ha participado en innumerables delegaciones externas para representar el vino chileno así como en las comisiones que han elaborado el marco legal vitivinícola. Ingeniero agrónomo enólogo de la Universidad Católica, Víctor Costa cuenta además con el bagaje de haber ejercido la profesión como enólogo tanto en el campo del vino propiamente tal, en viñas como Santa Rita, San Pedro o Errázuriz, como en el de los destilados, lo que le otorga un amplio conocimiento para ejercer las labores que desempeña. Entre tantos otros méritos, Víctor Costa ofrece el de estar plenamente informado de los antecedentes de la vitivinicultura chilena y mundial, los cuales divulga y ofrece con gran generosidad.

Víctor Costa might well be known as the "policeman of wine". This great gentleman of the wine-growing scene is well-known for the honesty, thoroughness and assertiveness of his opinions. His delicate mission with the National Commission for the development of wine-growing at the Ministry of Agriculture and his administrative skill in the difficult job that he performs at the Servicio Agrícola y Ganadero confirm him as a real guarantor of the good conduct of Chilean wines.

Víctor Costa has taken part in innumerable external delegations in representation of Chilean wine, as well as in the commissions that have drawn up the legal framework for wine-growing. He holds the degree of agricultural engineer and enologist from the Universidad Católica, but also has the experience of having worked as a professional enologist both in the field of wine itself, in wineries such as Santa Rita, San Pedro or Errázuriz, and in the area of spirits, which gives him ample knowledge to carry out the tasks he performs. Among so many other merits, Víctor Costa is also fully informed on the background of wine-growing in Chile and the world in general, and is generous enough to offer and share this knowledge.

Álvaro Espinoza

A Álvaro Espinoza, como a la mayoría de los buenos enólogos, se le hicieron pocas las vendimias por hacer en Chile y partió a Burdeos y California, donde no sólo aprendió a hacer buenos vinos sino a explorar nuevas técnicas. Porque uno de los objetivos en su oficio de enólogo y viticultor ha sido que su trabajo sea amigable con el medio ambiente. En Viña Carmen, donde trabajó durante ocho años, implementó los cultivos orgánicos, pionero en ese momento en el medio chileno, marcando su manera de ver la viticultura. En la actualidad Álvaro Espinoza es uno de los asesores chilenos más apreciados en la escena local, ejerciendo como consultor enológico del proyecto orgánico de Viña Santa Emiliana, de Viña Haras de Pirque, para Kendall Jackson, en su proyecto en Chile, La Calina. En el extranjero también participa como consultor de Macari Vineyards, Long Island N.Y, y de Ceago Vinegarden, perteneciente a James Fetzer, de Mendocino, California.

En 1996, cuando compró una propiedad en Alto Jahuel, Maipo, plantó su viñedo de media hectárea e implementó su pequeñísima bodega Antiyal, un proyecto muy personal, donde combina las modalidades de la viticultura orgánica con los principios del biodinamismo, dando un paso más en un trabajo que se caracteriza por su autonomía y consistencia.

For Alvaro Espinoza, as for most good enologists, the vintages to be produced in Chile seemed somewhat few, and he set off for Bordeaux and California, where not only did he learn to make good wines but also to explore new techniques, because one of the aims of his trade as an enologist and vine-grower has been to make his work environmentally friendly. In Viña Carmen, where he worked for eight years, he implemented organic cultures -pioneering work at that point in the Chilean milieu- laying down his own view of viticulture. At present, Alvaro Espinoza is one of the most sought-after advisors on the local scene, working as enological consultant for the organic proyect of Viña Santa Emiliana, of Viña Haras de Pirque, for Kendall Jackson, in his Chilean project, La Calina. He is also working as a consultant abroad for Macari Vineyards, Long Island N.Y. and Ceago Vinegarden, belonging to James Fetzer of Mendocino, California.

In 1996, when he bought a property in Alto Jahuel, Maipo, he planted his vineyard on half a hectare and set up his tiny Antiyal winery, a highly personal project, where he combines organic vitiçultural methods with principles of bio-dynamics, taking a further step in a career characterized by its autonomy and consistency.

Rodrigo Alvarado

Si hay un chileno que puede ostentar el título de gran cronista del vino, ése es Rodrigo Alvarado. El mismo se describe como escritor por definición e ingeniero agrónomo enólogo por accidente. Recibió las dotes literarias de su madre y es por eso, quizás, que no ha dejado sus manos en las parras del viñedo chileno. Su opción ha transitado los caminos del campo gremial, donde cuenta innumerables desempeños desde 1962 en la ex Asociación Nacional de Viticultores, en la Federación de Cooperativas Vitivinícolas, para seguir en la actual Viñas de Chile, y finalmente en Chilevid. Alvarado fue uno de los fundadores de la Cofradía del Mérito Vitivinícola y, entre otros, obtuvo el premio al Mérito Vitivinícola en 1987.

Su mayor reconocimiento, sin embargo, va por el lado de las letras. A través de ellas encontró la manera de expresar su profundo amor por el vino. Sus mayores aportes son las publicaciones *Chile, Tierra del vino*, *El mundo del vino*, *Los caminos del vino* y *El vino del fin del mundo*, texto en coautoría con el periodista Juan Gana, ya fallecido. Más que de academia, lo que hace Alvarado en sus textos es hablar de pasión, de su desbordada pasión por el vino chileno.

If there is one Chilean who deserves the title of Grand Chronicler of Wine, it is Rodrigo Alvarado. He himself says that he is a writer by definition and an agricultural engineer and enologist by accident. He received his mother's literary gifts, and that is perhaps the reason why he has not buried his hands among the vines of the Chilean vineyards. His decision has taken him into the field of trade associations, where he has performed innumerable services since 1962 in the former Asociación Nacional de Viticultores, Federación de Cooperativas Vitivinícolas, followed by the present Viñas de Chile and finally in Chilevid. Alvarado was one of the founders of the Winegrowers' Guild of Merit and, among other honors, was granted the Winegrowers' Award of Merit in 1987.

His greatest recognition however has come from the literary world. Through writing he found the best way to express his deep love for wine. His most important contributions are "Chile, Tierra del Vino", "El Mundo del Vino", "Los Caminos del Vino" and "El Vino del Fin del Mundo", a text written in conjunction with journalist Juan Gana, now deceased. More than academics, what Alvarado conveys in his writings is passion, his own overriding passion for Chilean wine.

Eduardo Chadwick

Eduardo Chadwick es descendiente directo de Maximiano Errázuriz, fundador en 1870 de la Viña Errázuriz en Panquehue, valle de Aconcagua. Su incursión en el mundo vitivinícola se remonta al año 83 cuando, graduado de un Master en Ingeniería Industrial en la Universidad Católica de Chile, se incorpora a la empresa para retomar el control de la viña familiar emprendida por su padre. Convencido del potencial de Chile para producir vinos finos, Eduardo Chadwick se embarcó en la tarea de implementar nuevas tecnologías de modo de modernizar la empresa familiar, mientras su fascinación por el vino lo llevaba a perfeccionarse en sus conocimientos enológicos y vitivinícolas.

En 1993 Eduardo Chadwick asume la presidencia de Viña Errázuriz, con esa pasión por el vino y tenacidad en la búsqueda de la excelencia que heredó de su padre. En ese tránsito, y confirmando su confianza en el *terroir* chileno y el saber hacer de Viña Errázuriz, formó en 1996 una sociedad con la viña Robert Mondavi, de Napa, California, cuyo último logro fue la creación de Seña, un vino pensado y producido para estar a la altura de los mejores vinos del mundo.

Eduardo Chadwick is a direct descendent of Maximiano Errázuriz, who founded the Viña Errázuriz in Panquehue, in the Aconcagua Valley, in 1870. He entered the wine-making world in 1983 when, after obtaining his master's degree in industrial engineering at the Universidad Católica de Chile, he joined the company to take over the reins of the family winery launched by his father. Convinced of Chile's potential to produce fine wines, Eduardo Chadwick embarked on the task of implementing new technologies in order to modernize the family business, whilst his fascination for wine led him on to higher studies to improve his knowledge of enology and wine-growing.

In 1993, Eduardo Chadwick took on the chairmanship of Viña Errázuriz, with that passion for wine and tenacity in the search for excellence that he inherited from his father. At that stage, confirming his faith in the Chilean terroir and in the practical knowledge of Viña Errázuriz, he went into partnership in 1996 with Robert Mondavi Vineyard of Napa, California, their latest achievement being the creation of Seña, a wine conceived and produced in order to compete with the best wines in the world.

Con frecuencia, al reflexionar en torno a las actividades desarrolladas por el hombre, se omiten u olvidan aquellos que las hicieron posibles. Sin embargo, hay que reconocer que en muchos casos es difícil determinar un solo autor, ya que se trata de procesos en los que intervienen muchas personas. En la elaboración y producción de vinos, por ejemplo, existe una cadena que va desde el más humilde trabajador al empresario más conspicuo. En este capítulo hemos querido resaltar algunos ejemplos de quienes hoy podrían considerarse los "autores" del vino chileno, aun a riesgo de olvidar a otros muy importantes en el sector vitivinícola.

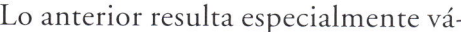

Lo anterior resulta especialmente válido al considerar que la generación de vino está envuelta por un aire de arte y magia que sólo puede ser convocado por quienes tienen ese don. Hay quienes piensan incluso que sin amor por el vino es imposible crear productos superlativos, precisamente porque su obtención implica una conjunción de voluntades que van más allá del enólogo responsable de la elaboración del producto. Es necesario el apoyo de empresarios que estén dispuestos a esperar la larga materialización de un proyecto enológico, sin tratar de imponer criterios inmediatistas.

Por otra parte, la complejidad del producto y su casi infinita variabilidad han rodeado al vino de escritores, analistas, poetas, somelliers y toda una hermosa expresión artística que va desde la pintura a la industria gráfica.

Las personas que presentamos a continuación han sido claves en la producción, comercialización y difusión de los vinos chilenos durante los últimos 10 años, y estamos seguros que seguirán siéndolo durante buena parte del presente siglo. Hemos finalizado este capítulo con un homenaje a don Eduardo Guilisasti Tagle, destacado y querido empresario vitivinícola recientemente fallecido, que dejó su impulso para seguir con la tarea de posicionar a los vinos chilenos como los mejores del mundo durante el siglo XXI.

It is only to common to find that, when one attempts to analyze the various activities carried out by mankind, the individuals actually responsible for them are left out or forgotten. Nevertheless, one has to admit that in many cases defining a single author is difficult, because we are dealing with processes in which many people intervene. In wine manufacture and production, for instance, there is a chain that goes from the humblest of workers to the most conspicuous level of entreprenurs. In this chapter we have intended to show some examples of the people who could be considered "authors" of Chilean wines, at the risk of leaving several of them behind.

This is particularly true when considering that the creation of wine is surrounded by an aura of art and magic that can only be spelt by those who have the gift. There are also those who think that without love for wine it is impossible to produce superltive products, since obtaining them involves a coincidence of goodwill that does not depend only on the enologist responsible for composing the product. He must have businessman behind him who are patient and prepared to wait the slow fruition of an enological project.

On the other hand, the complexity of the product and its almost infinite variability have led writers, analysts, poets and sommelliers to expand on the subject of wine, not to mention a wide spectrum of beautiful art expressions that go from painting to the graphics industry.

The people we pesent below have played a key role in the production, marketing and publicizing of Chilean wines over the last 10 years, and whom we are positive that will continue to be during much of the present century. We have concluded this chapter with a tribute to don Eduardo Guilisasti Tagle, an outstanding and dearly-loved wine-making entrepreneur, who died recently and who has bequeathed to us his impetus task of positioning Chilean wines as the best in the world during the 21st century.

Rafael Guilisasti

A pesar de sus aptitudes humanistas, que lo llevaron a licenciarse en Historia en la Universidad Católica de Chile, Rafael Guilisasti rápidamente tomó el camino empresarial de la familia. Ingresó a Viña Concha y Toro en 1978, y hasta la fecha se ha movido de gerencia en gerencia. En la actualidad es gerente general de Bodegas y Viñedos Santa Emiliana y vicepresidente del directorio de Concha y Toro. Rafael Guilisasti ha destacado por su clara inteligencia y una intuición empresarial notable que le han permitido continuar exitosamente la senda empresarial formada por su padre, Eduardo Guilisasti Tagle.

Desde 1996 Guilisasti ha demostrado también sus dotes positivas como dirigente gremial desde la presidencia de la Asociación de Viñas de Chile, la que reúne a un 60% de la industria. Desde ahí se ha encargado de incentivar el aspecto empresarial de la industria tanto como su capacidad de crecer y ganar presencia en mercados. Cualquiera sea la tribuna que ejerza, Rafael Guilisasti siempre ha mostrado una particular amplitud de pensamiento, gran tolerancia para captar ideas ajenas y mucha soltura para expresar sus puntos de vista.

Despite his humanistic abilities, which gained him a history degree at the Universidad Católica de Chile, Rafael Guilisasti soon opted for the family business. He went to work for Viña Concha y Toro in 1978 and since then has moved from one managerial position to another. At present he is general manager of Santa Emiliana Wineries and vice-chairman of the board of Concha y Toro. Rafael Guilisasti's outstanding characteristics of clear intelligence and remarkable business sense have together made it possible for him to follow with great success the business path marked out by his father, Eduardo Guilisasti Tagle.

Since 1996, Guilisasti has also proved his positive gifts as a union leader from his position as President of the Viñas de Chile Association, which represents 60% of the industry. In that capacity he has concerned himself with promoting the business side of the industry, as well as its potential to grow and capture a greater share of the market. No matter what position he holds, Rafael Guilisasti has always shown particular broad-mindedness, great tolerance when coming to terms with unfamiliar ideas and a relaxed way of expresing his own points of view.

Alejandro Hernández

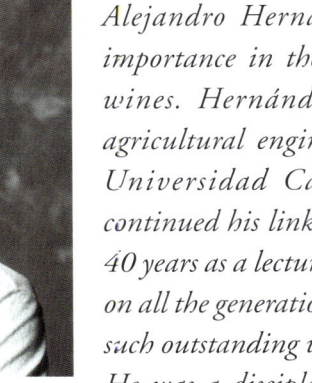

Alejandro Hernández es nombre de primera importancia en el éxito actual del vino chileno. Hernández es ingeniero agrónomo enólogo de la Universidad Católica de Chile, casa a la que ha seguido ligado por más de 40 años ejerciendo como docente, influyendo así en todas las generaciones de enólogos que destacan y trabajan en los viñedos nacionales. Discípulo del maestro Emile Peynaud, su influencia en el mundo vitivinícola no se ha remitido a los dominios de este territorio. El profesor Hernández ha sido y sigue siendo un abanderado del vino chileno en el mundo entero, y su reconocimiento internacional en estas lides fue coronado con su designación como Presidente de la OIV (*Office International de la Vigne et du Vin*), cargo que nunca antes había sido ejercido por un no europeo. Actualmente es presidente de la Cofradía del Mérito Vitivinícola.

Hernández no ha dejado de lado el ámbito empresarial. Desde 1970 es dueño de Viña Portal del Alto. El año 2000 el profesor Hernández cumplió 65 años, los que celebró con el estreno de su vino premium, Reserva Alejandro Hernández, Cabernet Sauvignon, de sus viñedos en el Maipo. Entre sus aportes a la literatura vitivinícola destaca su libro *Introducción al Vino de Chile*.

Alejandro Hernández is a name of prime importance in the current success of Chilean wines. Hernández obtained his degree as agricultural engineer and enologist from the Universidad Católica de Chile and has continued his links with the university for over 40 years as a lecturer, thus exerting an influence on all the generations of enologists who are doing such outstanding work in the Chilean wineries. He was a disciple of Emile Peynaud, and his influence in the wine-making world has by no means been restricted to this country. Professor Hernández has been, and will continue to be a champion of Chilean wine all over the world, and his international recognition on these matters was crowned by his appointment as President of the OIV (Office International de la Vigne et du Vin), a position never before held by a non-European. He is currently President of the Winegrowers' Guild of Merit in Chile.

Hernández has not neglected the business side of the matter. He has owned Viña Portal del Alto since 1970. In the year 2000, Professor Hernández celebrated his 65th birthday by launching his premium wine, "Reserva Alejandro Hernández", Cabernet Sauvignon, from his vineyards in the Maipo Valley. One of his most important contributions to the literature of wine-growing has been his book "Introducción al Vino de Chile".

Agustín Huneeus

Agustín Huneeus comenzó su carrera en Chile y es uno de los pocos vitivinicultores que ha dedicado su vida profesional por completo a la industria del vino. Ingresó al negocio en 1960 como importante accionista y gerente general de Viña Concha y Toro, la que se transformó luego en la Viña más grande del país. En 1973 inició sus experiencias laborales en el extranjero. Desde Nueva York encabezó las operaciones de Seagram, responsabilizándose de viñas en todo el mundo y también en California. A mediados de los 80 Huneeus llegó a Franciscan State como socio y presidente. Actualmente son seis las viñas de vinos finos que componen este holding en el valle de Napa, entre ellas: Quintessa, Simi, Franciscan Oakville Estate and Ravenswood. Siempre en contacto con sus orígenes, Huneeus se dejó seducir por las potencialidades del valle de Casablanca y a comienzos de 1990 adquirió un terreno donde levantó la Viña Veramonte, convirtiéndola en la primera viña chilena de carácter turístico al estilo californiano.

Huneeus vive en San Francisco y Quintessa. Pertenece al directorio del *Wine Institute*, al *Napa Valley Vitners Association* en Estados Unidos y a la Cofradía del Mérito Vitivinícola en Chile.

Agustín Huneeus began his career in Chile and is one of the few wine-growers to have devoted his entire professional life to the wine industry. He entered the business in 1960 as general manager of Viña Concha y Toro, with a considerable share-holding, and the vineyard subsequently became the largest in the country. In 1973 he began his experience of work abroad. He headed up the Seagram operations from New York, with responsibility for vineyards all over the world, including those in California. In the mid-1980s, Huneeus became a partner and president of Franciscan Estate. At the present time, this holding consists of six vineyards producing fine wines in the Napa Valley, among them: Quintessa, Simi, Franciscan Oakville Estate and Ravenswood. Having never lost touch with his origins, Huneeus allowed himself to be seduced by the potential of the Casablanca Valley, and in the early 1990s he bought a piece of land there and set up Viña Veramonte, the first Chilean vineyard to be conceived as a tourist attraction in the Californian style.

Huneeus lives in San Francisco and Quintessa. He is a member of the board of the Wine Institute, and belongs to the Napa Valley Vintners Association in the United States and the Winegrowers' Guild of Merit in Chile.

Federico Leighton

El doctor Federico Leighton es el responsable de que el vino, además de sus aptitudes gustativas, haya adquirido notoriedad por sus aptitudes curativas. Médico y profesor de las Facultades de Ciencias Biológicas y de Medicina de la Universidad Católica de Chile, el doctor Leighton preside la Fundación Chilena para Biología Celular, además de participar en varias iniciativas académicas afines. En Chile ha puesto en marcha el Proyecto "Ciencia, Vino y Salud", en el marco del Programa "Bases Moleculares de las Enfermedades Crónicas", que él dirige en la Universidad Católica. Los estudios recientes de esta instancia han arrojado resultados tan concluyentes como que el consumo moderado y sostenido del vino reduce entre un 50 y un 70% el daño oxidativo del ADN en el organismo, el cual está relacionado con las enfermedades crónicas, algunos tipos de cáncer y el envejecimiento.

A raíz de estos estudios de los principales antioxidantes presentes en el vino, las frutas y las verduras (evaluando sus efectos positivos sobre la salud), fue nombrado Secretario Científico de la Organización Internacional del Vino, con sede en París.

Doctor Federico Leighton is the person responsible for the fact that wine has acquired a reputation for its curative qualities as well as its taste. Working as a doctor and professor for the Faculties of Biological Sciences and Medicine at the Universidad Católica de Chile, Doctor Leighton is also the President of the Chilean Cellular Biology Foundation, and is involved in various related academic activities. In Chile he launched the "Science, Wine and Health Project", within the framework of the Program of "Molecular Bases for Chronic Diseases" which he directs at the Universidad Católica. Recent studies from this project have produced conclusive results, demonstrating that moderate and sustained consumption of wine reduces the oxidant damage to the organism's DNA by between 50 and 70%. This has a direct bearing on chronic illnesses, certain types of cancer and aging.

As a result of these studies about the main antioxidants to be found in wine, fruit and vegetables (assessing their positive effects on health), he was appointed Scientific Secretary to the International Wine Organization, based in Paris.

Aurelio Montes

Lo de la enología se le manifestó tempranamente a Aurelio Montes en una época en que este oficio no tenía el prestigio que hoy sustenta en Chile. Se graduó de la Universidad Católica de Chile y sus primeros años de vida profesional los desarrolló en Viña Undurraga. Fue en este período donde conoció y vislumbró la potencialidad del entonces desconocido valle de Apalta. Sus travesías por el mundo lo hicieron relacionarse con importantes entidades como la Sociedad Americana de Enólogos, de la cual es miembro. Como enólogo jefe de Viña San Pedro en los '80, conoció a sus futuros socios de *Discover Wine*, empresa fundada en 1988 y que hoy lleva por nombre su apellido: Montes. La primera medalla de oro Vinexpo para un vino blanco chileno la obtuvo Aurelio Montes con su Sauvignon Blanc. Montes es miembro de la Cofradía del Mérito Vitivinícola. En 1995 sus colegas lo eligieron Mejor Enólogo del Año.

Actualmente Montes es consultor de diversas organizaciones y viñas, entre ellas Fundación Chile, Casa Lapostolle, Santa Inés y Pisco Capel. En 1998 Aurelio Montes asume la responsabilidad de producir Sanctus, un cuvée Premium de St. Emilion, convirtiéndose en el primer enólogo chileno que produce un gran vino en Burdeos.

Enology was something that appealed to Aurelio Montes from an early stage, at a time when the trade did not have the prestige it enjoys in Chile today. He graduated from the Universidad Católica de Chile and spent the first years of his professional career at Viña Undurraga. It was at this period that he got to know the Apalta Valley, unknown at that time, and caught a glimpse of its potential. His journeys around the world put him in touch with important institutions such as the American Enologists' Association, of which he is a member. As chief enologist of Viña San Pedro in the 1980s, he met his future partners in "Discover Wine", a company founded in 1988, which now bears his last name: Montes. The first Vinexpo gold medal to be won by a Chilean white wine was awarded to Aurelio Montes with his Sauvignon Blanc. Montes is a member of the Winegrowers Guild of Merit, and was elected Best Enologist of the Year in 1995 by his colleagues.

At this present time, Montes is a consultant to various organizations and wineries, including Fundación Chile, Casa Lapostolle, Santa Inés and Pisco Capel. In 1998, Aurelio Montes accepted the responsibility of producing Sanctus, a cuvée Premium for St. Emilion, becoming the first Chilean enologist to produce a great wine in Bordeaux.

Pablo Morandé

Pablo Morandé se caracteriza por buscar nuevos horizontes vitivinícolas. Sus más de 20 años en Viña Concha y Toro, en parte lo hacen responsable de la historia y evolución de vinos emblemáticos como "Don Melchor" y "Amelia". Decidido a producir vinos blancos de alta calidad, buscó afanosamente un lugar donde desarrollar una vitivinicultura moderna, hasta que en 1982 plantó su primera viña en Casablanca; años después los resultados le dieron la razón. Hoy en día, Morandé ostenta el título de descubridor del valle de Casablanca, famoso por sus condiciones climáticas para la producción de uvas blancas.

Morandé incursionó también como viverista de vides, aportando a miles de hectáreas de viñedos chilenos. Durante los años '80 fue director de la Asociación Nacional de Ingenieros Agrónomos Enólogos. En 1995 forma la Asociación Gremial de Productores de Uva de Casablanca, ocupando el cargo de presidente. Sus pares lo distinguieron con el Premio al Mérito Vitivinícola en 1996. Actualmente es gerente general y director técnico de Viña Morandé, bodega que se caracteriza por su espíritu pionero. Desde 1998 actúa como panelista estable del concurso enológico Vinitali.

Pablo Morandé is a constant seeker after new wine-growing horizons. He spent more than 20 years at Viña Concha y Toro, being partially responsible for the history and development of emblematic wines such as "Don Melchor" and "Amelia". Having made the decision to produce high-quality white wines, he searched with great diligence for a place in which to develop a modern vine-growing and wine-making complex until finally, in 1982, he planted his first vineyard in Casablanca. Years later, results proved him right, and Morandé holds the title of Discoverer of the Casablanca Valley, famous nowadays for its climatic conditions for the production of white grapes.

Morandé also developed vine nurseries, supplying thousands of hectares of Chilean vineyards. During the 1980s, he was Chairman of the National Association of Agricultural Engineers and Enologists. In 1995 he formed the Casablanca Wine-Producers' Trade Association, becoming its first president. His peers singled him out for the Winegrowers' Award of Merit in 1996. At the present time he is general manager and technical director of Viña Morandé, a winery typified by its pioneering spirit. Since 1998 he has been a permanent member of the panel of judges at the the Vinitali enological competition.

Douglas Murray

Douglas Murray debe ser de los pocos personajes del vino chileno con fuerte resonancia en el exterior. Nacido en Chile, aunque su nombre pueda inducir a error, Murray ha dedicado más de 30 años a la escena vitivinícola tanto en Europa como en su país. Representó, como presidente, a las dos asociaciones exportadoras chilenas, tanto en Asia como en Europa. Fue el primer presidente del directorio de *Wines of Chile* en Londres, la única oficina en el exterior que representó a todos los vinicultores chilenos. Se le concede también el mérito de haber abierto el camino para el éxito de los vinos chilenos en Asia. En el 2000 la revista especializada de Japón, *Vinotheque*, lo eligió como una de las seis personalidades con más influencia en ese país en los últimos 20 años. Éstos son los antecedentes de uno de los socios fundadores de la ex *Discover Wines*, actual Viña Montes, una de las empresas líderes en la producción de vinos finos en Chile, donde Murray es director y encargado de ventas nacionales y exportaciones. Su nombre es sinónimo de gran conocedor de la verdad del vino y de extrema sensibilidad para captar las cualidades del marketing de este producto, razones que explican que no haya decisión de magnitud o trascendencia en torno al vino chileno y su proyección que no sea consultada con él.

Douglas Murray must be one of the few personalities connected with Chilean wine whose name is well-known abroad. He was born in Chile, though his name might lead to some misunderstanding. He has dedicated over 30 years to the wine scene, both in Europe and in Chile, and represented the two Chilean export associations as chairman, both in Asia and Europe. He was the first chairman of the board of Wines of Chile in London, the only office abroad that represents all Chilean wine-makers. He can also take the credit for having opened up the way for the success of Chilean wines in Asia. In the year 2000, Vinotheque, a specialist magazine in Japan, chose him as one of the six most influential personalities of the last 20 years in that country. This is the background of one of the founding partners of the former Discover Wines, now Viña Montes, one of Chile's leading companies in fine wine production, where Murray is a director in charge of domestic sales and exports. His name is a synonym for a great connoisseur of the truth about wine with extreme sensitivity in detecting the marketing qualities of this product. These reasons explain why no really big or important decision with regard to Chilean wine and its future projections is taken without consulting him.

Cecilia Torres

Cecilia Torres es, sin duda, la enóloga más destacada del país. Comenzó su vida profesional en la Viña Santa Rita. Su inquietud la hizo abordar otros frentes y otras latitudes, realizando vendimias en el exterior, viajes de perfeccionamiento a los principales centros vitivinícolas del mundo y prestando asesorías en diversas bodegas. Sin embargo, fiel a sus tierras, volvió a su casa inicial como enóloga jefa en 1990.

Desde ahí, Cecilia Torres se ha convertido en uno de los *winemakers* más destacados del medio, por su dedicación profesional y una capacidad técnica y artística de características relevantes. Su alegría, consistencia y humildad la distinguen no sólo profesionalmente sino como un ser humano de excepción.

Cecilia es miembro de la Cofradía del Mérito Vitivinícola, ha sido distinguida por el Círculo de Cronistas Gastronómicos como Enólogo del Año por su contribución al desarrollo del arte culinario, y sus pares la distinguieron con el Premio al Mérito Vitivinícola en 1999. Muy propio de su personalidad, Cecilia Torres siempre encuentra un espacio para agradecer a quienes han ayudado a realzar su formación profesional, entre ellos, Jacques Boissenot, Tim Mondavi e Ignacio Recabarren.

Cecilia Torres is undoubtedly the most outstanding female enologist in the country. She began her professional career at Viña Santa Rita. Her restlessness led her to tackle other fields and other places, taking part in grape harvests abroad, travelling for advanced training in the main wine-growing centers of the world and acting as advisor to various wineries. Faithful to her origins, however, she returned to her first company as chief enologist in 1990.

Ever since, Cecilia Torres has become one of the most distinguished winemakers in the field, both because of her professional dedication and her considerable technical and artistic skills. Her cheerfulness, consistency and humility mark her out, not only professionally but also as an exceptional human being.

Cecilia is a member of the Winegrowers' Guild of Merit, has been honored by the Circle of Gastronomic Journalists as Enologist of the Year for her contribution to the development of culinary art, and was chosen by her peers to receive the Winegrowers' Award of Merit in 1999. As is typical of her personality, Cecilia always takes the opportunity to thank those who have helped her to enhance her professional training, including Jacques Boissenot, Tim Mondavi and Ignacio Recabarren.

Héctor Vergara

Pocos países tienen la gracia de tener un connacional que ostente el título de Master Sommelier. Chile lo tiene gracias a Héctor Vergara. El prestigiado diploma lo obtuvo en 1982, otorgado por la *Court of Masters Sommeliers* en Londres. En esa época Héctor Vergara se desempeñaba como Master Sommelier en los principales restaurantes de Canadá, Francia e Inglaterra, entre ellos el Crillon, de París. Ha ganado varios concursos internacionales, entre los que destaca el obtenido en 1990 al Mejor Sommelier de Canadá, otorgado por la revista Wine & Spirits de este país.

Radicado nuevamente en Chile, Vergara se ha dedicado a promocionar el vino tanto en Chile como en el extranjero. Entre sus últimos aportes al servicio del vino está la creación de la Asociación de Sommeliers de Chile, fundada en 1998 y presidida por él, con la finalidad de instruir en la cultura y en el adecuado servicio del vino. Héctor Vergara pertenece a la Cofradía del Mérito Vitivinícola y es tambien miembro del *Sommelier Guild of Great Britain*. Actualmente es socio director y master sommelier de Cavas Reunidas S.A. y de El Mundo del Vino. Su presencia y comentarios son requeridos en todas las degustaciones técnicas que se precien de tal.

Few countries have the good fortune to have a compatriot who boasts the title of Master Sommelier. Chile does, thanks to Héctor Vergara. He obtained this prestigious diploma in 1982 from the Court of Master Sommeliers in London. At that time, Héctor Vergara was working as a Master Sommelier in the main restaurants of Canada, France and England, including the Crillon in Paris. He has won various international competitions, one of the most noteworthy being the award for the Best Sommelier in Canada given by the Wines & Spirits magazine in 1990.

Now living in Chile once again, Vergara has devoted himself to promoting wine both in Chile and abroad. Among his latest contributions in the service of wine is the creation of the Association of Sommeliers of Chile, founded in 1998, and chaired by himself, in order to provide training in wine culture and appropriate ways of serving. Héctor Vergara belongs to the Winegrowers' Guild of Merit, and is also member of the Sommelier Guild of Great Britain. At present he is an active partner and master sommelier of "Cavas Reunidas S.A." and "El Mundo del Vino". His presence and observations are a must at all technical tasting events worthy of that name.

Eduardo Guilisasti T.

Eduardo Guilisasti Tagle fue un gran empresario e impulsor de la industria vitivinícola chilena en el mercado internacional, labor que lo llevó a involucrarse en forma directa en el manejo de sus empresas. Dirigió por más de cuatro décadas los destinos de Viña Concha y Toro, compañía en la que se desempeñó como director, gerente general y posteriormente como presidente entre los años 1971 y 1998. Bajo su dirección la Viña inició la etapa de consolidación en los mercados externos cimentando las bases para que hoy exporte a más de 87 países en los cinco continentes, llegando a transformarse en una de las viñas extranjeras más importantes en mercados como Estados Unidos, Inglaterra y Japón.

Con gran carisma y dedicación, tuvo la visión de guiar a la industria vitivinícola chilena y en especial a su compañía, bajo lo que fue su lema: "Primero calidad, segundo calidad y tercero calidad", lo que refleja su legado y profundo compromiso hacia la industria. Su muerte lo encontró en plena actividad y con grandes proyectos de desarrollo hasta el último día. Su ejemplo de trabajo y amor por el vino ha sido heredado por sus hijos, quienes continúan con su lema en cada uno de los ámbitos que desarrollan en la actividad vitivinícola.

Eduardo Guilisasti Tagle was a great entrepreneur and a driving-force behind the Chilean winemaking industry in the international market, and this task involved him directly in the management of his companies. He directed the destinies of Viña Concha y Toro for over four decades, a company in which he served as director, general manager and subsequently as chairman, from 1971 to 1998. Under his direction the vineyard began a stage of consolidation in external markets, building foundations that support today's export operations to over 87 countries in all five continents, becoming one of the most important foreign vineyards in markets such as the United States, England and Japan.

With great charisma and dedication, he had the vision to guide the Chilean wine-making industry, and specially his own company, according to his own guiding principle: "Quality first, quality second and quality third", which is a reflection of his own legacy and deep commitment to the industry. Death came upon him while he was still fully active and with grand development projects right up to the end. His example of hard work and love for wine has been inherited by his sons, who continue with his same principle in each of the areas of wine-making in which they are involved.

DIRECTORIO

DIRECTORY

Almaviva
Av. Santa Rosa 0821
Puente Alto, Santiago
Tel: (56 2) 8529300
Fax: (56 2) 8525405
almaviva@rdc.cl

Viña Aquitania
Av. Consistorial 5090
Peñalolén, Santiago
Tel: (56 2) 2845470
Fax: (56 2) 2845469
aquitani@firstcom.cl
www.aquitania.cl

Bisquertt
El Comendador 2264
Providencia, Santiago
Tel: (56 2) 2336681
Fax: (56 2) 2319137
info@bisquertt.cl
www.bisquertt.cl

Calina
Av. Nueva Tajamar 481, Torre Norte, of. 501
Las Condes, Santiago
Tel: (56 2) 3397166
Fax: (56 2) 3397168
vinos@calina.cl
www.calina.com
www.kj.com

Carmen
Av. Apoquindo 3669, piso 6
Las Condes, Santiago
Tel: (56 2) 3622122
Fax: (56 2) 2631599
info@carmen.com
www.carmen.com

Carpe Diem
Av. Parque Antonio Rabat Sur 6165
Vitacura, Santiago
Tel: (56 2) 2400410
Fax: (56 2) 2419483
vinsur@fundacionchile.org
www.vinosdelsur.cl

Casa Lapostolle
Benjamín 2935, of. 801
Las Condes, Santiago
Tel: (56 2) 2429774
Fax: (56 2) 2344536
info@casalapostolle.cl
www.casalapostolle.com

Concha y Toro
Av. Nueva Tajamar 481, Torre Norte, piso 15
Las Condes, Santiago
Tel: (56 2) 8217000
Fax: (56 2) 2036740
webmaster@conchaytoro.cl
www.conchaytoro.cl

Cousiño Macul
Av. Quilín 7100
Peñalolén, Santiago
Tel: (56 2) 2841011
Fax: (56 2) 2841509
gcomercial@cousinomacul.cl
www.cousinomacul.cl

De Martino / Santa Inés
Manuel Rodríguez 229
Isla de Maipo, Región Metropolitana
Tel: (56 2) 8192959
Fax: (56 2) 8192986
office@demartino.cl
www.demartino.cl

Errázuriz
Av. Nueva Tajamar 481, Torre Sur, of. 503
Las Condes, Santiago
Tel: (56 2) 2036688
Fax: (56 2) 2036690
wine.report@errazuriz.cl
www.errazuriz.com

Francisco de Aguirre
Carrión 1586
Independencia, Santiago
Tel: (56 2) 7378041
Fax: (56 2) 7777154
cgalarce@capel.cl
www.vinafranciscodeaguirre.cl

Tabontinaja
Alonso de Córdova 4281
Vitacura, Santiago
Tel: (56 2) 2456500
Fax: (56 2) 2429028
tabontinaja@gillmore.cl
www.gillmore.cl

Los Vascos
Benjamín 2944, of. 31
Las Condes, Santiago
Tel: (56 2) 2326633
Fax: (56 2) 2314373
mpce@losvascos.cl

Montes
Avenida del Valle 945, of. 2611
Ciudad Empresarial
Huechuraba, Santiago
Tel: (56 2) 2484805
Fax: (56 2) 2484790
montes@monteswines.com
www.monteswines.com

Morandé
Avenida del Valle 601, of. 12
Ciudad Empresarial
Huechuraba, Santiago
Tel: (56 2) 2708900
Fax: (56 2) 4431019
morande@morande.cl
www.morande.cl

Portal del Alto
Camino El Arpa 119
Alto Jahuel, Buin
Tel: (56 2) 8219178
Fax: (56 2) 8213371
vinos@portaldelalto.cl

San Pedro
Vitacura 4380, of. 61-62
Vitacura, Santiago
Tel: (56 2) 3734300
Fax: (56 2) 3734309
info@sanpedro.cl
www.sanpedro.cl

Santa Helena
La Concepción 266, of. 602
Providencia, Santiago
Tel: (56 2) 3734300
Fax: (56 2) 3734309
info@santahelena.cl
www.santahelena.cl

Santa Rita
Av. Apoquindo 3669, piso 6
Las Condes, Santiago
Tel: (56 2) 3622000
Fax: (56 2) 2286335
info@santarita.com
www.santarita.com

Seña
Av. Nueva Tajamar 481, Torre Sur, of. 503
Las Condes, Santiago
Tel: (56 2) 2036688
Fax: (56 2) 2036346
wine.report@errazuriz.cl
www.errazuriz.com

Undurraga
Lota 2305
Providencia, Santiago
Tel: (56 2) 3722900
Fax: (56 2) 3722901
info@undurraga.cl
www.undurraga.cl

Veramonte
Ruta 68, km 66
Casablanca, V Región
Tel: (56 32) 742421
Fax: (56 32) 742420
fguerra@veramonte.cl
www.veramonte.cl

Viu Manent
Antonio Varas 2740
Ñuñoa, Santiago
Tel: (56 2) 3790020
Fax: (56 2) 3790439
export@viumanent.cl
www.viumanent.cl

HOTELES

Hotel Carrera
Teatinos 180, Santiago
Tel: (56 2) 6982011
Fax: (56 2) 6721083
gerenciacomercial@carrera.cl
www.carrera.cl

Hotel Casa Real
Camino Padre Hurtado 0695
Alto Jahuel, Buin
Tel: (56 2) 8219966
Fax: (56 2) 8219767
hotelcasareal@santarita.cl
www.santarita.com

Hotel Radisson
Av. Vitacura 2610
Las Condes, Santiago
Tel: (56 2) 2036000
Fax: (56 2) 2036001
radisson@radisson.cl
www.radisson.com

Hacienda Los Lingues
Av. Providencia 1100, Torre C, of. 205
Providencia, Santiago
Tel: (56 2) 2352458
Fax: (56 2) 2357604
informaciones@loslingues.com
www.loslingues.com

Hotel Santa Cruz Plaza
Plaza de Armas 286
Santa Cruz, VI Región
Tel: (56 72) 821010
Fax: (56 72) 823445
reservas@hscp.cl
www.hotelsantacruzplaza.cl

Casa de Huéspedes Tabontinaja
Fundo Tabontinaja
Camino a Constitución km 20
San Javier, VII Región
Tel: (56 73) 375539
Fax: (56 73) 375538
tabontinaja@gillmore.cl
www.gillmore.cl

RESTAURANTES

Aquí está Coco
La Concepción 236
Providencia, Santiago
Reservas: (56 2) 2358649

Astrid y Gastón
Antonio Bellet 201
Providencia, Santiago
Reservas: (56 2) 6509125

Cava de Dardignac
Dardignac 0191
Bellavista, Santiago
Reservas: (56 2) 7776268

Cava del Río
Monseñor Escrivá de Balaguer 6400
Complejo Gastronómico Borde Río
Vitacura, Santiago
Reservas: (56 2) 2180187

Cuerovaca
El Mañío 1659
Vitacura, Santiago
Reservas: (56 2) 2063911

Kilomètre 11.680
Dardignac 0145
Bellavista, Santiago
Reservas: (56 2) 7770410

La Casa de Doña Paula
Camino Padre Hurtado 0695
Alto Jahuel, Buin
Reservas: (56 2) 8214211

Osadía
Tobalaba 477
Providencia, Santiago
Reservas: (56 2) 2325999

Pinpilinpausha
Av. Isidora Goyenechea 2900
Las Condes, Santiago
Reservas: (56 2) 2336507

Sommelier
Dardignac 0163
Bellavista, Santiago
Reservas: (56 2) 7320034

AGENCIAS DE TURISMO

Cocha
Av. El Bosque Norte 0430
Las Condes, Santiago
Tel: (56 2) 4641000
Fax: (56 2) 4641010
cocha@cocha.com
www.cocha.com

Turavión
Av. Apoquindo 3000, piso 3
Las Condes, Santiago
Tel: (56 2) 3300802
Fax: (56 2) 3344439
turavion@entelchile.net
www.turavion.com

ASOCIACIONES

Chilevid A.G.
Providencia 2330, of. 63
Providencia, Santiago
Tel: (56 2) 3359112
Fax: (56 2) 2325949
chilevid@entelchile.net
www.chilevid.cl

Viñas de Chile
Av. Nueva Tajamar 481, Torre Sur, of. 804
Las Condes, Santiago
Tel: (56 2) 2036353
Fax: (56 2) 2036356
asociacion@vinasdechile.com
www.vinasdechile.com

Corporación Chilena del Vino
Av. Tabancura 1344
Vitacura, Santiago
Tel: (56 2) 2170812
Fax: (56 2) 2157915
ccv@ccv.tie.cl
www.ccv.cl

RUTAS DEL VINO

**Ruta del vino
Valle de Colchagua**
Contacto: Mónica Gili
Plaza de Armas 140, of. 6
Santa Cruz, VI Región
Tel: (56 72) 823199
Fax: (56 72) 825458
rv@uva.cl

**Ruta del vino
Valles de Curicó**
Contacto: Priscilla Castillo
Merced 331, Plaza de Armas
Curicó, VII Región
Tel: (56 75) 328972
Fax: (56 75): 327717
winetourscurico@entelchile.net

**Ruta del vino
Valle del Maule**
Contacto: Karen Gilchrist
Sargento Aldea 2491
San Javier, VII Región
Tel: (56 73) 323945
Fax: (56 73) 323657
wineroute@entelchile.net
www.chilewineroute.com

CRÉDITOS DE LAS FOTOGRÁFIAS

Fotografías Editoriales

Miguel Etchepare: Tapa dura, 15, 17, 19, 20, 21, 25, 26, 27, 28, 29, 30, 31, 33, 34, 35(superior), 36, 37, 39, 40, 41, 46, 47, 49, 52, 53, 55, 56, 57, 59, 62, 63, 66, 67, 68, 69, 70, 71, 72, 73, 75, 78, 79, 81, 83, 86, 87, 89, 92, 93, 96, 97, 101, 102, 103, 105, 106, 126, 127, 160, 161, 164, 165, 166, 167, 168, 169, 170, 171, 172, 173, 176, 177(izquierda), 179(izquierda), 180(izquierda), 184, 187, 188, 189, 191, 192, 195, 196, 197, 198, 199, 201, 202, 205, 213(inferior), 229, 230, 231, 232, 233, 234, 235, 236, 237.

Nicolás Piwonka: Sobrecubierta, 22, 23, 24, 32, 58(derecha), 60(superior), 74(derecha), 115, 116, 119, 124, 128, 131, 132, 136, 140, 141, 142, 145, 146, 150, 153, 154, 159, 224(superior).

José Antonio Maino: 35(inferior), 58(izquierda), 121, 122, 135, 149, 175, 177 (derecha), 178, 179(derecha), 180(derecha), 185, 207, 216, 217, 218, 219, 221(inferior), 222, 223, 224(inferior), 225, 226(inferior), 227(inferior).

Alejandro Torres: 74(izquierda), 211, 212, 213(superior).

Archivos fotográficos de cada Viña

Almaviva: 14; **Aquitania**: 16; **Bisquertt:** 18; **Concha y Toro:** 38; **Cousiño Macul (Max Donoso):** 42, 43, 44, 45; **De Martino:** 48; **Errázuriz:** 50, 51; **Francisco de Aguirre:** 54; **Los Vascos:** 60 (inferior), 61; **Montes:** 64, 65, 178 (inferior); **San Pedro:** 76, 77; **Santa Helena:** 80; **Santa Inés:** 82; **Santa Rita:** 84, 85; **Seña:** 88; **Undurraga:** 90, 91; **Veramonte:** 94, 95; **Viu Manent:** 98, 99, 100.

Archivos fotográficos de Hoteles y Restaurantes

Hotel Carrera: 210; Restaurant Pinpilinpausha: 212, Hotel Casa Real: 214, 215.

AGRADECIMIENTOS

Agradecemos especialmente a don Rodrigo Alvarado, por habernos asistido desde el comienzo con sus sabias recomendaciones; a Douglas Murray, por acoger el proyecto y orientarnos en la mejor manera de llevarlo a cabo; a Miguel Etchepare, "el maestro de las luces", por poner todo su arte en cada foto; a Nicolás Piwonka, por esperar pacientemente el mejor momento para fotografiar cada paisaje; a María Alejandra Dulcić y todo el equipo editorial, por haber persistido y apoyado incondicionalmente esta larga, y a veces árida aventura que es producir un libro de excelencia.

Agradecemos también a los escritores de este libro, quienes entregaron lo mejor de sus conocimientos en la realización de los capítulos, haciéndolos entretenidos, informativos y novedosos, y -por supuesto- a los gerentes de las Viñas que con sus ideas nos permitieron enriquecer los contenidos de esta obra: Felipe Aldunate, Ximena Alvarado, Juan Pablo Barrios, Francisco Gillmore, Claudio Naranjo, José Manuel Rogers, Felipe de Solminihac y Paula Valdivieso.

Agradecemos a las Viñas participantes en este libro, que nos abrieron sus puertas y ayudaron con su tiempo. Esto nos permitió presentarlas fielmente, dando a conocer su origen y sus mejores vinos. También agradecemos a los hoteles, agencias de viajes y restaurantes, que se comprometieron a difundir nuestra obra y con ella a los vinos chilenos.

Finalmente, agradecemos a aquellas personas que compartieron sus conocimientos para que Vinos Chilenos para el Siglo XXI llegara a ser el libro que hoy les presentamos: Asher Benatar, Julio Bilbao, Pedro Erramouspe, Marcelo Escobar, Juan Espinoza, Rigoberto Lemus, Miguel Osorio, Mariela Martínez, Edward Pearson, Cristián Pezoa, Johnny Schuller, Joel Solorza, Adolfo Torres Cautivo y Tomás Wilkins.

Agradecemos también a las personas y empresas que colaboraron, aportando sus productos e instalaciones para la producción de las fotografías: Juan Aparicio, Pilar Cereceda, Angélica de Ferrari, Carlos Alberto Dulcić, María José Dulcić, Rose Mary Durandin, Juan Enrique Gabler, Pilar Illanes, Dizi Muza, Jorge (Coco) Pacheco, Isidoro Palma, Juan José Palma, Angélica Palma, Ernestina Penco, María Penco, Sergio Rivas, María Eliana Rodríguez, Camila Schnider, Clara Subercaseaux, Jaime Uaui, Macarena Urzúa, Catalina Valdés, María Ester Vargas, Iván Zambrano, Carlos Zegers, Julio Zegers y Matías Zegers. Altaforma; marcos y cuadros, El Mundo del Vino, Hotel Carrera, Hotel Radisson, Kilomètre 1680, Pikeur; artículos de equitación, Simple; regalos y decoración, The Wine House, USA Golf, Van de Wyngard, Viña Almaviva, Viña Haras de Pirque, Viña Montes y Viña Santa Inés.

Primera Edición Bilingüe
3.500 ejemplares
Este libro se terminó de imprimir en el mes de noviembre de 2001
en los talleres de Quebecor World Chile S.A., Santiago de Chile.